불황시대의

토지
쇼핑

아파트는 가고 땅이 온다

불황시대의
토지쇼핑

최기누설 토지투자

13

이인수 (코랜드연구소장) 지음

청년정신

Easy Come, Easy Go!

선정적인 유투버의 말이 아닌 토지 전문가의 조력이 필요하다.

저금리 시대 이후 코로나로 인한 고금리 고착화, 아파트 등 수도권 주택에 대한 강도 높은 규제, 부동산 세제의 강화, 지역균형발전을 위한 지방도시의 활발한 개발정책으로 인하여 비도시지역 토지투자에 대한 관심이 점차 커지고 있다. 그러나 토지 특히, 지방 토지(비도시 농촌지역)에의 투자는 결코 단순하지 않다.

토지는 전문적인 지식과 경험을 요구하는 상품으로 공법 법규 등 사전에 알아야 할 사항이 많다. 주식이나 아파트 정도로 생각하고 제대로 알지도 못한 채 땅을 사고자 한다면 커다란 투자 위험을 떠안게 될 수도 있다. 그래서 거액이 드는 토지투자는 장기적으로 내다보고 투자에 대한 기초지식을 단단히 다져놓고 시작해야 한다.

이 책에서는 토지 재테크에 관심 있는 분들이 유의해야 할 기본사항을 정리하였다. 땅값은 어떻게 결정되는지, 땅에 투자하기 위해서는 어떤 안목을 기르고 유의해야 하는지와 같은 다양한 투자 스킬을 익혀 고수로 성장하는 바탕이 되어 줄 것으로 믿는다.

토지는 부동산의 꽃이다. 하지만 지어진 건물만 보고 살아온 도시 사람들에게 토지는 낯설고 어렵다. 그러니 배워야 한다. 진짜 부자들은 토지에 투자한다.

지금부터 이야기하는 내용은 토지투자를 할 때 반드시 익혀야 할 핵심 지식들이지만 실제 여러분이 토지에 투자할 때는 다양한 변수가 있을 것이다. 그래서 매 과정마다 올바른 선택을 하고 있는지 확인하는 작업이 꼭 필요하다는 점도 잊지 말아야 한다.

먼저, 어떤 목적으로 토지투자를 할 것인지를 분명히 하자. 목적에 따라 선택해야 하는 토지는 달라져야 한다. 땅값은 집값과 다른 성질을 가지고 있기 때문이다. 집값은 집주인이 일방적으로 올릴 수 없는 구조이기 때문에 투명한 편이고, 나름대로의 기준이 있기 마련이다. 건설사와 정부가 그 선을 만들 수 있는 구조라고 본다. 하지만 땅값은 정해진 기준이 없다. 그러니 땅을 매입하거나 매도하고자 할 때 비싸게 사는 것은 아닌지, 싸게 파는 것은 아닌지 머리를 쥐어뜯게 된다. 이것은 완성된 부동산인 아파트나 주택과 달리 땅은 아직 완성되지 않은 부동산이기 때문이다.

이런 특징으로 인해 집은 가격이 이미 정해져 거래시장에서 그 존재를 알리는 입장이지만, 땅은 그렇지 않다. 얼마가 적정한 가격인지 정해져 있는 않은 상태에서 시장에 나온다. 땅 주인이 일방적으로 가격을 정해도 뭐라고 말할 사람은 없으니 주변에 돌아다니는 땅값 시세 정도만 고려해 받고 싶은 가격표를 붙여 내놓는다.

그런데, 이 가격표는 적절한 것인가? 왜 그 가격표가 붙게 된 것일까? 이 책은 바로 이런 의문에서 쓰여지게 되었다.

모쪼록 이 책을 통해 토지를 마트에 가서 정해져 있는 가격표를 보고 물건을 사는 것처럼 제대로 된 값을 주고 투자할 수 있는 과학적인 가격 판독력을 키울 수 있기를 바란다. 토지도 제조, 도소매가 있는 유통 관점에서 투자에 대한 눈을 키울 수 있기를 바란다.

이 책은 강의에서나 코랜드아카데미 카페 회원들을 대상으로 토지 최유효 활용에 대해 힘주어 강조했던 내용들을 보완하여 출간하게 되었다. 열심히 공부해서 투자에 성공할 수 있기를 바라며, 필자에게 조력을 아끼지 않은 카페회원들에게 감사의 말을 전한다. 또한 집필하는 데 있어 각별한 관심과 조언, 도움을 주신 김덕성 회장님께 특별히 심심한 사의를 표한다.

코랜드연구소 소장
이인수

부동산 공화국. 대한민국의 또 다른 이름이다. '부자'라고 하면 부동
산을 먼저 떠올릴 정도다. 국민소득에서 주택과 같은 부동산의 비율이
매우 높은 나라가 대한민국이다. 2021년을 기준으로 토지 자산은 1경
608조 원, GDP 대비 5.1배에 해당하는데, 2017년에 비해 무려 4.2배나
높아졌다. 2022년에는 부동산 가격이 하락해 주택시가총액과 토지자산
의 GDP 배율이 각각 2.9와 4.9로 2021년에 비해 약간 낮아지기는 했지
만 소득증가율에 비해 자산증가율이 여전히 높아서 토지 불평등은 점
점 더 심해지고 있는 실정이다.

　국토교통부의 2021년 토지소유현황에 따르면 전체 토지의 약 55.9%
는 개인이 소유하고 있고, 법인이 소유하고 있는 토지는 22.4%에 해당
한다. 최근에는 법인의 토지 보유가 높아지고 있는데, 이는 개인보다 법
인의 보유세가 낮다는 현실적인 여건과 관련이 있을 것이다. 소유 구
조를 보면 상위 1% 세대는 개인 토지가액 중에서 27.9%, 상위 5%는
53.6%를 가지고 있다. 상위 20% 세대가 개인 토지가액의 83.4%를 차
지하고 있다는 이야기다. 극히 일부가 대한민국이라는 땅을 소유하고
있는 현실이다. 게다가 우리나라 수도권에는 인구의 절반이 몰려 있고,
연간 생산 부가가치는 전체 GDP의 약 60퍼센트인 1,200조가 넘는다.
이런 엄청난 부는 대부분 수도권에 재투입되며, 수도권 성장의 강력한

동력으로 작용한다. GDP의 절반이 넘는 생산력을 가진 수도권을 억제하는 것은 현실적으로 불가능하다. 결국, 투자자의 입장에서 수도권 땅에 집중할 수밖에 없다.

급격한 도시화로 인해 주택이 부족해지고 그로 인해 '집 없는 설움'을 겪으며 '내 집'에 대한 욕망이 극대화 되었던 '시대적 DNA'와 그것을 부추겨 왔던 정책과 산업의 흐름에 의해 아파트가 재테크의 중심에 섰던 시대도 이제 서서히 저물고 있다. 물론 이런 트렌드가 급격하게 해체되지는 않겠지만 한 번 흐름이 꺾이기 시작하면 바닥없이 고꾸라질 수도 있는 것이고, 그 변곡점에 우리가 서 있을 수도 있다.

이런 상황에서 우리의 투자 방향은 어디로 향해야 할까?

아파트는 레드오션이 된 지 이미 오래다. 이제는 부동산투자의 대명사처럼 여겨졌던 아파트 투자와 같은 획일적인 투자 패턴에서 벗어나야 할 때다. 모든 투자가 그렇듯 부동산투자 또한 시대의 흐름과 기류에 민감하게 반응하고 편승해야만 적어도 실패로부터 벗어날 수 있다. 따라서 발 빠른 투자자들은 주택시장 위주의 투자 포트폴리오를 수정해가며, 아직은 규제의 사각지대이자 대체 투자처로 떠오르고 있는 토지 시장으로 대거 유입되고 있는 실정이다.

물리적으로 재생산이 불가능한 부증성不增性의 성격을 가지고 있지만 토지도 상품이다. 상품이 소비자의 니즈에 따라 불티나게 팔릴 수도, 창고에서 썩어갈 수도 있는 것처럼 토지 또한 수요의 법칙에서 벗어날 수 없다. 그리고 이제 토지에 대한 소비자의 니즈가 바뀌고 있다. 땅을 사고자 하는 이유가 달라지고 있는 것이다. 이것은 결국 토지투자자가 어떤 땅에 투자해야 하는지를 결정하는 데 결정적인 요인이 된다.

아파트, 더 이상 투자 대상 아니다

땅은 재생산이 불가능하고, 물리적 희소성이라는 특징을 가지고 있다. 그럼에도 용도 전환을 통해 공급이 달라질 수가 있다는 또 다른 특이점이 있다. 토지가 투자에 있어 매력적인 이유다.

어떤 땅에 투자할 것인가. 고수익을 가져올 곳은 어디인가. 땅은 땅그 자체를 이용하여 재화와 서비스를 창출할 수 있으나 땅이라고 다 같은 땅이 아니다. 어느 곳에 위치해 있느냐에 따라, 산업과 인구의 이동에 따라, 지역의 각종 여건에 따라 몸값은 달라지고 귀하신 몸이 되거나천덕꾸러기로 전락하기도 한다. 그래서 토지투자자에게는 토지 수요에 대한 트렌드를 읽는 것이 무엇보다 중요하다.

서울 강남에서 시작해 성남 판교, 분당, 수지, 동탄 등 산업과 인구가밀집한 경부축은 우리 경제와 교통의 중심축 역할을 해왔고, 정보기술(IT), 제조업 등 굵직한 산업단지가 개발되면서 주거 선호도가 높은 부촌으로 탈바꿈하면서 부동산 시세를 견인해 왔다.

이와 같은 경부축에 도전장을 내미는 곳이 바로 반도체 축이다. 용인처인구를 중심으로 이천, 오산, 안성, 평택 등 경부축을 가로지르는 지역에 대규모 투자가 이뤄지며 산업 생태계가 바뀌고 있다.

반도체 축의 핵심은 용인 처인구 일대이다. 삼성전자와 SK하이닉스가 대규모 투자를 예고하고 있다. 남사이동 일대에는 삼성전자가 '첨단시스템반도체 국가산업단지'에 총 5기 팹(반도체 생산시설)을 지을 계획이고, 원삼면 일대에는 '용인 반도체클러스터 일반산업단지'가 조성 중이다. SK하이닉스는 122조 원을 투자해 총 4기의 팹을 구축할 예정이다.

반도체 축을 잇는 인프라도 개선되고 있다. 정부는 용인 반도체 클러스터로 향하는 화성-용인-안성 구간에 '반도체 고속도로'를 건설할 계획인데, 이에 따라 용인 처인구를 중심으로 부동산 시장이 뜨겁다. 용인 처인구를 중심으로 이천, 오산, 안성, 평택 등 경부축을 가로지르는 지역에도 대규모 투자가 이어지고 있다. 반도체 클러스터 투자에 어마어마한 투자금이 투입되고 있는 만큼 영향권에 위치한 부동산을 선점하기 위한 경쟁도 치열해질 전망이다. 동탄이나 고덕 지역에 반도체산업단지가 들어서는 과정을 지켜보았던 필자로서는 앞으로 원삼지역이 어떻게 변하게 될 것인지 그 모습이 눈에 선하다. 규모에 있어서도 원삼지역은 2016년 착공한 평택 고덕보다 더 크기 때문이다. 고덕 삼성이 부지 120만 평에 투자액 100조 원인데 비해 원삼 SK는 126만 평에 투자액이 120조 원에 달한다. 고덕에 삼성반도체가 착공하던 2016년부터 건설 노동자 25,000여 명이 투입된다고 하여 원룸, 오피스텔, 도시형 생활주택 수요가 약 2만 실 정도로 지가와 변화에 상당한 영향을 주었고, 이에 따라 고덕신도시 삼성전자 남쪽 정문 입구 여염리는 땅값이 2016년 대비 평균 여섯 배 정도 올랐고 서정리역 상업지역은 약 2배 가량 올랐다는 것을 생각해 보자.

그렇다면 용인 원삼은 어떨까?

기반공사를 마치고 2025년 2월 SK하이닉스가 착공을 하게 되면 대략 25,000명 이상의 인력이 공사에 투입될 텐데 여기서 먹고 자야 할 숙소나 식당이 전무한 실정이다. 따라서 고덕의 예에서 보듯이 원삼에서 직선거리로 5km, 승용차로 10분 거리면 SK하이닉스 상권에 포함될 것으로 보인다.

처인구는 용인에서도 대부분 산지로 용인 3개구 중 가장 낙후된 지역이다. 면적은 용인시 전체 면적의 80%, 즉 서울의 3/4에 해당할 정도로 광활하지만 인구는 261,000명으로 용인시 전체 인구의 1/4에 불과하다. 대부분 가파른 산지여서 대규모 개발 여력이 없었던 데다 기흥, 수지구와 달리 상대적으로 철도·도로망이 취약해 전형적으로 낙후해 있던 시골이었다.

하지만 개발에서 소외돼 있던 처인구가 상전벽해를 앞두고 있다. SK하이닉스의 원삼면 용인반도체클러스터 일반산업단지에 이어 삼성전자의 첨단 시스템반도체 국가산업단지, 반도체 배후 신도시인 이동 공공주택지구 계획까지 나온 데다 정부가 이를 뒷받침할 대규모 교통 인프라 구축 의지를 밝혔기 때문이다.

주식투자는 대상 기업의 미래 수익을 예측해 투자를 결정한다. 토지투자 역시 다르지 않다. 목표로 하고 있는 시점에서 해당 지역의 변화를 분석해 투자해야 한다. 기업을 분석하기 위해 해당 기업이 속한 산업군의 미래전망과 대차대조표를 보면서 그 기업의 건전성을 판별하는 것처럼 토지투자 역시 미래 시점에서 그 땅이 어떤 가치를 가질 것인지 분석해야 한다. 그 첫 번째 과정이 토지소비의 트렌드를 읽는 것이고, 그것이 이 책에서 중점적으로 다루는 요소다. 물론 토지투자는 매우 복잡하고 이론적으로 접근하기 어려운 부분들이 있다. 오랫동안 현장에서 부딪쳐 왔던 필자가 볼 때 아마도 그런 부분에서 이 책이 더 큰 도움을 줄 수 있을 것이라고 믿는다.

PART 1

토지투자 트렌드를 읽어라

PART 2

토지 소비 트렌드가 바뀌고 있다

PART 3

토지 쇼핑을 위한 체크 포인트

토지도 상품이다

토지의 수요와 투자수익률 분석

세후 수익률을 먼저 계산하라

PART 4

 # 토지투자 유망지역 분석

PART 1

토지투자
트렌드를 읽어라

토지를 보는 안목 키우기

부자가 되고 싶은가? 땅의 소리를 들어라

부동산에 투자하기로 마음을 먹었다. 아파트에 투자해야 할까? 아니면 토지투자에 나서야 할까? 잠시 고민한다. 아파트는 레드오션이 된 지 오래고, 그렇다고 토지투자에 뛰어들자니 막막하다. 이런 와중에 주변 투자자들의 말이 들려온다. "누가 어디에 땅을 샀는데, 두 배로 올랐다." 새삼 전투력이 용솟음치고, 더 늦기 전에 서둘러 땅을 사야 할 것만 같다.

과연 토지는 사 놓기만 하면 돈을 벌 수 있는가? 답은 간명하다. "NO!" 아끼고 아껴서 마련한 소중한 투자 자금을 토지투자에 던져서 큰돈을 벌고 싶은 마음은 충분히 이해하고도 남지만 그 전에 반드시 먼저 거쳐야 할 과정이 있다. 바로 공부다.

부동산투자에 있어서 주택이나 상가 등의 투자에 비해 토지투자는 훨씬 더 어렵다. 이 사람, 저 사람 말만 믿고 어설프게 뛰어들어서는 절대 안 된다. 토지투자 열풍이 뜨겁게 불었던 와중에 유명 유튜버나 부동산업자의 말만 믿고 투자에 나섰다가 큰 손실을 입은 사람들의 예는 흔하게 볼 수 있다. 망하고 난 뒤에야 그 땅이 온통 지뢰밭이었다는 사실을 깨닫게 되었다는 사례들이 차고도 넘친다.

토지투자의 기본은 두 가지로 정리될 수 있다.

첫 번째는 투자에 나서기 전에 먼저 토지에 대한 지식과 투자 스킬을 갖춰야 한다는 것이고, 두 번째는 그 이론적 기반을 바탕으로 발품을 많이 팔아야 한다는 것이다.

토지투자에 대한 전반적인 지식 그리고 스킬과 노하우에 대해서는 이 책을 통해서 혹은 필자가 그동안 펴냈던 책들을 통해 꼼꼼하게 익힐 수 있을 것이지만 현장을 직접 찾아 확인해야 한다는 점은 조금 다른 문제이다. 시간과 경비 그리고 에너지를 투입해야 하는 적지 않은 노력을 요구하기 때문에 쉽지만은 않다.

그럼에도 이는 토지투자로 원하는 부富를 얻고 싶다면 반드시 해야 할 일이다. 아무리 온라인을 통한 소통이 쉬워지고 정보가 넘치는 시대라고는 하지만 직접 몸으로 느낄 수밖에 없는 밀도 높은 소통을 위해서는 직접 만나 눈을 보고 말하는 것이 중요하다. 땅도 마찬가지다. 현장에서 직접 교감하고 몸으로 느낄 수 있어야 한다.

온라인으로 위치를 확인하고 검색 정보를 통해 땅의 가치를 평가하면 될 것이라고 생각해서는 절대로 안 된다. 그것은 책에 인쇄된 명화名畵의 사진을 보고 그림을 평가하려는 것과 마찬가지다. 관심을 기울여 발품을 팔아 현장을 신중하게 살펴보기만 해도 땅이 품고 있는 가치를 알아내고 분석할 수 있는 눈을 키울 수 있다. 성공적인 토지투자를 원한다면 반드시 가능한 자주 현장을 찾아봐야 할 이유다.

최근 들어 토지시장으로 투자자들의 발길이 이어지고 있는 추세다. 부동산투자의 대명사처럼 여겨졌던 아파트 투자와 같은 획일적인 투자 패턴과 각종 규제로 인한 피로도가 누적되고 있는 상황에서 아직까지는 규제의 사각지대에 놓여 있는 토지시장에 대한 투자 메리트를 깨닫게 되었기 때문일 것이다.

토지투자는 주택시장에 비해 환금성이 떨어지고 투자기간이 길다는 단점이 존재한다. 하지만 해당 토지에 대한 개발이 확실하다는 전제가 있기만 하다면 동일한 투자기간을 놓고 수익률을 산정했을 경우 주택시장과는 비교도 할 수 없는 수익을 얻을 수 있다는 매우 큰 장점이 있다.

물론 이것은 성공적인 투자로 이어졌을 경우에 해당되는 이야기일 뿐이고, 모든 토지투자가 성공적으로 이어질 수는 없다는 것 역시 사실이다. 장밋빛 전망에만 눈이 어두워 최소한의 분석이나 예측을 가볍게 여기고 '묻지마 투자'를 한다면 실패의 길을 걷게 될 것이기 때문이다.

	주택시장	토지시장
상승요인	단지별 가격차 재개발, 재건축 기대감 공급부족 호경기 경제지수에 민감	용도별 가격차 용도변경에 대한 기대감 토지는 개발할수록 오름 정책에 민감
	경제지수란?	SOC(사회간접자본: Social Overhead Capital)
	어떤 시점의 경제 현상에 관한 통계량을 기준 시점의 통계량으로 나눈 수치를 말한다. 금리, 환율, 물가, 지수, 생산지수 등 여러가지 경제지수에 따라 이득과 손실을 보는 쪽이 생긴다. 경제 흐름을 잘 읽고 현시점에서의 가계 재정 정책도 세워야 이득을 보는 쪽에 서게 된다.	도로, 항만, 철도 등과 같이 어떤 물건을 생산하는 데에는 직접적으로 사용되지는 않지만 생산활동에 간접적으로 도움을 주는 시설을 말한다.

금리 : 주택시장은 경제지수에 민감하게 반응하여 고금리 대출 규제, 고물가, 고환율 시대의 경제침체 우려에 거래가 급감하고 가격 하락이 이어지고 있지만 토지시장은 이러한 불경기에도 꾸준한 가격 상승이 이어지고 있다는 것이다.

문재인 정부가 출범한 이후부터 투기 수요를 차단하기 위해 주택시장에 대한 세제, 금융, 공급 등으로 규제가 이어졌는데, 이것은 주택을 투자의 목적이 아닌 주거 목적으로 구입하라는 강력한 시그널이었다.

　모든 투자가 그렇듯 부동산투자 또한 시대의 흐름과 기류에 민감하게 반응하고 편승해야만 적어도 실패로부터 벗어날 수 있다. 따라서 발빠른 투자자들은 주택시장 위주의 투자 포트폴리오를 수정해 가며, 아직은 규제의 사각지대이자 대체 투자처로 떠오르고 있는 토지시장으로 대거 유입되고 있는 실정이다.

　물론 "주택시장에 대한 투자로 더 이상 수익을 거둘 수 없다"는 의미는 아니다. 다만 강력한 세금 부과와 대출 규제 그리고 제3기 신도시조성 등 대규모 신규주택 공급으로 인해 주택시장은 특정지역에 대한 쏠림 현상이 두드러지기 시작했고, 투자를 목적으로 한 주택시장의 진입 장벽은 그 어느 때보다 높아지고 있다. 따라서 아직 규제의 사각지대에 놓여 있는 토지시장에 대한 선제적인 투자와 분산투자를 통해 투자 자금과 투자 기간 대비 수익률을 최대한 키울 수 있는 다양한 방법을 모색해 나가야 할 시기가 도래하고 있다.

　필자가 투자자들과 상담을 진행하면서 종종 느끼곤 하는 점이 있다. 토지투자에 대한 마인드가 제대로 정립돼 있지 않아 상담을 진행해 갈수록 점점 더 혼란스러워 하는 모습들이다.

　투자를 목적으로 땅에 관심을 두고 있다면 개발호재를 바탕으로 철저하게 시세차익을 목적으로 접근해야 한다. 그런데 대부분의 투자자들이 원하는 토지를 보면 접근 방향이 다르다는 걸 알 수 있다. 그들은 기본적으로 향후 시세차익을 올릴 수 있는 땅이어야 하고, 당장이라도 집 한 채는 지을 수 있을 정도로 토지 모양도 예쁘고, 당연히 도로에 붙어 있어야 한다. 거기에 주변에 풍부한 개발호재가 있어야 하고, 가격까지도 저렴해야 하는 조건은 덤이다.

이런 땅이 이제 막 토지투자를 시작하는 이들의 손에 들어가게 될 가능성이 있을까? 어불성설이다. 그런 땅은 이미 상당한 자금력과 발 빠른 정보를 갖춘 전문적인 투자자들이 선점하고 있을 것이고, 아직 임자를 만나지 못한 땅이라면 상당한 자금을 투입해야만 손에 넣을 수 있을 것이다.

토지투자에서 가장 민감한 부분은 매입 가격이다. 아무리 투자가치가 높은 땅이라고 할지라도 자신이 보유하고 있는 자금 한계를 벗어난다면 한낱 그림의 떡일 수밖에 없다.

토지투자에서 1억 원 미만의 투자자금을 가지고 있는 사람들은 소액투자자로 분류한다. 그리고 대다수의 투자자들은 대개 1~2억 원 정도의 돈을 가지고 토지투자 시장에 뛰어들게 된다.

이런 현실에서 토지투자를 고려하고 있다면 한 가지 조언에 귀를 기울여 보도록 권하고 싶다. '땅값이 싸다, 비싸다'는 측면보다 '어떤 목적으로 땅을 사려고 하는 것인가?'에 무게를 두라는 것이다. 즉 토지를 가공해 건물을 짓고 임대와 시세차익을 동시에 누릴 목적인지, 아니면 가지고 있는 돈에 맞춰 순수하게 시세차익을 목적으로 땅을 사려고 하는 것인지를 스스로 분명하게 인지하는 것이 무엇보다 중요하다. 먼저 어떤 목적을 가지고 땅을 사려고 하는 것인지에 대한 투자 목적이 확실하게 정립되어 있어야만 자신의 목표에 맞는 땅을 찾아내고 선점할 수 있다.

만약 개발호재에 비중을 두고 시세차익을 목적으로 땅을 사려고 하는 사람이라면 '땅값이 얼마인지'보다는 '내가 가지고 있는 자금으로 투자할 가치가 있는가?'에 대해 가장 먼저 따져 봐야 한다.

　같은 지역의 동일한 개발호재를 공유하고 있는 토지라고 할지라도 가격은 천차만별이다. 용도지역, 입지, 지목, 규제, 행위제한 등을 따져 봤을 때 최우선적인 입지를 가지고 있는 토지가 있는가 하면 그보다는 가치가 떨어지는 토지도 존재한다. 이 두 토지의 가격을 주관적인 잣대로 가치를 산정할 수는 없다. 하지만 여기서 중요한 것은 '내가 매수하고자 하는 땅이 최우선 입지에 해당하지는 않지만 개발권역에 포함되어 있는가?' 하는 것이 가장 중요하게 고려해야 할 사항이다.

　토지는 물리적으로 재생산이 불가능한 부증성不增性의 성격을 가진 투자 상품이다. 아파트나 오피스텔과 같은 지상건축물들은 비슷한 입지에 비슷한 평면, 비슷한 가격의 상품을 필요에 따라 만들어 낼 수도 있고, 비슷한 상품으로 대체할 수도 있다. 하지만 비슷한 입지를 가진 땅이란 존재하지 않는다. 모든 지상물의 근간이 되는 토지는 생산해 낼 수도 없고, 대체할 수도 없다. 그러므로 땅값 측면에서만 몰입해 다짜고짜 "가격은 얼마인가요?" "주변 가격은 어떻지요?" 라는 질문을 던진다면 '나는 초보입니다.' 라고 고백하는 것이나 마찬가지다. 질문의 순서가 틀렸기 때문이다.

　토지투자에 대한 상담을 할 때 필자가 항상 물어보는 말이 있다.

　"어떤 땅이 좋은 땅일까요?"

　대개 비슷한 대답을 내놓는다.

　"내가 매수하고자 하는 토지 주변에 어떤 개발호재가 존재해야만 앞으로 가격이 오를까요?"

　어떤 땅이 돈이 될 것인지는 모두들 알고 있다. 토지투자에 문외한인 사람이라도 공감할 수 있는 내용이다. 하지만 이미 정답을 알고 있으면서도 막상 실전에 돌입하게 되면 앞에서 예시한 질문에 대해서는 까맣게 잊어버리고는 막연한 두려움에 사로잡혀 주저하게 된다.

이미 정답을 알고 있으면서도 이 모든 걸 망각하고 두려움에 사로잡히게 되는 이유는 뭘까? 이유는 간단하다. '정말 개발이 될까?' 이런 의문과 두려움이 꼬리에 꼬리를 물고 머릿속을 맴돌기 때문에 결정적인 순간에 주저하게 되고 망설이다 기회를 놓치게 되는 것이다. 자신의 우유부단함과 부족한 결단력 때문인지도 모르고, "그래, 나는 신중한 사람이니까 이번에는 보류하는 게 맞아. 다음에도 또 좋은 기회가 있을 거야. 그때는 그 기회를 놓치지 않으면 돼!" 하고 자기위안을 삼는다. 하지만 다음에 비슷한 기회가 또 다시 찾아온다고 하더라도 그 사람은 또 다시 주저하게 되고 투자 결정을 내리지 못 한다. 그리곤 '아, 그때 샀어야 했는데…' 하고 자책하는 걸로 술자리 안주를 삼곤 한다.

토지투자는 어렵고 위험할 수 있다. 토지투자를 위해서는 개발호재를 바라보는 날카로운 시각이 필요하고, 그동안의 사례를 분석하여 개발 가능성을 예측해야만 한다. 하지만 이제 막 토지투자에 나서려고 결심한 사람이 이 모든 걸 혼자 해내기에는 벅찰 수밖에 없다. 그래서 믿을 만한 파트너가 필요하고, 지속적인 사후관리도 필요한 것이다.

모든 투자가 그렇듯 토지투자 또한 과거의 사례를 답습하게 되어 있다. 과거의 사례를 철저히 분석하고 예측할 수 있다면 토지투자에 있어서 실패할 확률을 현저히 떨어뜨릴 수 있다. 믿을 만한 파트너가 필요한 것은 이 때문이다.

먼저 토지의 속성을 이해하라

토지의 특성

토지의 개념은 일반적으로 보면 지표地表의 일부로서 자연 자원과 인공 자원의 총화라고 할 수 있다. 지표, 물, 공기, 농경지, 산림, 광산, 수자원 등을 비롯해 태양 광선과 바람 그리고 비와 같은 자연현상까지를 포함한 광의의 개념으로 정의할 수도 있다.

먼저 토지의 자연적 특성을 간략히 살펴보면, 토지에는 지리적으로 위치가 고정되어 있으며 손상되거나 마멸되지 않는 영속성과 생산비를 투입하여 그 물리적인 양을 증가시킬 수 없는 부증성不增性이 있다. 또 건물이나 농작물을 지탱하여 그 기능을 발휘하도록 하는 적재성積載性이 있으며, 식물의 뿌리가 정착하여 식물의 지상부를 지지하며 흡수작용을 가능하게 하는 물리적 작용인 가경성^{加境性}, 지표의 일부로 인접 토지와 긴밀한 공간 관계에 있는 연결성도 있다.

토지의 인문적 특성을 살펴보면 토지는 다른 재화와 달리 누가 어떻게 쓰느냐에 따라 그 가치가 달라지는 용도의 다양성이 있다. 예를 들어, 어떤 사람이 아파트 근처 상가에 카페를 열었다가 장사가 잘 되지 않아서 식당으로 업종을 바꾸자 장사가 잘되는 경우가 있다. 또한 이용자의 편의에 따라 분할이나 합병이 가능하고 사회적, 행정적인 원인에 의해 토지의 지목이 바뀌는 위치의 가변성이 있다. 여기서 위치의 가변성은 경제·사회·행정적 측면으로 분류할 수 있는데, 경제적 위치의 가변성에는 경제성장에 따른 토지의 수요와 공급의 변동, 도로나 철도 등의 교통시설 확충, 토지의 성격 변경(예 : 농지를 산업용으로 변경)과 이에 따른 이익 발생이 있다. 사회적 측면에서 보면 가구 구성의 변화(예 : 1인가구의 증가), 산업시설의 이전, 인구의 유입 등이 있고, 행정적 측면에는 정부의 토지에 대한 주택·산림(예 : 그린벨트 지정)·세금 정책 등의 변화가 있다.

한편 토지는 국가의 구성 요소로서 공공성을 가지고 있어서 '토지공개념'의 성립이 가능하다. 개인의 소유라고 해서 함부로 사용하면 환경이 파괴되고 해당 토지 주변에 거주하는 사람들에게도 피해를 줄 수 있기 때문이다.

생산요소로서의 토지

생산요소란 어떤 생산물(재화)의 생산을 위한 모든 투입물을 말한다. 생산요소는 토지, 노동, 자본으로 분류한다. 토지와 노동은 본원적 생산요소라고 하고 자본은 파생적 생산요소라고 한다. 여기서 토지는 농경지, 산림지, 대지, 공장부지 등과 하천, 해양, 지하자원 등의 자연자원을 의미하며, 인간생활에 필요한 재화를 생산해 내는 데 중요한 역할을 담당한다.

생산요소로서의 토지는 제품 생산에 필요한 부지를 제공하고 에너지, 광물질, 건축자재 등과 같은 원료를 제공해 주는 공급처로서의 역할을 수행하고 있다. 한편으로 토지를 생산요소보다는 자산이나 자본의 증식 수단으로 보는 견해도 많고, 주택은 소비재 자본이라 하여 자본재와 구별하기도 하지만 주택이나 건물을 생산해야 하는 기업의 측면에서는 다른 생산요소와 마찬가지로 임차하거나 매수하여야 하는 재화이다. 특히 아파트 위주의 주택사업이나 빌딩 등 건축사업을 중시하는 건설회사, 농업을 영위하는 농민 입장에서도 토지는 중요한 생산요소이다.

생산요소로서 토지의 사례를 살펴보면 택지개발사업이 완료되고 건축물의 건립을 위해 분양하는 아파트부지, 상가부지 등과 과일을 생산하기 위한 과수원 용지, 벼나 보리 등 곡식을 생산하기 위한 논이나 밭, 심지어는 어부가 바다에서 생선을 잡을 때 바다를 생산요소 토지로 보는 견해도 있다. 우리가 커피를 사서 마실 때 지불하는 커피 대금에 생산요소로 토지대가 포함된다는 주장도 있다.

감가상각이 되지 않는 영속성

공인중개사에 관심을 가지고 책을 훑어보면 '부동산학개론'은 필수로 거쳐 가야 한다. 온갖 학술적 의미의 토지, 건물 등 부동산에 대해 설명하고 있는 이 이론들은 사실 간단한 한 가지에 대해 세상에서 둘도 없을 난해한 언어로 풀어 쓰고 있다는 느낌을 받게 된다.

부동산학적인 관점에서 토지의 특성은 크게 자연적 특성과 인문적 특성을 가지고 있다. 자연적 특성은 토지가 가지고 있는 본원적인 속성을 뜻한다. 우리가 '토지'라고 생각하면 떠오르는 몇 가지 성격들을 의미하는데, 예를 들면 다음과 같다.

① 토지는 인위적으로 이동하지 못하는, 즉 지리적으로 고정적이다. (부동성)
② 노후화 되는 다른 물건과는 달리 소모되거나 마멸되지 않는 불변의 특징을 갖는다. (영속성)
③ 토지는 기본적으로 면적이나 양이 고정돼 있다. (부증성)
④ 이 세상에 똑같은 토지란 있을 수 없다. (개별성)
⑤ 토지는 반드시 다른 토지와 연결돼 있다. (인접성)

반면 인문적 특성은 후천적, 인위적으로 부동산에 부여되는 성질이다. 예컨대 자연적 형태는 '농지'지만 '용도'에 따라 주거용지에 해당하는 경우다. 또 토지를 합필하고 필지 분할을 함으로써 후천적인 변화가 이뤄진다. 비록 우리 눈에는 보이지 않더라도 말이다.

이런 면에서 토지를 인문학적 특성으로 보면 용도의 다양성, 병합 및 분할의 가능성, 위치의 가변성 등을 지니고 있는데, 여기서 '위치의 가변성'은 사회적 위치, 경제적 위치, 행정적 위치를 담고 있다. 도시의 성장이나 낙후에 따라 변동하는 토지의 변화를 떠올리면 간단할 것이다.

이처럼 땅이 가지고 있는 특성에 대해 이론적 정리를 해본 이유는 토

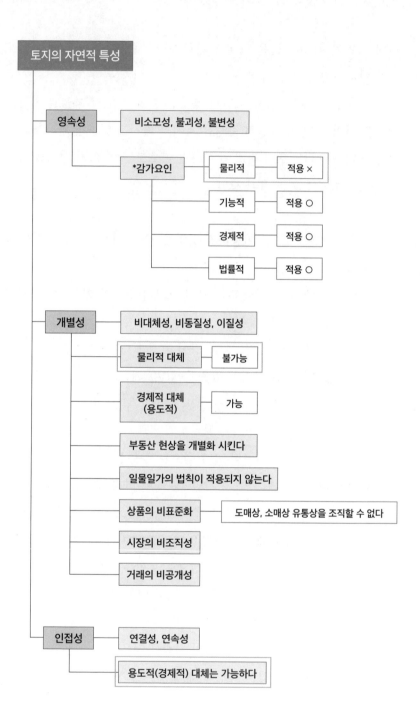

지투자가 부동산학적인 특징에서 비춰볼 때 매력적인 투자 유인이 있기 때문이다. 즉 건물은 일단 짓고 나면 그날부터 감가상각이 시작된다. 완공된 그 시점부터 경제적 가치가 깎여나간다. 만약 '아파트 값이 올랐다'거나 '100억 원 가치의 빌딩'이라는 설명을 듣게 된다면 그것은 그 건물이 아니라 그 건물이 존재하는 토지의 가치가 올랐다는 얘기가 된다는 것이다.

앞에서 이야기했던 것처럼 토지는 희소성이 있는 자원이고, 부동적인 자원이다. 공급이 부족하면 더 지어서 공급할 수 있는 건축물과 달리 땅은 공급이 고정되어 있기 때문에 수요가 늘면 값이 오를 수밖에 없다. 다만 세상에는 똑같은 땅이 없기 때문에 땅 대 땅으로서 객관적으로 비교하기 힘들 뿐이다.

아울러 시장에 나올 때부터 주거용, 상업용, 사무용 등으로 나뉘어 정해져 있는 용도로만 사용해야 하는 일반 부동산에 비해 토지는 미래를 바꿀 수 있다는 매력을 지니고 있어 다양한 활용에 따라 다른 수익 창출이 이뤄진다는 점에서 매력적이다.

투자는 그림을 그리는 것과 비슷하다. 그림을 그리기 전에 그 캔버스가 그림을 그릴 만한 재질인지, 어떤 크기의 어떤 모양인지 확인해야 한다. 무작정 아무것도 그리지 않은 캔버스만 구입해 전시해 봤자 그것은 그저 미술도구일 뿐, 아무런 가치도 없다. 어떤 작품을 그릴 것인지 구상하고 최고의 캔버스를 찾는 것, 그것이 토지투자의 진정한 매력일 것이다.

수익률과 지가 상승의 역사로 보는 토지투자

자산 불평등의 핵심은 땅값 폭등

소득이 매년 새롭게 발생하고 소비되는 연중 기준 유량(flow)의 개념이라면 자산은 쌓이고 축적되는 연말 기준 저량(stock)의 개념이다. 개인과 가구의 소득과 자산은 가계금융복지조사에서 통계로 작성되며, 국민소득과 순자산은 국민계정과 국민대차대조표에서 집계된다.

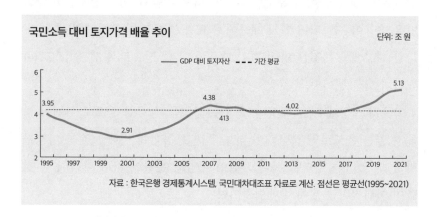

국민소득 대비 토지가격 배율 추이

단위: 조 원

— GDP 대비 토지자산   - - - 기간 평균

자료 : 한국은행 경제통계시스템, 국민대차대조표 자료로 계산. 점선은 평균선(1995~2021)

국민대차대조표에서 잠정 집계된 2021년 기준 우리나라의 순자산은 1경 9,809조 원이다. GDP 2,072조 원의 9.6배에 해당하는데, 현재 우리나라 국부에서 가장 큰 비중을 차지하는 것은 토지 자산이다. 부동산 자산이 1경 6,873조 원으로 국가 순자산의 85.2%를 차지하고, 그 중에서 토지 자산이 전체 부동산 자산의 63%에 해당하는 1경 680조 원을 차지한다. 주택 자산 가치의 68%도 주거용 건물에 부속된 땅값이 좌우하므로 부동산 자산의 대부분은 토지 자산이라고 할 수 있다.

2009	2010	2011	2012	2013	2014
9.5	9.1	9.3	9.3	9.2	9.4

2015	2016	2017	2018	2019	2020	2021
9.4	9.5	9.5	10.1	10.6	11.4	11.9

자료 : 한국은행 국민대차대조표와 노동패널

개인과 가구 차원에서 소득 대비 집값, 즉 주택가격 배율(PIR) 개념이 있듯이 국가 수준에는 '국민소득 대비 땅값 배율', '국민소득 대비 주택 가격 배율'이 유용한 지표로 사용된다. 또한 전체 국민 경제에서 국민 순소득 대비 국민 순자산의 배율을 나타내는 PKT지수도 비교 가능하다.

한국은행과 통계청이 국민대차대조표를 공표하기 시작한 것은 2014년부터다. 다만 토지 자산과 주택 자산에 대해서는 1995년까지 소급 연장된 추계 데이터를 확인할 수 있다. 1995년 우리나라의 GDP는 437조 원이었고, 토지 자산은 1,725조 원이었다. 국민소득 대비 지가총액 배율은 3.95, 주택 시가총액은 831조 원으로 국민소득 대비 1.9배였다.

1998년 외환위기로부터 비롯돼 2001년까지는 땅값 배율이 2.91배까지 하락하는 모습을 보였는데, 주택시가총액도 2001년 1.9배에서 1.6배로 하락했고, 국민소득과 자산 가격이 동시에 정체·하락하는 시기였다. 그러나 2008년 세계금융위기가 발발하기 이전까지 땅값 배율은 다시 급속하게 상승한다. 2006년에 4.15배를 넘어서 1995년 최고점을 갈아치우고, 2007년에는 4.38배 수준까지 올랐다. 이후 다시 2011년까지 상승과 하락 사이를 횡보하다가 2013년에는 4.02배 수준으로 다시 낮아졌으나 2015년 이후 땅값 총액은 가파른 상승세를 타게 된다.

2018부터 2021년까지는 폭등세를 기록했다. 이 시기 주택 가격 총액도 동일한 흐름을 따라 2015년 2.27배에서 2021년 3.14배에 이르기까지 거침없이 상승했다. 이 시기 6년 동안 주택시가총액은 3,762조 원에서 6,534조 원으로 무려 73.7%가 폭등했고, 땅값은 6,749조 원에서 1경 680조 원으로 58.2%의 증가율을 나타냈다.

토지 주택 가격 배율이 반등하기 시작했던 2001년을 기준점으로 삼아 2021년까지 국민대차대조표의 주택 시가총액과 땅값, 노동자평균임금, 가구평균소득지수 그래프, GDP를 함께 그려 보면 아래 그림에서 보는 국민소득 대비 땅값 배율 추이와 같다. 그래프 상단에서는 토지와 주택 가격이 줄곧 국민소득 증가분을 상회하는 반면 노동자의 임금은 2008년부터, 가구소득은 2009년부터 GDP 성장보다 하회하는 것을 볼 수 있다. 즉 경제성장을 초과하는 자본을 축적하고, 후자는 경제성장에 미치지 못하는 모습을 확인할 수 있는 것이다.

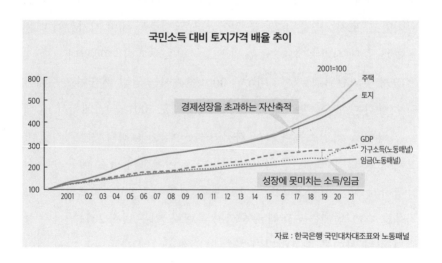

국민소득 대비 토지가격 배율 추이

자료 : 한국은행 국민대차대조표와 노동패널

한편 국민대차대조표에서 금융자산까지 포함한 국민순자산은 2009년부터 공표되고 있는데, 이를 국민순소득으로 나눈 자본소득비율, 이른바 PKT지수(ß)를 확인해 볼 수 있다. PKT지수 역시 어느 시점에서 한 나라의 자본 총량이 그해 소득의 몇 년 치에 해당하는지를 측정하는 것인데, 이 비율이 상승할수록 자본수익률이 소득증가율을 초과해 소득 불평등이 심화된다고 본다.

순자산 5분위 배율이 커지면 주거지의 양극화를 불러온다. 순자산 5분위 배율이란 하위 20%의 순자산과 상위 20%의 순자산의 배율을 비교하는 것으로, 부동산 가격 상승, 소득의 양극화, 소비의 균등화 등으로 인해 소득분위별 순자산의

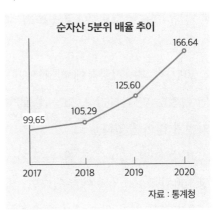

차이는 계속 늘어나고 있다. 대부분의 사람들이 집으로 재산을 가지고 있기 때문에 순자산 5분위 배율이 증가한다는 것은, 부동산의 양극화가 심화되고 있음을 의미한다.

국민대차대조표의 통계로 계산한 국민순소득 대비 국민순자산 비율은 2017년 이후 상승 추세가 강하게 나타나는 걸 확인할 수 있다. 이 흐름 역시 국민소득 대비 땅값 비율 증가에 큰 영향을 받고 있다. 통상 PKT지수가 4~6 이상이면 심각한 상황임을 의미한다.

다른 나라와 비교해서도 마찬가지다. OECD 국가들이 단일한 기준에서 국민대차대조표를 작성하고 있는 것은 아니지만 적어도 명목 국민소득 대비 땅값 총액의 비율은 동일한 기준으로 비교해서 볼 수 있다.

가장 최근 자료인 2020년 기준으로 소득 대비 토지 가격 비율을 보면 △한국 5.0 △호주 3.7 △프랑스 3.5 △영국 3.0 △캐나다 2.37 △스웨덴 2.14 △네덜란드 2.03 △독일 1.79 △체코 0.97 △핀란드 0.84로 나타난다. 모든 지표들이 일제히 나쁜 상태라고 말하고 있는 것이다.

지금이라도 토지투자에 관심을 가져야 할 이유

20년 전 돼지저금통에 만 원짜리 지폐를 넣어 두었다가 지금 꺼낸다면 여전히 만 원짜리다. 그동안 물가가 상승했으니 오히려 20년 전보다 가치가 많이 줄었다.

하지만 만약 20년 전 만 원을 가지고 쓸모가 없다고 버려진 땅을 평당 100원에 100평을 사 두었다면? 말이 달라진다.

우리나라 땅값 발표에 따르면 현재, 쓸 만한 토지 중에 제일 싼 땅은 평당 3천 원 정도다. 100평이면 30만 원이다. 만 원이 30만 원으로 불어났으니 30배의 이익이 생긴 것이라고 할 수 있다. 물가상승률보다 많이 올랐으니 재산이 불었다고 볼 수밖에 없다. 만약 1억 원을 토지에 투자

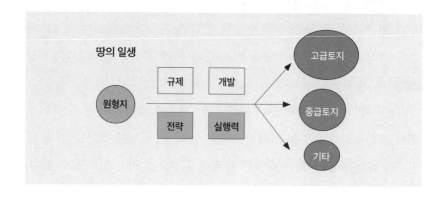

했다면, 지금은 30억 원이 되어 있을 것이다.

그런데, 20년 전 당시 그 만 원짜리 땅에는 아무런 개발 계획이 없었는데, 만약 그 지역이 고속도로가 관통하는 개발 계획지 내로 들어가게 되었다면 어떻게 될까?

위에서 예로 들었던 평당 100원짜리 토지는 경북 영주시 ○○리 땅으로 현재의 땅값은 15만 원이다. 당시 1만 원으로 100평을 사두었다면, 지금은 평당 15만 원으로 올랐으니 1,500만 원이 되었고, 무려 1,500배의 이익이 생긴 셈이다.

만약 만 원을 은행에 예금했다고 가정해 보자. 1년 이자를 5%로 가정해 봤을 때, 20년이면 불과 만 원밖에 불어나 있지 않다. 여유자금으로 정말 고수익을 바란다면, 토지투자에 관심을 가져야 할 이유다.

은행금리는 너무 낮고, 주식은 전문가라고 하는 사람들조차 망한 사람이 더 많다. 실제로 한국에서 주식투자로 부자가 된 사람은 2%가 채 되지 않고, 부동산투자로 부자가 된 사람은 90%를 넘어선다. 나머지 8%는 사업을 통해 부자가 되었다고 한다. 즉 대한민국에서 소시민이 돈을 벌 수 있는 재테크 수단으로는 부동산투자가 가장 안전하고 수익률도 높다는 걸 말한다.

정부의 부동산투기억제 정책은 신경을 쓸 필요가 없다. 자본주의 사회에서 모든 자산은 반드시 수요와 공급의 법칙에 따라 가격이 결정되기 마련이다. 불황으로 인해 비교적 땅값의 오름세가 정체돼 있다고 해도 향후 부동산 수요가 급등하게 될 지역을 밝은 눈을 가지고 잘만 고른다면 반드시 큰돈을 벌게 될 것이다. 과거의 투자 대상이 아파트나 상가였다면, 이제는 토지에 답이 있다.

토지에 투자해야 하는 중요한 이유 중 하나는 바로, 노후대책 마련이다. 국민연금에 대한 기대는 이미 사라진 지 오래되었으므로 모아놓은 노후자금이 없다면 장수는 더 이상 축복이라고 할 수 없다. 안락한 노후 생활을 위해 다른 대책을 마련해 놓지 않으면 미래는 불안해질 수밖에 없다. 토지에 돈을 묻어 두어야 하는 또 하나의 이유다. 10년간 평균 수익률을 다른 재테크 수단과 비교해서 보았을 때 부동산만큼 높은 투자가 있는지에 대해서는 관심을 가지고 찾아보면 금방 알 수 있을 것이다.

아파트냐, 토지냐?
부동산 투자를 위한 가치 비교

아파트와 토지의 가격 상승 비교

부동산투자라고 하면 수십 가지 종류가 있겠지만 대부분은 아파트를 가장 먼저 떠올릴 것이고, 그 다음으로 토지가 떠오를 것이다. 물론 토지의 수요는 아파트에 비해 훨씬 적더라도 예전부터 토지투자에서 큰 부자가 탄생했던지라 꾸준한 투자 대상이기도 하였다.

둘 다 부동산투자를 대표하는 종목이지만 스타일은 엄연히 다르다. 주식으로 비유하자면 아파트를 정치주, 테마주라고 한다면 토지는 우량주, 가치주로 비유할 수 있을 것 같다.

물론 어디에 투자하는 게 더 좋다고 단정 짓기는 어렵다. 각각 장단점이 다르고 투자하는 방법도 다르기 때문인데, 여기서는 아파트와 토지에 대해 실제 예시를 가지고 비교해 볼까 한다.

아파트의 가치, 대지지분으로 평가하라

필자가 토지투자 강의를 할 때마다 늘 먼저 하는 말이 있다. 건물이든 뭐든 부동산의 가치란 곧 '토지의 가치에 수렴한다'는 것이다. 즉 부동산투자에 뛰어들고자 결심을 했다면 반드시 먼저 땅에 대해 먼저 공부해야 한다.

아파트를 포함한 지상물은 결국 언젠가는 토지의 가치에 수렴하게 된다. 내구성, 즉 감가상각에 의해 그렇게 된다. 극단적인 경우로 대치동 은마아파트를 들 수 있다. 언론에서 아파트 가격의 지표인 것처럼 보도되는 '은마아파트'는 잔존가치가 0인 부동산, 즉 토지 자산 그 자체로 수렴한 아파트다.

모든 부동산투자의 바탕이자 최고봉은 토지라고 분명히 말할 수 있다. 열심히 공부하고 경험을 쌓아 토지투자에 눈을 뜨게 되면 아파트는 물론이고 상가, 오피스텔 심지어는 경매에서도 승자가 될 수 있다는 걸 필자는 경험으로 입증해 줄 수 있다.

아파트는 토지라는 부동산에 짓는 주택 상품이다. 토지가 중요한 이유는 부동산의 가치를 결정짓는 것은 결국 땅이기 때문이다. 일반적으로 부동산이라고 하면 아파트부터 떠올리기 마련이지만 아파트 역시 땅값을 반영할 수밖에 없다.

아마 주변에서 단독주택 등을 거래하는 과정을 본 적이 있을 것이다. 또는 오래된 공장이나 상가 건물들을 거래하는 모습도 보았을 것이다. 이때 건물 가격을 치던가? 아니다. 건물은 아예 빼고 땅값만 가지고 결정한다. 오히려 개발업자나 건축업자들은 기존 건물의 철거비용 등을 감가상각을 하기도 한다. 실물경제 논리상으로는 사실 그것이 정당한 가격 기준이 되는 것이 맞다.

요즘 유행하는, 아니 많은 사람들이 투자하고 있는 수익형 부동산이라는 고시텔, 원룸텔, 오피스텔을 보자. 분양면적에서 토지가 차지하는 비중이 얼마나 되는지. 대부분은 토지 지분의 10분의 1도 안 되는 아주 미미한 면적의 토지를 받고 성냥갑 건물을 사는 것이다.

1990년대 말 2000년대 초 가장 인가가 높았던 주상복합이 요즈음 어떤 대접을 받는지를 기억해 보자. 20여 년이 지나 서서히 건물의 감가상각이 이루어지면서 또 과거와 같이 주택이나 상가 등 부동산 공급이 부족해 부동산의 감가상각이라는 것조차 생각하지 못하고 덤벼들던 그런 시절은 지나고 있음을 눈으로 확인할 수 있다. 이제 정상적인 시장으로 진입하게 되면서 건물의 가치는 사라지고 결국 남는 것은 토지의 가치가 전부일 때 이들 수익형 부동산들의 가치는 어떻게 평가될까?

1억 원에 한 평도 안 되는 토지지분을 가진 오피스텔이나 주상복합일까? 1억 원으로 1평의 토지를 가진 아파트나 빌라일까? 아니면 1억 원에 50평을 가진 단독주택이나 근린생활시설일까? 나중에 어느 것이 더 가치를 갖게 될까?

물론 지리적 경제적 입지에 따른 가치도 있겠지만 대부분 분양을 할 때 같은 지역이라면 1~2배의 차이를 넘지 않는다는 것을 감안하고 판단해 본다고 해도 답은 정해져 있다. 동일한 위치, 비슷한 지역이라면 가급적 토지 지분이 큰 부동산에 투자해야 한다는 것이다.

생각해 보라. 집은 없어도 차는 있어야 하는 세상에서 주차장도 없는 고시텔, 원룸텔이 나중에 임대는 제대로 될까? 과연 수익형 부동산이라고 말할 수 있을까? 아마도 지금 이 시점에서 파는 사람들은 수익형 부동산이라 말할 수 있겠지만 분양을 받아 임대사업을 하고자 하는 사람들에게는 머지않아 애물단지가 되지는 않을지 냉정하게 판단해 보아야 할 것이다.

한국의 부동산 가격 구성

미래성장 기대가치 50
건축물의 기대가치 50
입지 프리미엄 30
토지 20

미국의 부동산 가격 구성

건축물의 기대가치 50
입지 프리미엄 30
토지 20

건물은 부동산이 아니라 동산이라는 말이 있다. 필요하면 얼마든지 철거하고 새로 지을 수도 있고 다른 것으로 바꿀 수도 있기 때문이다,

그러나 토지는 필요하다고 해서 새로 만들거나 옮겨갈 수가 없다. 그런 면에서 진정한 부동산은 '토지'를 의미하는 말이다. 결국 부동산은 고정불변의 원칙을 가지고 있는 땅의 가치이고, 그 위치 등에 따라서 가격이 매겨지게 되며, 결국 부동산의 가격은 땅값이 좌우한다는 것이다.

물론 같은 위치, 같은 땅이라고 해도 그 땅을 사용하는 목적이나 구조, 용도 등에 따라서 달라지기는 한다. 하지만 그것은 이용에 의한 가치 평가일 뿐 그 부동산 본래의 땅에 대한 평가는 같은 지역이라면 대동소이하다. 즉 명동이나 강남대로변의 땅값은 대기업 빌딩이든 소규모 점포든 간에 대부분 같은 가격이며, 저 멀리 지리산 속에 있는 토지는 단독주택 부지든 점포 부지든 축사의 부지든 간에 대부분 비슷한 가

격대이다.

　물론 투자에서 가장 중요한 것은 지금은 별 볼일 없는 곳에 있는 보잘 것 없는 토지일지라도 교통의 중심이 된다든지 주거나 상업, 공업지역으로 개발이 될 가능성을 품고 있는 땅이어야 한다. 다만 여기에서 강조하고자 하는 의미는 같은 위치에 있는 부동산이라면 건물이 아닌 토지가 그 가치를 결정한다는 점을 설명하고자 하는 것이다.

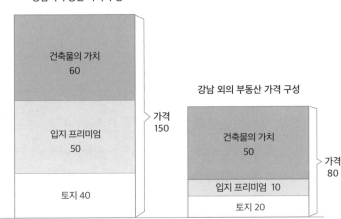

　요즘 이슈를 끌고 있는 재건축 아파트들이 비싼 이유는 무엇일까? 최첨단 아파트를 짓는 것이기 때문에 비싼 게 아니다. 아파트가 들어서 있는 땅값이 비싸고, 대지지분을 많이 가지고 있기 때문에 비싼 것이다.

　재건축단지는 물론 분양아파트도 대지지분을 눈여겨봐야 한다. 입주자모집공고에서 우리는 대지지분을 확인해 볼 수 있다. 건축비에 대지지분을 곱한 가격과 분양가를 비교하면 분양가 적정성(거품)도 어느 정도 알 수 있다. (땅값은 총 분양가에서 공사비를 빼면 합리적 투자 가격인지를 알아낼 수 있다.) 재건축 아파트의 경우, 등기부등본에서 대지지분을 확인할 수 있는데, 표제부에서 토지 면적과 대지권 비율을 확인해 곱해 보면 대지 지분 크기를 쉽게 알 수 있다.

건물 자체는 감가상각 돼 노후화 되어도 대지지분의 땅값이 오르면 아파트 값은 떨어지지 않는다. 오히려 아파트 값이 오른다. 재건축 호재를 맞으면 더 큰 폭으로 오른다. 지은 지 20년이 넘은 아파트는 건물 가격이 거의 없다. 오로지 땅값만 남는다. 그래서 땅값이 비싼 아파트가 결국 비싼 것이다. 반포, 잠원, 개포동 아파트처럼 땅값이 비쌀수록, 가구당 대지지분이 많은 아파트일수록 재건축 가능성이 높아 값이 비싸다.

용적률이 높을수록 대지지분은 적다. 주상복합의 대표적 단점 중 하나다. 나홀로 아파트일수록 대지지분이 적다. 대단지일수록 편의시설이 많아 상대적으로 대지지분이 많다. 대지지분의 면적이 중요한 게 아니다. 대지 위치가 중요하다. 대지 위치가 뛰어나 접근성이 좋아야 한다. 그래야 희소가치가 높아 땅값이 비싸다.

'대지지분' 계산법

【용적률】: 대지 면적에 대해 지상층 연면적의 비율 =

(연면적/대지 면적) × 100(%)

【연면적】: 각 층의 바닥 면적의 합계

내 집을 마련하거나 주거용 부동산투자에 있어서 반드시 확인해 보아야 될 사항 중의 하나는 '대지지분'(토지의 크기)이다. 예전에는 교통,

교육, 환경, 편의시설, 전용면적 등을 따져보는 것이 선택 기준의 전부였으나 요즘에는 아파트 선택의 기준이 달라지고 있는 추세다. 위에서 예시한 항목들은 기본적으로 확인해야 하는 사항이지만 지난 2~3년 동안 전국에 재건축 열풍이 불면서 추가된 것이 '대지지분'이다.

대지지분이란 한마디로 '아파트가 가지고 있는 토지의 면적'을 말한다. 이 대지지분은 아파트단지 전체의 대지 면적을 가구수로 나눠 등기부등본에 표시되어 있다. 오래된 주공아파트의 경우 대부분 요지에 위치하고 저층이므로 대지지분이 넓어 재건축을 하게 되면 수익성이 높아지게 되므로 그동안 가격이 많이 오른 것이다.

우리는 흔히 아파트 가격을 비교하게 될 때 '평당 가격'을 따진다. 그렇지만 이보다 더 중요한 것이 '대지지분당 가격'이다. 결국 아파트는 '토지'이므로 위치가 비슷한 곳에 평수가 같은 두 단지가 있는데 가격도 같다면, 당신은 어느 아파트를 사겠는가? 필자라면 대지지분이 넓은 아파트를 살 것이다. '평당 가격'에 비해 '전용면적당 가격'이, '전용면적당 가격'보다는 '대지지분당 가격'이 더 객관적으로 아파트 가치를 평가할 수 있는 잣대가 된 것이다.

대지지분이 중요한 이유를 살펴보자.

첫째, 대지지분은 아파트의 주거 환경의 쾌적성을 나타내는 척도이기 때문이다. 즉 대지지분이 높은 아파트는 용적률이 낮다는 얘기이므로 이런 아파트는 동과 동 사이의 간격이 넓고, 층수도 낮고, 기타 편의공간(놀이터, 관리실, 운동 시설 등등) 등의 여유 공간이 많다는 것을 의미한다.

새로운 평면 설계와 뛰어난 조경을 가진 대지지분이 낮은 용적률 300%의 새 아파트와 대지지분이 넓은 용적률 150%의 오래된 아파트

중에 어느 아파트를 사겠는가? 당연히 오래된 아파트를 살 것이다. 새 아파트의 경우 3년만 지나면 중고 아파트가 되어버려 장점은 점점 들어 들게 되지만 오래된 아파트의 경우, 사는 동안 주거의 쾌적성은 물론이 고 향후 재건축이나 리모델링이 되었을 때는 재산 가치의 상승도 기대 할 수 있는 경우이기 때문이다.

아파트를 분해하면 결국 건물과 토지로 나눌 수가 있는데, 건물은 시 간이 지날수록 감가상각이 되어 가치가 줄어들지만 토지는 가치가 지 속되거나 상승한다. 예를 들어 6억 원짜리 32평 신축 아파트가 있다고 하자. 이 아파트의 건물 가격은 아무리 최고급으로 지어도 최고 평당 300만 원을 넘지 않는다. 그러면 약 1억 원 정도가 건물 가격이 되고 나 머지 5억 원은 토지의 가격이 될 수 있다는 것이다. 이러니 대지지분이 중요하지 않을 수 있겠는가?

둘째, 재건축 아파트에 있어 대지지분은 향후 무상입주 평형과 추가 부담금 산정의 기준이 되므로 중요하다. 대지지분이 클수록 재건축사 업 이후에 조합원이 무상 입주하게 될 수 있는 아파트 평형이 커지게 되고, 추가부담금이 줄어들게 됨으로써 대지지분이 재건축사업의 수익 성을 가늠해 볼 수 있는 핵심적인 사항이 된다.

다음으로는 구체적으로 등기부등본을 가지고 이 대지지분을 계산하 는 방법에 대해 알아보기로 하겠다.

일단 등기부등본을 준비한다. 등기부등본이 없는 사람은 대법원(scout. go.kr) 홈페이지에 들어가서 700원만 내면 쉽게 준비할 수 있다. 인터넷 을 이용할 수 없다면 등기소나 법원, 구청 등에서도 1,000원만 내면 자 동발급기에서 쉽게 구할 수 있다.

일단 등기부등본에 대해서 간단히 살펴보면 표제부와 갑구, 을구로 되어 있다. 갑구는 '소유권에 관한 사항'을, 을구는 '소유권 이외의 권리에 관한 사항'을 나타낸다.

【표 제 부】		(1동의 건물의 표시)		
표시 번호	접수	소재 지번, 건물 명칭 및 번호	건물 내역	등기 원인 및 기타 사항
1			철근콘크리트 구조 (철근) 콘크리트 경사지붕 15층 공동주택(아파트) 1층 490.8142㎡ 2층 460.0128㎡ 3층 567.2229㎡ 4층 567.2229㎡	
		(대지권의 목적인 토지의 표시)		
표시 번호	소재 지번	지목	면적	등기 원인 및 기타 사항
1	1. 경기도 평택시	대	62105㎡	20일 등기
		(대지권의 표시)		
표시 번호	대지권 종류	대지권 비율		등기 원인 및 기타 사항
1	소유권 대지권	62105분의 64.0999		

등기부등본으로 용적률을 계산하려면 먼저 '전용면적'과 '대지지분'을 알아야 한다.

▶ 전용면적 계산

【전용면적】 현관 안쪽의 실제 사용 면적. 베란다는 제외, 다용도실은 포함.

표제부에서 (전유 부분의 건물의 표시)란을 보니 건물 내역 항목에 철근콘크리트조 41.85m²로 나와 있다. 이것이 바로 전용면적이다. 이 전용면적을 평수로 환산하면 41.85m²×0.3025=12.66평이 된다. (정부에서 공식적으로 권장하게 되는 도량형 단위는 [m²]인데, 사람들이 부동산을 표시할 때는 아직도 '평'이란 단위에 익숙해져 있어 '평수'로 바꾸어 보았다.)

전용면적에 대해서는 이미 다 알고 있는데, 왜 굳이 계산을 해야 하느냐고 의문이 드는 사람이 있을 것이다. 예를 들어 자기가 살고 있는 아파트가 32평이고, 전용면적이 25.7평이라는 게 확실하다면 따로 계산해 볼 필요가 없을 것이다. 하지만 본인이 알고 있거나 인터넷 부동산 사이트에 올라 있는 내용이 틀린 경우도 많기 때문에 반드시 계산을 해 보는 것이 좋다. 특히 오래된 아파트의 경우에는 1990년대 이후에 분양된 아파트와 다르기 때문에 반드시 확인해 보아야 한다.

▶ 대지지분 계산

【대지지분】아파트단지 전체의 대지 면적을 가구별로 나눠 등기부에 표시될 수 있는 면적.

표제부(대지권의 표시) 란의 대지권 비율 항목을 보니 45448.6분의 51.37이라고 나와 있다. 여기에서 앞의 45448.6은 이 아파트의 전체 대지면적을 가리키는 것이고, 뒤의 51.37은 내가 소유하고 있는 아파트의 대지면적을 나타낸다. 이 대지지분을 평으로 환산해 보면 51.37m²×0.3025=15.54 평이 된다.

대지지분은 쉽게 얘기하면 '본인이 살고 있는 아파트단지 전체 면적에서 자신이 소유하고 있다고 하는 면적(토지)'이므로 크면 클수록 좋은 것이라고 할 수 있다.

▶ **용적률 계산 = (아파트 평수/대지지분)×100**

이 아파트는 18평이다. 그럼 용적률의 계산은 $(18/15.54)×100=115.8$ 이 된다. 즉 이 아파트의 용적률은 115.8%가 될 수 있는 것이다. 이 정도면 용적률이 상당히 낮은 편으로 동과 동 사이의 간격도 넓고 쾌적한 주거환경을 가지고 있다는 것을 등기부등본을 통해서도 충분히 알 수가 있다.

투자가치가 가장 높은 아파트는 대지지분이 많고 땅값이 비싼 아파트다. 따라서 대지지분이 적고 땅값도 싼 아파트는 매수하지 않는 게 상책이다.

표준지 공시지가

표준지 공시지가는 부동산의 적정한 가격 형성과 각종 조세, 부담금 등의 형평성 차원에서 매우 중요한 지표가 되고 있다.

지가地價의 종류에서 중요한 다른 하나를 더 들자면 아파트 분양가에 포함된 '대지 가격'이 있다. 대지 가격은 땅값과는 그 내용이 다르다. 땅값에 아파트를 짓기 위하여 토지에 투입되는 제반 비용(금융이자, 세금, 진입도로 및 간접시설 등의 설치비용)을 포함한 가격을 말한다. '대지비' 또는 '택지비'라고 말한다.

땅값이 상승하지 않더라도 택지를 조성하는 데 드는 제반 비용이 증가하면 당연히 아파트 분양가도 상승하기 마련이다. 아파트 입주자 모집공고를 보면 아파트 분양가격을 '대지비'와 '건축비'로 구분하여 표시하고 있다.

주택보증공사(HUG)가 조사해 발표한 '주택보증통계'에 따르면 2017년 4/4분기 아파트 분양가에서 대지비의 비율은 서울과 수도권, 전국 평균 모두 52%라고 한다. 작년에는 지속적 상승세를 보여 그 비율이 60% 전후로 높아졌다. 이 대지비 중에 가장 큰 항목이 '땅값'이다.

여기서 말하는 땅값은 개별공시지가가 아닌 실거래가격을 말한다. 여기에 부가되는 각종 시설의 설치부담금과 세금, 그리고 금리인상으로 인한 이자비용 상승 등이 대지비를 상승시키고, 여기에 인건비와 건설 자재비의 상승이 건축비를 상승시켜 결국 아파트 분양가격이 상승하는 것이다. 따라서 이러한 땅값에 부가되는 여타 비용의 등락과 연동되어 정해지는 아파트 분양가에 대하여 정부의 과도한 규제가 오히려 부동산시장을 왜곡시킨다. 수요에 따른 공급이 2~3년의 긴 시간차를 가지고 움직이는 부동산의 특성상 정부의 과도한 시장개입이 오히려 부동산정책이 잘 작동되지 못하도록 하는 악순환의 결과를 낳는 결과를 불러오는 것이다.

여기서 적정가격은 '통상적인 시장에서 정상적인 거래가 이루어지는 경우 성립될 가능성이 가장 높다고 인정되는 '최빈 거래가능 가격'을 말하는 것으로 매매가격이나 대지비와는 그 성격이 다르다.

매년 해당 토지에 대한 적정가격을 조사, 평가할 경우 과거 1년간 변동된 가격 수준에 대한 시세 반영률(현실화율)의 적정 정도에 대해서는 매년 논란이 있었다. 각종 개발사업 등으로 많고, 가격 상승이 높은 지역과 신도시 등 개발사업이 발표된 지역에서는 가격 상향 요구가 매우 거세다. 특히 전년 가격과 비교해 일정하게 균형을 맞춰 인상할 수 없을 정도로 상향폭이 큰 것이 현실이다.

이와 반대의 경우도 있다. 이미 개발이 끝났거나 기업이나 행정기관

등이 이전함으로써 인구가 빠져 나가는 침체 지역에서는 공시가격에 대한 하락 요구가 많다. 이런 경우 그 하락폭을 일시에 표준지 공시가격에 반영하게 되면 대출금 상환을 못하거나 매매 손실로 이어져 '하우스 푸어'로 전락해 지역사회에 미치는 파장이 매우 크고, 심각해질 것이다.

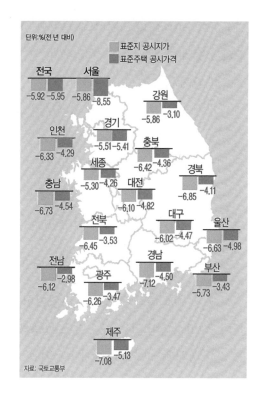

따라서 모든 표준지에 대하여 매년 2명의 지역별 전담 감정평가사가 조사·평가한 적정가격에 대하여 소유자의 의견과 이의신청을 받고 동시에 제반 심의절차를 통하여 국토교통부장관이 최종적으로 결정하는 시스템에 따라 결정되는 것이 '표준지공시지가'다. 이러한 부동산공시제도에 대한 정확한 이해 없이 비전문가의 생각을 빌어서 지가地價와 제도를 곡해하는 것은 매우 염려스럽다고 본다.

지가와 세금은 매우 높은 상관성을 가지고 있지만 지가가 상승하는 폭만큼 세금이 늘어나는 것은 아니다. '종합부동세'는 주택 보유수와 공정시장가액비율에 따라 법적 상한선(150~200%)을 두어 조세부과액을 완충하고 있고, 마찬가지로 재산세의 경우에도 대상토지별로 '표준세율'을 적용하되 150% 범위 내에서 세 부담의 상한을 정하여 조세 저항 등을 완충하고 있다.

이와 같이 표준지의 공시가격이 가지는 다양한 기능을 고려할 때, 조세부담에 따른 부동산가격공시제도의 개선책으로 공시가격의 실거래가 반영률을 현실화 하도록 요구하는 것처럼 시장가치의 100%를 반영한 적정가격을 표준지의 공시지가로 정하고, 이어서 부동산시장의 동향과 지방 재정 여건 및 용도 등을 고려한 세밀한 '공정시장가액비율'의 적용과 '표준세율'의 합리적 조정을 통하여 조세제도의 형평성을 추구하여야 할 것이다.

이제 지가에 대하여 이해를 하였다면 아파트 가격에 영향을 미치는 것이 꼭 땅값만이 아니라는 것을 이해하였으리라 본다. 토지에 부가되는 각종 공사비(지반 공사비와 이자 등)와 간선시설 및 도시계획시설(도로, 공원 등)의 설치비용 등을 가산한 것이 택지비(대지비)가 된다.

LH공사 국토도시연구원이 2000년도 이후 조성했거나 조성 중이었던 용인 신봉동천, 죽전, 동백, 화성 동탄, 남양주 평내, 파주 교하, 하남 풍산, 성남 판교 등 수도권 8개 지구를 포함한 "전국 총 17개 택지지구 아파트분양가와 택지비를 분석"한 자료에 따르면 택지비가 아파트 분양가에서 차지하는 비율은 수도권인 용인 신봉동천지구가 30%, 죽전지구 28%, 동백지구 27%, 화성 동탄지구 24%, 남양주 평내지구 20%, 파주 교하지구 27%로 나타났다. 지방의 경우에는 이보다 훨씬 적은 15%인 것으로 조사되었다. 물론 택지지구가 아닌 지역의 재개발이나 재건축단지에서는 이와 달리 땅값 외 가산 항목의 비용이 차지하는 비중이 50% 이상으로 상대적으로 높다.

이처럼 택지비가 차지하는 비중이 높은 원인이 순수한 땅값인지 아니면 가산항목의 비용인지를 명확하게 구분하여 그 비율을 표시할 수는 없다. 하지만 추론이 가능한 것은 기존 도심에서 신규분양 아파트의 가격과 주변에 있는 기존 중고 아파트와의 가격 차이가 발생하는 이유는 땅값은 곧 위치 가격이기 때문에 같은 주거지역에서는 큰 차이가 없다. 그렇다고 건물 등 부대시설에서의 차이만 가지고 그 격차를 설명할 수 없다. 결국, 가산항목의 부가비용과 시행사의 이익, 여기에 추가하여 유통(분양 등)으로 추가되는 비용과 그리고 초과 이윤을 기대하는 거품이 끼어 있기 때문이라고 본다.

이렇게 되면 몇 년 후에는 그 주변 땅값에 이러한 추가적이고 투기적인 기타 비용이 고스란히 전가되어 가격을 끌어올린다. 이러한 순환구조에서 그 지역에 제반 환경 변화로 수요 요인이 자극되면(각종 개발사업이나 인구유입시설 등이 들어설 경우) 일정한 시간차를 두고 재건축이나 기타 사업 등으로 신규 주택의 공급이 이루어진다.

이때에는 오른 땅값으로 인하여 분양가도 자연스럽게 오르게 된다. 따라서 일정한 시차를 두고 땅값 외 부가비용과 투기적 수요에 의한 거품까지도 결국에 가서는 땅값에 반영돼 아파트와 같은 주택 가격을 꾸준히 상승시키는 것이다.

따라서 과도한 세금이나 과도한 기부채납의 부담증가, 소유자 간 또는 부처별 갈등과 인·허가 지연 등으로 사업기간이 길어지는 데 따른 금융비용, 유통 비용, 기타 비용의 증가로 인해 결국 땅값을 끌어 올리게 되고 아파트 가격 상승에 큰 요인으로 작용하게 된다.

대치동 은마아파트 땅값은 얼마일까?

"낡은 콘크리트 덩어리가 너무 비싸다."

법적 재건축 연한(준공 후 30년)이 지난 강남지역 아파트를 두고 흔히 하는 말이다. 이렇게 오래된 아파트들은 상수도가 낡아 녹물이 나오고 지하주차장이 없어 2중, 3중 주차가 흔하며, 엘리베이터조차 없거나 부족해 거주하기가 불편하다. 너무 낡아 건물의 가치가 없다시피 한 것이 사실임에도, 30~40년이 지나면서 오히려 점점 몸값이 올라가는 것이 이런 아파트들의 특징이기도 하다. 오히려 층수가 낮고 금방 무너질 것만 같은 오래된 아파트일수록 이런 현상이 심해지고 있다.

국내 최초의 맨션형 아파트인 용산구 이촌동 '한강맨션'의 경우 1971년 3월 준공되어 입주민들은 세대 내부를 수리해서 살고 있다. 최고 5층, 660세대 규모인 이 단지는 엘리베이터와 지하주차장이 없는 말 그대로 콘크리트 덩어리다. 그럼에도 가장 작은 평형인 전용면적 87m²인 아파트의 시세가 20억 원을 넘긴 지 오래다.

이런 저층 아파트가 가지고 있는 장점은 세대별로 보유하고 있는 대지가 넓을 가능성이 높다. 통상 아파트가 저층이고, 각 동 사이의 간격이 넓고, 용적률이 낮을수록 세대 당 대지지분이 높을 가능성이 크다. 그리고 같은 단지 내에서도 보유한 세대의 공급 면적 또는 전용면적이 클수록 대지지분이 높은 것이 일반적이다. 즉 전용면적이 59m²인 세대보다 전용면적이 84m²인 세대의 대지지분이 많다는 뜻이다.

이런 원리에 따르면 아파트가 있는 지역의 땅값이 비싸고, 각 세대당 대지지분이 높을수록 집의 가치가 올라간다고 할 수 있다. 낡은 강남 재건축 대상 아파트가 20~40억 원 대 가격을 호가하는 이유가 여기에 있다.

대치동 은마아파트, 땅값만 3조 원 이상

서울, 그 중에서도 강남 재건축 아파트 중 가장 유명한 단지는 대치동에 자리한 '한보 은마아파트'다. 이 아파트는 국내 최고 학군을 만들어낸 '대치동 학원가'를 단지 바로 앞에 끼고 있어 학군 수요가 몰리는 단지로 알려져 있다.

대치동은 행정구역상 강남 동쪽이라 선릉, 삼성동 오피스가 가까운 요지에 위치해 있다. 최근에는 삼성동 GBC(글로벌 비즈니스 센터)와 영동대로 개발호재를 맞아 입지적인 가치가 더욱 크게 올라가고 있다. 특히 지하철 3호선 대치역 초역세권에 위치해 있어서 강북 도심 접근성도 용이한 편이다.

서울시 부동산정보시스템에 따르면 한보 은마아파트의 토지 면적은 239,225.8m²로 72,000평이 조금 넘는다. 이 대지 내에 31동 규모의 아파트와 더불어 상가 건물 A블록과 B블록이 자리하고 있다. 토지이용계획에 따라 이곳은 제3종 일반주거지역이다. 은마아파트뿐 아니라 아파트와 학교가 많은 동네 특성상 3종 주거지역이 많다.

그렇다면 은마아파트 땅값은 얼마일까? 2019년 1월 1일 이곳 개별 공시지가는 m²당 1,490만 원(평당 약 4,930만 원)이다. 공시지가로 단순 계산을 해보면 239,225.8m²의 전체 땅값은 3조 5,644억 6,442만 원이다. 은마아파트는 전용면적 76m²와 84m²의 두 개 평형으로 구성이 되어 있는데, 두 세대의 대지지분은 각각 48.3m²과 53.9m²이다. 은마아파트의 작은 평수를 사게 될 경우 보유하게 되는 대지지분 땅값은 공시지가를 기준으로 7억 1,967만 원, 큰 평수는 8억 311만 원에 달한다고 볼 수 있다. 따라서 두 평형 실거래가 최고액이 20억 4,000만 원(2019년 11월)과

23억 원이었던 점을 감안하면 실제 집값에서 토지가 차지하는 비중은 아주 낮아 보인다.

종합부동산세 공정시장 가액률 인상시 세액 변화

보유주택 예시 (84㎡)		2023년 공시가 (백만원)	2023년 종부세액(원)		
			공정시장가액 비율		세액차 (인강-기준)
			60%(기준)	80%(인상)	
1주택자	아크로리버파크	2,683	5,875,632	8,794,176	2,918,544
	도곡렉슬	1,865	1,769,760	2,599,680	829,920
	디에이치아너힐스	1,714	1,204,416	1,845,888	641,472
	은마	1,556	820,224	1,093,632	273,408
	아크로리버하임	1,431	532,224	709,632	177,408
	리센츠	1,327	292,608	390,144	97,536
	헬리오시티	1,157	-	-	-
	마포 레미안푸르지오	1,036			
2주택자	아크로리버파크	2,638	18,664,129	27,696,385	9,032,256
	은마	1,556			
	레미안퍼스티지	2,180	14,470,170	21,693,559	7,223,389
	한가람	1,511			
	한강대우	1,417	3,593,356	5,751,141	2,157,785
	중계5단지주공	613			
3주택자	아크로리버파크	2,683	46,240,904	77,414,538	31,173,634
	은마	1,556			
	리센츠	1,327			
	중계5단지주공	613	3,018,844	4,881,446	1,862,602
	새뜸11단지더십힐스테이트	518			
	롯데캐슬스타	733			

※ 세액공제 없음. 단독명의 100% 지분소유 기준

자료 : 셀리몬(부동산 세금계산 서비스)

통상 토지공시지가가 시세를 모두 반영하지 못한다는 점에서, 실제 땅값은 이것보다 훨씬 비쌀 것으로 추정된다. 실제로 업계에선 대치동 땅값이 평당 1억 5,000만 원을 돌파했다고 알려졌다. 2017년 말 신세계그룹이 대치동 599번지 소재의 건물을 약 570억 원에 매입할 당시 거래가 평당 1억 5,800만 원 정도였기 때문이다. 1984년에 건축된 이 건물은 대지 면적이 1,191㎡로 건물이 노후화 되어 땅값이 거래가에서 상당 부분 반영이 된 것으로 보인다. 이곳의 위치 역시 3종 주거지역이다.

해당 건물은 대치동에서도 초역세권 코너에 자리한 황금 입지인데다, 상업용 건물을 지은 토지와 공동주택이 세워진 토지를 동일선상에서 볼 수 없기에 은마아파트 땅값이 이 정도로 비싸다고 단순 비교할 수는 없다. 실제로 2018년 대치동 토지 거래 중 3종 주거지역보다 높게 치는 일반상업지역 토지가 평당 약 8,150만 원에 거래된 사례가 있기도 했다.

그럼에도 은마아파트 땅값이 상당히 비쌀 것이라는 점만은 분명하다. 역시 입지의 가치가 대단하다고 볼 수 있겠다.

신축이 귀한 여의도 재건축 대상 아파트 중 단연 대장주로 평가 받는 곳은 서울아파트이다. 이 단지는 겨우 2개 동에 대지 면적 16,929㎡ 규모로, 한강공원을 앞에 둔 여의나루역 초역세권으로 향후 여의도 개발과 파크원 개장 및 여의도 브라이튼 입주 시 가치가 더욱 높아질 것으로 평가된다.

하지만 무엇보다 이 아파트 가치를 높게 만드는 것은 다름 아닌 토지의 가치이다. 토지 공시지가가 평당 약 3,300만 원으로 한강변 바로 길 건너에 있는 목화아파트보다 60만 원 이상 비싸다.

두 아파트의 토지 가치를 나눈 가장 큰 요인은 서울아파트는 일반상업지역, 목화아파트는 3종 일반주거지역이라는 것이다. 3종 주거지역 이면 용적률이 200% 이상 300% 이하로 정해져 있지만 서울시의 경우 이를 250%로 제한하고 있다. 이보다 높은 준주거지역 용적률은 500% 까지 인정되지만 서울시는 조례를 통해 400%까지만 인정하고 있다. 일 반상업지역은 무려 800%로 상당히 높은 편이다. 덕분에 그동안 여러 시공사들이 제시한 서울아파트 재건축 설계안을 보면 여의도에서 가장 높은 76~77층의 초고층 아파트의 모습을 하고 있다.

여의도 브라이튼이 들어서는 여의도 MBC사옥 부지 17,795m²가 6010억 원에 거래된 것을 감안하면 이 근처 일반상업지역의 토지거래 가는 평당 1억 원이 넘는다. 여의도 브라이튼의 경우, 최고 높이 49층으로 주상복합아파트뿐 아니라 오피스텔, 오피스, 상가 등으로 구성된다.

이처럼 용적률이 높으면 층수가 올라가 분양 세대수가 많아질 수 있고, 주거시설 이외에 업무·상업이 들어올 수 있어 토지 가치가 높아지고 재건축 사업성이 좋아진다. 이 때문에 은마아파트도 용적률을 높이는 '종상향'을 추진하기도 했었다.

하지만 토지용도변경 및 도시계획의 주체는 아파트조합이 아니라 지자체다. 때문에 서울에서는 종상향 과정에서 시와 마찰을 빚거나 종상향 자체를 포기하는 상황이 벌어지고 있다. 현재 은마아파트는 50층짜리 초고층 아파트를 짓는 종상향을 포기한 채 35층 재건축을 추진하고 있고, 잠실역 부근을 3종 주거에서 준주거지역으로 종상향하는 데 성공한 잠실주공 5단지아파트는 도로 기부채납 및 국제공모설계 문제로 조합원 간의 갈등이 지속되고 있다.

아파트의 원가구조 분석해 보기

아파트를 짓는다고 할 때 가장 기본이 되는 사업주체를 우리는 통상 시행사라고 부른다. 시행사는 크게 3가지로 분류된다.

1. 전문 시행사

전문 시행사는 사실 부동산개발에 가깝다. 부동산개발만 전문으로 하는 회사다.

2. 건설사

건설사 특히, 도급순위 100위 이내 기업들은 자체 개발팀을 둔 경우가 많다. 그래서 상가, 아파트, 오피스텔 등의 준주거시설 등을 자체 시행 및 시공까지 함께 한다.

3. 공공 시행사

공공 시행사로는 우리가 잘 알고 있는 LH를 들 수 있다. 각 광역단체들의 도시개발공사도 마찬가지다. 과거에는 주택공사가 지으면 주공아파트, 도시개발공사(SH)가 지으면 도개공아파트로 불렸으나 지금은 도시개발공사가 지으면 SH아파트, LH가 지으면 아예 자체 네임을 빼고 시공사 브랜드를 달고 있다.

시행사 입장에서 주택사업을 한다면 제일 먼저 토지를 확보해야 한다. 그리고 토지를 확보한 뒤에는 건설사를 선정하고 분양에 들어간다. 이때 분양을 받을 사람들이 입을 수도 있는 피해를 방지하고자 '신탁사'라는 게 개입하는데, 쉽게 말하자면 분양한 돈을 시행사가 아닌 신탁사가 시행사의 자금관리를 보증해 주는 역할을 하는 것이다. 분양 서류를 보면 통상 신탁사가 어느 곳인지 표기된다. 보통 KB, 하나, 교보, 무궁화, 대한, 아시아 등등이 주로 보이는 업체들이다.

그렇다면 건설원가는 어떻게 구성될까? 땅값 + 건설비 + 금융수수료 + 개발수익을 원가로 볼 수 있다. 나머지는 너무도 변동성이 큰데, 금융수수료는 결국 전체 금액에 대한 일정 비율로 들어가는 것이고 개발수익은 일정 비율로 정해져 있는 것이 아니라 잘 되면 50%가 되기도 하고, 안 되면 적자가 나기도 한다.

가장 표준화된 것이 건설비라고 할 수 있다. 이 건설비 중에서도 대형 시행사가 건설사에게 주는 표준도급비 기준으로 본다면 과연 평당 가격은 얼마 정도 될까? 1군 건설사를 제외한 도급 순위권 건설사 기준으로 현 시점에서의 가격은 평당 460만 원 정도가 된다. 34평 아파트를 기준으로 한다면 156,400,000이 순수한 건설원가 수준이라고 보면 된다. 2010년을 기준으로 위례, 동탄 등등의 신도시 택지지구의 평당가는 통상 1,000~1,500만 원 정도이고, 용적률 평균이 170% 정도이다.

아파트당 면적 기준으로 봐서 통상의 34평형 대지지분이 12평 정도이므로 아파트 대지지분의 원가는 1,200만 원×12 = 1억 5,000만 원 정도다. 물론 2010년도 기준이므로 현재 시세로 추산하면 평당 2,000만 원은 잡아야 할 것이고, 어디까지나 공공 물량으로 싸게 수용했기에 가능한 금액일 것이다. 민간 개발이라면 적어도 평당 5,000만 원은 잡는다. 그렇다면 5,000만 원 × 12 = 6억 원 정도가 된다. 즉 6억 + 1.5억 + 0.5억 + 이윤이 순수한 34평 아파트의 건설 원가라고 봐야 한다.

물론 이러한 가정은 평당가가 5,000만 원은 나오게 되는 수준의 입지를 기준으로 한다. 용인을 기준으로 하자면 최소한 수지지역 정도는 되는 입지다. 34평 아파트 가격이 기본적으로 9억 정도가 원가라고 할 수 있다. 여기에서 새 아파트에 대한 프리미엄, 즉 수요 대비 적은 공급량에 따른 가격 상승이 곱해지는데, 현재 15억 원이 아파트 가격 시세라면 프리미엄이 대략 6억 원 정도의 수준은 된다는 것이다.

그렇다면 향후 여기서 프리미엄은 어떻게 변동될까? 그리고 집값의 근본인 원가는 어떻게 바뀔까?

생각을 해보자. 참고로 건설원가와 인건비는 현재 속도로 봐서는 매년 8% 정도를 보는 게 맞다. 현재는 460만 원 정도로 본다면 5년 후에는 적어도 600만 원을 봐야 한다. 금융 비용과 토지 비용 역시 물가가 오르므로 떨어지지는 않을 것이다. 결국 집값의 하방 경직성이 현재 가격 대비로 충분히 튼튼해지는 시점이 확실히 집값 상승을 뒷받침해 줄 펀드멘털이 될 것이다.

부동산투자 고수는 아파트보다 토지를 선호

부동산경기 침체로 주택뿐 아니라 토지시장도 극심한 불황을 겪었다. 특히 금리 인상은 땅값에도 악영향을 미쳤다. 금리가 오르면 보유하고 있는 동안 금융부담 등 기회비용이 커지기 때문이다.

토지는 주택보다 생산 가치가 작지만 보유 가치는 작지 않다. 주택 공급의 원재료인 만큼 가수요에 영향을 받지 않아 주택시장에 후행하고, 필지 단위로 통합해서 매매가 되므로 거래가 적고, 개별 수요와 공급에 민감하지 않아 변동성이 적은 편이다. 이 때문에 주택보다 장기투자를 하는 경우가 많다.

땅값과 주택 가격은 어떤 상관관계를 보일까? 대체로 정(+)의 관계를 보인다. 평균 수익률을 보면 토지 수익률이 훨씬 높다. 지가와 주택 가격의 추세는 비슷하지만 주택 가격의 마이너스 전환 시점이 더 빠르고 급하다. 가수요에 영향 받지 않는 땅값이 주택시장에 후행하는 경향을 보인다.

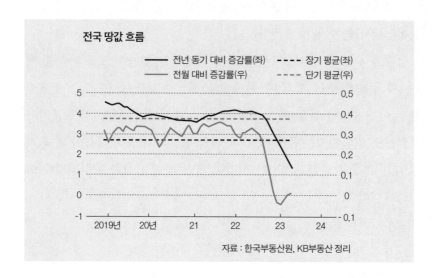

자료 : 한국부동산원, KB부동산 정리

아파트보다 토지투자를 더 망설이는 이유

1. 토지는 거의 매매 사례 비교법으로 가격이 결정된다.

토지투자에 쉽게 나서지 못하고 망설이게 되는 첫 번째 이유는 토지의 가치에 따른 땅값을 정확하게 알기 어렵기 때문이다.

현지 부동산이라고 할지라도 그 지역 토지에 대한 수 년 또는 수십 년에 걸친 시세 변화에 대해 잘 알고 있지 못하거나 주변지역 개발에 대한 정보를 정확하게 파악하고 있지 못하면, 땅값 시세에 대해 알 길이 없다. 다양한 가격분석법 이외에는 (객관적) 현재 가치와 미래가치에 대해 알아낼 다른 방법이 없다.

현재 공신력이 있는 믿을 만한 단체는 거의 없다고 보는 게 정확하다. 그래서 토지를 구입할 때 개인적인 인맥을 통하는 사례가 많은 것이다.

2. 환금성이 걱정되어 투자하기 어렵다.

① 토지는 인플레이션에 제일 강하고 무조건 원금보장이 되는 것이라는 일반적인 생각으로 환금성 여부를 판단하지 않고 투자하는 경우가 많다. 간혹 투자 수익성에 현혹되어 개발이 어려운 토지를 막연한 기대감으로 구입하였다면 이 물건은 환금성 0%일 수도 있다.

② 토지투자는 원칙적으로 여유자금으로 장기투자를 하는 것이나 개발 등의 이유로 자금 차입이 필요할 때는 공시지가가 워낙 낮고 감정평가가 낮게 나오기 때문에 환금성이 떨어지는 경우와 비슷하게 된다.

3. 미래가치(투자수익)에 대한 확신이 부족하다.

① 아파트는 생활필수품이고, 주변에서 투자수익을 남긴 사례를 쉽게 볼 수 있기 때문에 간단하게 투자결정을 한다. 그러나 토지투자를 결정해야 할 매수인 입장에서 볼 때 자신이 투자 방법을 몰라 헤매는 것도 마치 신중하게 처신하는 것이라는 착각에 빠지기 쉽다.

② 토지는 내가 사고 싶고, 가족에게도 투자를 권할 수 있는 물건인지 자문해 보고, 또 언젠가는 충분한 이익 실현을 해 주어야 하는 물건인지 검토한 후에 과감하게 실행해야 하는데, 자기 확신이 없기

때문에 자신 있게 투자를 못하는 경우도 있다.

③ 결론은 2~3개의 부지를 답사한 후 즉시 계약에 임하라는 것이다. 단, 초보자일 경우는 소액으로 시작하여야 부담이 적다. 계약을 하고 집으로 돌아와 아무라도 붙들고 자랑을 하고 싶은 마음이 생겨야 하는데, 만일 첫 건부터 거액(올인)을 투자했다면 뭔가가 불안해 두 다리 쭉 뻗고 잠을 이루지 못하는 경험을 하게 된다. 내 돈을 가지고 내 땅을 사면서 마음을 졸인다면 두 번 다시 토지투자는 어렵다.

토지투자도 쇼핑이 먼저다

왜 토지투자를 할 때는 쇼핑을 하지 않는가?

토지투자는 다른 재테크 상품처럼 "같은 조건일 때 A상품의 수익률이 높다."라는 결론에 이르기 매우 어려운 특징이 있다. 이렇게 정형화된 수익률을 추론하기 어려운 만큼, 비교가 중요해진다.

여기서 중요한 것은 비교에 들어가기 전에 중요한 것은 자신이 어떤 목적으로 토지투자를 하려는지 명확해야 한다는 점이다.

알고 지내는 한 기자는 "잡지를 만드는 데는 글 솜씨보다 기획이 중요하다"는 말을 했다. 자신이 쓰려고 하는 주제에서 어떤 이야기를 독자에게 전하고 싶은지, 어떤 구도로 설득을 할 건지 등 기획하는 데 상당한 시간을 들인다고 했다. 토지투자도 마찬가지다.

토지투자에서는 투자 목적을 잃는 순간 수익률을 비교해 보기가 어려워진다. 귀농이 목적인 사람과 4년 이내에 시세차익을 보고자 하는 사람의 투자금과 어떤 용도의 토지에 투자할 것인지는 다를 수밖에 없기 때문이다.

본인이 토지를 볼 줄 몰라 도움을 받는다고 해도 마찬가지다. 정말 좋은 토지를 소개받고 싶다면, 자신이 어떤 목적과 시간을 두고 투자할 것인지를 명확하게 상대에게 전달해야 한다. 80%는 자신이 원하는 토지투자와 흡사한 토지를 만날 수 있을 테니 말이다. 이때도 비교를 통해 자신과 잘 맞는 토지를 선택하면 된다.

옷을 사기 위해 백화점 매장에 가면 직원이 달려 나와 말한다.

"어머 고객님, 너무 잘 어울리세요. 고객님을 위해 태어난 옷인 것 같아요, 호호!"

매장 직원의 달콤한 말에 큰맘 먹고 카드를 긁었다가 후회가 일시불로 밀려오던 경험을 한 번쯤 해보지 않았을까? 토지 거래도 이와 같다.

부동산 공인중개사가 "괜찮은 땅이 하나 있는데…"라고 건네는 말

은 절대로 믿을 만한 멘트가 아니다. 공인중개사는 대체로 상품을 조금이라도 더 비싸게, 예쁘게 포장해 팔기 위해 좋은 점만 말하기 때문이다. 과일장수가 어떤 과일이 제일 맛있고 싱싱한지 잘 알면서도 유효기간이 가까운 것을 먼저 팔려고 하는 것과 마찬가지다.

나는 땅에 대해 알아볼 때, 현지 부동산 5군데 정도를 방문해 시세를 물어 본다. 이때 3군데에서는 "판다." 라고 말하고, 2군데에서는 "산다." 라고 하고 물으면 보다 합리적으로 시세를 알아볼 수 있다.

현지 토지에 대해 가장 잘 아는 사람은 현지 부동산 공인중개사이다. 내가 판다고 하면 시세를 싸게 부를 것이고, 산다고 하면 비싸게 부를 것이 당연한 이치일 것. 이때 생각해 봐야 할 것은 체조경기에서 등장하는 점수 계산법이다. 받아 든 5개의 시세 중 제일 싼 가격과 비싼 가격을 지우고 보면 그 토지의 평균 가격을 알 수 있다. 알지 못하는 지역에서 합리적인 가격을 알아보는 데 유용한 방법 중 하나다.

잘 모르는 지역의 땅을 사려고 하다 보면 '사정이 있는 땅'을 사게 될 수도 있다. 산업쓰레기가 매립됐거나 이해관계가 어지럽게 얽혀 있는 토지를 덥석 물었다가는 낭패를 보게 된다. 이때 지역 사정을 훤하게 꿰고 있는 마을 이장님과 청년회장 또는 그 지역에 대해 잘 알고 이들과 안면을 트고 이야기를 나누다 보면 의외로 알짜 정보를 얻게 되는 경우가 많다. 물론, 이 모든 팁들을 익히기 전에 산전수전 발품을 팔며 스스로 공부하는 것보다 좋은 것은 없다.

토지 답사를 하다 보면 많은 회원들이 "이 땅은 좋은가요?", "좋은 땅 좀 알려 주세요." 라고 묻곤 하는데, 선뜻 대답하기가 어려운 질문이다. 분명 이 글을 읽는 사람들은 "어째서 그 정도 질문에 답도 해 주지 않지?" 라고 생각할 수 있다. 하지만 사실 이유는 간단하다. '비교를 해서

볼 대상이 없기 때문이다.'

예를 들어 한 회원이 나에게 이렇게 물었다. "평택에 있는 땅을 사려고 하는데, 좋은가요? 평당 70만 원이에요."

어디에 위치한, 어떤 용도지역 토지인지도 알려 주지 않고 '평택'과 '시세'만 딱 알려주면 그 누구도 그 토지가 가지고 있는 가치를 알 수는 없다.

정말 좋은 땅인지를 알고 싶다면 비교를 할 대상이 필요하다. 적어도 자신이 좋다고 생각한 땅을 두 가지 정도 가져와 각각이 가진 장점과 단점을 비교하는 것이 좋다. 면적은 얼마이고, 무엇을 지을 수 있으며, 얼마에 매수가 가능하며, 어디에 위치하는지 비교해 봐야 토지의 가치를 판단할 수 있기 때문이다.

물론 비교해 본 두 토지 모두 그다지 투자에 적합하지 않을 경우가 더 많다. 하지만 두 토지를 비교해 보면 'A보다 B가 낫다'는 결론은 만들 수 있지는 않은가?

토지는 비교가 가장 힘든 재테크 상품에 가깝다. 똑같은 모양도, 위치도 있을 수 없기 때문이다. 현실부터 말하자면 토지에는 정해진 시세라는 게 없다. 매도자와 매수자 간 협상에 따라 정해지는 것이 땅값이다. 그건 바로 토지의 특수성 때문인데, 전국에 같은 땅이란 없기 때문이다.

그렇다면 소액으로 투자하기에 적정한 땅값은 어떻게 알 수 있을까? 가장 쉬운 방법은 하나의 토지를 정해서 지번을 가지고 해당 지역의 부동산에 전화를 걸어 내가 매도자일 경우와 매수자일 경우로 나눠 접근하는 것이다. 그러면서 해당 지번의 토지와 비슷한 조건의 거래 사례를 예로 얼마에 거래됐는지 물어 본다. 매도가와 매수가의 차이가 생기는데, 이 중간 값이 적정가격이다. 공매나 경매를 자주 하는 사람들은 해당 지역과 인접한 토지를 찾아 감정평가금액도 참고해 보는 것도 좋다. 경매의 감정가가 기준시가보다는 높고 시세보다는 낮게 책정돼 참고용으로는 그만이다.

소액 토지투자에 맞는 적정 땅값을 찾기란 참 어렵다. 솔직히 적정한 땅값이라는 것이 존재하기는 하는지도 확실치 않다. 토지소유주가 "나는 무조건 이만큼은 받을 거야." 라고 말한다면, 그 토지의 가격은 그 시세가 되기도 한다. 토지소유주들조차 부동산에 나오는 가격으로 제 토지의 가격을 정하는 일종의 '눈치 게임'을 하고 있는 셈이다.

땅값을 알아보는 과정은 만만치 않다. 쉽지 않다. 부정확하다. 소모전 일색이다. 해당 지역 부동산들에 알아본들 정확한 가격을, 답을 얻을 수가 없다. 특히 비도시 농촌지역에서 미래가치를 염두에 두고 땅값을 판독하는 일은 마치 깜깜한 밤길을 걷는 것과도 같은 형국이다. 중개업소가 주장하는 가격은 뒤죽박죽, 들쭉날쭉하다. 기준이 애매모호하기 때문이다.

차라리 이럴 바에는 나 스스로 기준을 정해 가격을 정하는 편이 훨씬 유익하고 유리하다. 개발이슈에 따른 긍정적이든 부정적이든 그 효과에 따라 스스로가 감정평가를 하는 게 낫겠다. 중개인들의 여러 목소리보다 자체 평가에 심혈을 기울이지 않으면 안 된다.

일부 투자자는 지번 공개를 요구한다. 문제는 가격을 알아보기 위한 지번 공개 요구를 하다 보면 부정확한 과정을 밟기 마련이라는 것이다. 토지투자가 쉽지 않은 상황이다.

차라리 개발에 대해 알아보면 나으련만 가격 알아보는 데 집중한다. 시간만 허비한다. 정확한 가격은 존재할 수가 없고, 원하는 가격을 접할 수가 없는 것이다. 개발 종류는 단순하지만 (가격 대비) 가격 종류는 다양한 상태니까. 게다가 그 가격의 수명도 매우 짧다. 거의 하루살이 인생이라고 할 정도로 금세 변하기 때문이다. 그러니 가격을 알아보는 것 자체가 무리다. 재밌는 건 알아보는 과정에서도 가격 변화 현상이 일어난다는 사실이다!

또한 가격은 위치에 따라 예민한 반응을 보이기 마련이다. 상황과 분위기에 따라 가격이 붕괴되기도 하고 기사회생하는 사례들이 부지기수인 것도 사실이다. 가격이 매일 변하는 곳도 있는 게 현실이라서 폭등과 속락을 반복할 수 있는 것이 토지라고 할 수 있어 쇼핑은 필수라고 할 수 있다.

토지를 쇼핑하기 전에 먼저 챙겨야 할 것들

1. 반드시 구입 목적이 있어야 한다.

토지를 구입할 때는 분명한 목적, 즉 이유가 있어야 한다. 토지는 분명한 목적을 가지고 있어야 그 목적에 맞게 사용할 수 있다. 실수요를 위한 구입인지, 순수 투자를 위한 구입인지 목적이 분명해야 한다. 순간적인 충동으로 구입한 옷은 결국 옷장을 벗어나지 못하는 애물단지가 되는 것처럼 토지도 그렇다.

2. 토지에도 종류가 있다.

정장, 한복, 청바지 등 옷이라고 불리는 상품에는 수없이 많은 종류가 있는 것처럼 토지도 쓰임새에 따라 전, 답, 대지와 같은 28가지의 지목이 있다. 투자 목적에 맞는 토지를 찾아야 하는 이유다. 즉 창고를 지을 목적을 가지고 구입했는데, 창고로 사용할 수 없는 토지를 구입한다면 이만저만 낭패가 아닐 수 없을 것이다.

3. 가격은 다양하고 거품이 낀 경우도 많아 실제 가격을 알기가 힘들다.

옷을 사기 위해 이 집 저 집 다니다 보면 정찰제가 아닌 이상 같은 브랜드의 가격이라도 제각각인 경우를 종종 보게 된다. 토지 역시 그러하다. 부동산 중개업소에 들러 묻다 보면 똑같은 매물인데도 가격이 제각각인 경우를 많이 보게 될 것이다. 그것은 중개업자의 적당한 마진이 있거나 아니면 깎아 주어야 할 경우를 감안해 미리 높게 부르는 등등의 이유 때문이다. 그 평균값이 시세라 생각하면 편하다.

4. 무리하면 반드시 후회한다.

자신의 경제적 능력을 벗어난 비싼 명품 옷을 무리해서 구입한다면 그로 인해 경제적 압박을 받을 수밖에 없고, 급히 처분할 수밖에 없는 경우도 생기게 된다. 그렇게 처분하게 될 경우라면 제값을 받을 수 없게 되는 건 자명하다. 마찬가지로 토지도 자신의 경제적 상황에 맞추어 선택해야 큰 무리가 없다. 정말 확실한 투자라면 몰라도 말이다.

5. 토지에도 유행이 있다.

미니스커트가 유행하다가 다시 롱스커트가 유행하고 나팔바지가 유행하다가 통바지가 유행하기도 한다. 토지도 정책에 따라 빌라와 같은 주택을 바로 지을 수 있는 '대지'가 인기를 끌다가 다시 '임야'나 '농지'가 인기를 끄는 경우도 있다. 유행은 돌고 도는 것이라서 가지고 있으면 언젠가는 반드시 '때'를 만나게 되므로 지금 유행을 하고 있지 않다고 해서 낙심할 필요는 없다.

6. 유행을 타지 않는 것도 있다.

청바지는 크게 유행을 타지 않고 꾸준한 사랑을 받는 옷이다. 토지 중에서 청바지와 같이 유행을 타지 않는 물건은 바로 '농지'다. 즉 농지에 투자해 놓으면 크게 실패하지 않는다. 요즘은 농지가 대세로 뜨고 있는 추세다. 임야는 환경보전등을 고려해 개발이 엄격히 제한되지만 농지는 오히려 규제를 완화하는 추세에 있기 때문이다. 특히 신설역세권, 자투리땅 등의 절대농지는 지자체에서 해제 절차를 통해 개발이 가능한 토지로 전환하기도 한다.

7. 스타일도 중요하다.

디자인, 색깔, 단추, 주머니 모양, 소재의 질감 등에 따라 옷의 스타일이 달라지듯 토지도 모양, 지반, 경사도, 지질 등에 의해 스타일이 달라진다. 스타일이 좋은 연예인은 만인이 좋아하고 몸값도 올라간다. 토지도 스타일이 좋으면 금상첨화가 된다.

8. 하자가 있으면 가격은 내려간다.

단추가 떨어졌다거나 주머니가 터졌거나 바느질이 잘못됐다면 그것을 이유로 옷을 싸게 구입할 수 있다. 그렇기 때문에 옷을 고를 때는 직접 입어 보면서 다른 하자가 없는지를 꼼꼼하게 살펴본다.

토지도 마찬가지다. 서류 검토와 현장답사를 통해 법률적 하자(소유권 이전이 되지 않는 권리/ 법정지상권/ 분묘기지권이 있는 물건 등), 물리적 하자(도로가 없는 맹지이거나 혐오시설이 있는 등)를 잘 챙겨야 한다.

만일 자신이 감당할 수 있는 범위 내에 있는 하자를 발견했다면 흥정(유찰)을 통해 싸게 구입하도록 한다.

9. 새롭게 태어날 수 있다.

헌옷을 리폼하여 동남아 등으로 넘기는 업자들이 높은 수익을 올리고 있다는 말을 들었다. 토지도 마찬가지다. 어떤 '하자'를 가지고 있어서 지금은 형편없는 땅으로 보이지만 리모델링을 통해 새롭게 성형을 하면 높은 가격을 받을 수 있는 토지도 있다. 대신 옷을 리폼하기 위해서는 기술이 필요한 것처럼 토지 리모델링에도 기술이 필요하다.

토지 리모델링 기술이라고 하면 대단하고 어려운 것만 생각하기 쉽지만 꼭 그렇지만도 않다. 수북하게 자란 잡풀을 깎아내는 작업, 울퉁불퉁한 지면을 고르게 펴는 정지작업, 흙을 쌓거나(성토) 깎아내는(절토) 단순한 작업부터 형질변경을 통한 건축행위에 이르기까지 모든 것이 리모델링에 포함된다. 옷을 리폼하는 데도 초보자는 전문가의 도움을 받아 기술을 익힌다. 토지 리모델링도 그렇다. 하고자 하는 의지만 있다면 주변의 토지전문가 또는 설계사, 건축사를 통해 일정한 비용을 지불하더라도 경험을 쌓고 그런 과정을 통해 전문가가 되는 것이다.

10. 손품과 발품을 많이 팔아야 싸고 좋은 토지를 구입할 수 있다.

인터넷 의류쇼핑몰이나 법원경매사이트 모두 손품이 필요하다. 이때 감각과 지식이 있다면 좀 더 싸고 좋은 물건을 고를 수 있다. 또한 보다 현장의 살아 있는 정보를 얻기 위해선 많은 현장조사를 위한 발품도 역시 필요하다. 어디서 바겐세일을 하는지, 어느 물건이 유찰이 많이 되었는지 등을 알아야 싸고 좋은 물건을 잡을 수 있는 것이다.

11. 남에게 좋다고 나에게도 좋은 것은 아니다.

남에게 잘 어울리는 옷이라고 하더라도 반드시 내게 잘 어울리는 것은 아니다. 꼼꼼하게 따져서 옷을 고르는 여자들과는 달리 옷 고르는 것에 익숙하지 않은 남자들은 남이 입어서 멋있어 보이는 옷을 사는 경우가 많은데, 이렇게 구입한 옷은 자신에게 어울리지 않는 경우가 많다.

토지도 그렇다. 남이 샀다고 자신도 사야 되는 것은 아니다. 어느 정도 익숙해질 때까지 관련 공부를 하거나 현장답사 등으로 간접 경험을 많이 하는 게 좋다. 경험이 없고 익숙하지 않으면 기획부동산 같은 사기업체에 당할 수 있다. 그래서 옷이든 토지든 자신의 주관과 판단이 절대적으로 필요한 것이다.

그러나 너무 많은 시간을 지체하거나 우유부단해서 결정을 내리지 못하면 오히려 투자에 방해가 된다. 결정은 신중해야 하나 결단은 빠르게 해야 좋은 토지를 선점할 수 있다.

12. 중개업자 및 전문가와 친해져라.

옷을 살 때 너무 이곳저곳 돌아다니며 간만 보다 보면 몸만 피곤하고 오히려 바가지를 쓰는 경우도 있다. 친절하고 잘 깎아 주는 단골집을 정해 놓으면 쇼핑하기가 훨씬 수월해 진다.

토지도 그러하다. 좋은 중개업자와 전문가를 만나 좋은 관계를 유지해야 좋은 토지와 싼 매물을 소개받을 수 있다.

부동산 거래는 사람만 잘 만나도 절반은 성공이다. 가장 중요한 포인트 중 하나이다.

13. 혼자 투자하라.

여럿이 옷을 사러 다니면 아이쇼핑은 매우 잘 하겠지만 정작 사고 싶은 옷을 사기가 결코 쉽지 않다. 의견도 다르고, 장소도 다르니 내가 원하는 것은 80% 이상 포기해야 한다.

'우르르' 몰려다니며 부화뇌동하지 말라. 줏대 있는 행동은 생동감 있으나 부화뇌동하는 행동은 불안해 보인다. 몸이 자신의 머리가 내리는 지시에 따라 움직이는 것이 아니라 남의 머리에 의해 움직이기 때문이다. 실패의 가장 큰 이유 중 하나다.

투자는 혼자서 하라.

14. 좋아해야 오래 할 수 있다.

옷을 쇼핑하든 토지를 보기 위한 현장답사든 자신이 좋아하고 흥미를 느껴야 지치지 않는다. 부부가 함께 쇼핑을 할 때 아내는 피곤한 줄 모르고 돌아다니지만 쇼핑에 관심이 없는 남편은 금방 지쳐서 빨리 마치고 쉬고 싶어 하지 않던가.

15. 마음에 드는 물건을 잘 사면 행복하다.

원하는 경매 물건을 원하는 가격에 낙찰을 받았을 때의 기분은 정말말로 표현할 수 없을 정도로 기쁘다. 마음에 드는 옷을 샀다면 계속 입고 싶고 애지중지 아끼게 되는 것처럼 토지도 마찬가지다. 즐거움을 가져다 준다.

16. 관심 없는 사람과 관심 있는 사람은 극명하게 나뉜다.

옷에 관심 있는 사람은 꾸준히 정보도 모으며 나름대로 치장도 하고 평가도 해본다. 하지만 관심 없는 사람은 매일 같은 옷이나 비슷한 차림으로 다닌다.

관심이 없는 사람은 절대로 토지로 재테크에 성공할 수 없다. 뭐든지 관심에서부터 시작된다는 것은 만고의 진리다.

17. 전문가가 되려면 꾸준한 연습과 노력이 필요하다.

이것은 옷이나 토지만이 아니라 세상 모든 분야가 그렇다. 전문가가 되는 것은 쉬운 일이 아니다. 성실하게 꾸준히 노력하지 않으면 어느 분야든지 전문가가 될 수 없다. 단, 좋은 전문가, 멘토를 만날 수 있다면 지름길로 갈 수 있을 것이다.

부동산은 대인관계만 좋아도 좋은 정보를 공유하게 되므로 성공하기가 그만큼 수월해진다.

토지 쇼핑, 땅의 가치를 알아보는 안목을 키우기

토지의 가치를 판단하는 기준

1. 토지마다 가지고 있는 가치가 다르다.

땅값은 그 지역에서는 일률적으로 "00만 원이다." 라는 식으로 책정되어서는 안 된다고 본다. 하지만 실상은 이와 같은 식으로 이루어지는 게 현실(시세: 실거래가)이다. 같은 지역의 토지일지라도 북향, 남향 등 향이 다르고, 정사각형이나 ㄱ자 형태 등 토지 모양도 다르다. 토질도 차이가 있을 것이다. 또한 경사지를 다듬어 주택지를 조성한 곳과 전답 그대로인 토지의 가격도 다르며 인접한 도로의 크기에 따라서도 다른 가격을 가져야 한다. 경치가 좋고 나쁜 것도 반영되어야 하며, 물의 사용이 용이한 것과 물이 맑은지 탁한지 정도도 당연히 반영되어야 한다.

이렇듯 경지정리가 된 네모반듯한 인접된 전답이 아니고서는 같은 가격을 가진다는 것은 불합리하다. 사실 '시세'라는 단어 자체가 부적절한 것이다.

각각의 모양과 조건, 가격을 가진 세 개의 토지가 있다. 어떤 토지를 매수하는 것이 좋을까?

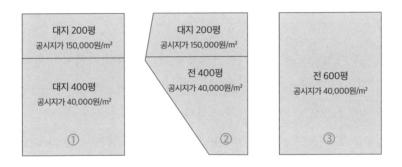

①의 매매 가격은(대지 : 평당 30만 원×200평＝6,000만 원) + (농지 : 평당 22만 원 × 400평 = 9,000만 원) = 1억 5,000만 원이다. 여기서 농지 400평을 대지로 전환할 때 필요한 세금 및 인허가비 등등 부대비용은 (농지전용비 공시지가의 30%＝약 1,600만 원) + 인허가비용 약 400만 원 + 세금 등을 산출할 수 있고, 여기에 택지 토목공사를 추가해야 한다면 평당 10만 원 정도가 된다. 그렇다면 ①의 매도 금액은 주변시세 대비 저렴한 매물이 아니게 된다.

여기에서 ②는 ①보다 토지 모양이 좋지 않다.

① : 600평의 매매금액 1억 5,000만 원은 평당 25만 원이 된다.

②: 600평의 매매금액이 1억 3,000만 원이라 할 때 평당 금액은 평당 21만 원이지만 지적도 모양 상 부동산 가치 평가 금액은 ①이 더 높을 수도 있다.

그리고 ①의 평당 가격이 25만 원이기에 ③ 농지 600평의 평당 가격이 20만 원이라서 1억 2,000만 원에 매수한다면 ③이 ①보다 좋은 매물이라 생각할 수도 있으나 앞에서 설명한 것처럼 농지를 대지로 전환하는 데 따른 부대비용이 상당히 높은 경우(공시지가가 제곱미터 당 40,000원이라면 100평당 농지전용비는 약 4만 원 + 세금 등으로 평당 5만 원 정도의 예상 비용을 감안) ③의 매도 평당 가격 20만 원은 ①에 대비해 저렴하지 않다.

토지를 매입하고자 할 때, "주변시세에 대비해 평당 가격이 낮아 좋은 매물"이라며 추천을 받게 되면 진짜 주변 토지 시세와 대비해 저렴한 토지인지 스스로의 기준을 세워야 한다는 이야기다.

매수하고자 하는 토지의 일부를 집터로 생각하고 땅을 보러 다닌다면 때론 집터만 보러 다닌다고 생각하며 현지답사를 다니는 것이 실수할 확률을 낮추는 방법이다. 어찌 보면 시골 토지를 구하러 다닐 때 가장 평당 가격이 높은 토지이기 때문이다.

평당 가격이 대지보다 낮다는 이유만으로 농지나 임야를 전용해서 대지로 지목변경을 하여 건축행위를 하려고 한다면 최종 대지로 변경할 때까지의 부대비용을 산출해 낼 수 있는 지식을 쌓아야 한다. 물론 집을 짓기 위해서는 토목공사를 해야 한다면 예상되는 토목공사 비용도 평당 가격으로 배분해 보아야 한다.

2. 시세의 함정

실거래가(시세)에는 함정이 존재한다. 평당 40만 원인 지역 시세에서 누군가 평당 70만 원에 구입하게 되면 너도나도 평당 70만 원에 팔려고 내놓을 것이고, 실거래가에 의한 시세가 70만 원으로 갑자기 뛰어버릴 수 있다.

물론 이럴 경우 구매자가 사라지기 때문에 자정 능력이 작용할 테지만 반대로 땅이 팔리지 않아서 시세보다 싸게, 급매로 팔게 될 경우는 시세에 반영되지 않는 경우가 많다.

3. 땅값 형성의 부적절한 현실

시세에만 의존하지 않는 적절한 땅값은 누가 정해야 할까? 지나가는 동네 사람? 부동산업자? 토지소유주? 토지를 사고자 하는 사람?

앞에서 열거했던 인물들 중 과연 신뢰할 수 있는 사람이 있을까?

우리는 매도자와 매입자가 모두 수긍할 만한 전문가의 도움이 필요하다. 그것이 바로 1인 이상의 감정평가사다. 그러나 현실은 일률적으로 형성된 인근 토지의 시세에 의존하거나 위에서 열거한 신뢰할 수 없는 인물들에게 의존하게 된다. 관심이 가는 토지마다 감정평가사에게 의뢰할 수는 없는 노릇이기 때문이다.

4. 전문가 집단에 의존한 합리적인 땅값 계산 방법

땅값을 산정할 때는 '개별공시지가'를 먼저 본다. 개별공시지가가 중요한 이유는 신뢰할 수 있는 전문가 집단이 책정한 가격이고, 토지를 매도한다면 손해를 보지 않는 가격의 하한선을 정할 수가 있고 매입한다면 바가지를 쓰지 않는 상한선을 정할 수 있기 때문이다.

이 기본 가격에서 공시지가에 반영되지 않은 부분, 즉 미래가치를 더

하면 매도자와 매입자 간에 적절한 땅값을 정할 수 있을 것이다. 물론 미래가치는 내가 노력을 하지 않아도 미래에 가치가 오를 경우가 있고, 내가 토지를 구입해 미래가치를 스스로 만들어내는 경우도 있다.

예를 들면 내가 점포 두 개를 가지고 있는데, 그 사이에 다른 사람의 점포가 있다. 만약 이 점포가 매물로 나와 호가가 1억 원이라면 1억 5천만 원에 매입을 할 수도 있다. 다른 사람이 매입하면 단순히 1억 원짜리 점포 하나지만 내가 매입을 하게 되면 3개의 점포가 하나의 면적이 되기 때문에 투자한 1억 5천만 원 이상의 시너지가 발생하기 때문이다.

5. 실전

사례를 통해서 보자.

A가 구입한 토지가 있는 곳의 대략적인 시세는 공시지가의 1,400%였고 마을은 250%에 고정되어 있었다. 문제는 공시지가 1,400%로 시세가 형성된 계곡 2km 구간(첫집~마지막집)에서 유일하게 하루 종일 햇빛이 들어오는 정남향의 토지는 단 3필지밖에 되지 않았다는 것이다. 그리고 그 중 2필지를 소유하고 있는 땅 주인은 공시지가의 6,000%를 요구했다. 만약 현장을 방문하지 않았다면 땅 주인의 요구를 터무니없는 가격으로 생각했겠지만 수백 개의 필지 중에서 단 3필지만이 집터로서의 가치가 있었기 때문에 땅 주인이 제시한 터무니없는 가격도 충분히 이해가 갔다. 결국 A는 3필지 중 1필지를 공시지가의 1,500%에 구입했다.

꼭 이런 사례가 아니어도 합리적인 기준을 가지고 협상에 나선다면 토지를 구매함에 있어서 쌍방 간에 손익의 격차도 줄어들 것이라고 본다. 그 어떤 경우에도 자신만의 기준을 만들어 두어야 한다.

PART 2

토지소비 트렌드가
바뀌고 있다

토지가 품고 있는
숨은 가치를 파악하라

투자지역을 선택하기 전에 GRDP를 보라

'지역내총생산Gross Regional Domestic Product'이라는 말이 생소하게 느껴지는 이들도 있겠지만 사실 전혀 낯설어 할 이유가 없다. 이미 GDP라는 개념을 잘 알고 있기 때문이다. 그런데 왜 'GRDP'라는 말을 알아야 할까? 토지의 입지를 선정할 때 유용하게 활용할 수 있기 때문이다.

GRDP는 지역 내 총생산이라는 뜻이다. 시·도 단위별 생산액과 물가 등의 기초적인 통계를 바탕으로 해당지역에서의 일정 기간 동안 총생산액을 추계하는 시·도 단위의 종합경제지표를 말한다. GDP는 국가 단위, GRDP는 시·도 단위로 소득을 표시한 것이다.

네이버에서 GRDP를 검색해 보면 연도별·시도별 GRDP 확인이 가능하다. GRDP(지역 내 총생산)의 데이터는 매년 12월 말 전년도 통계표

자료를 바탕으로 발표하고 있다. 여기에 국세와 지방세 등의 기초통계 자료를 혼합해 다음해의 6월 말경 확정된 통계로 수정 고시된다.

중요한 것은 'GRDP가 토지투자와 어떤 관계가 있느냐?'다.

GRDP가 높다는 것은 그만큼 높은 지역경제 가치를 가지고 있다는 것을 의미한다. 이는 토지투자에서 유용하게 활용할 수 있는 정보가 된다. "어쩌다보니 그냥"이라는 이유로 개발되는 토지는 절대 없다. 개발은 한두 푼으로 이루어지는 사업이 아니고, 따라서 철저한 사전조사와 검증 과정이 필수적이기 때문이다. 이렇게 신중하게 골라낸 토지 중에서 충분한 성공 가능성과 이를 받쳐줄 경제적 기반, 잠재력이 골고루 갖춰진 토지만 개발을 하게 된다.

개발자의 입장이 되었다고 생각해 보자. 돈과 시간을 잔뜩 투자해서 개발에 들어가야 하는 상황이다. 여러분이라면 개발 후 최고의 성과가 예상되는 지역을 개발할까? 아니면 사람들의 관심을 전혀 끌지 못하는 지역을 개발할까? 당연히 개발 후 최고의 성과를 갖출 수 있는 지역일 것이다. 입지를 비롯해 인구수, 전체적인 인프라 등 경제 구성 요소들이 하나로 맞물려 돌아가야 투자한 만큼의 개발 성과가 나타나게 된다. 따라서 GRDP를 보면 어느 지역에 투자를 해야 할지 감을 잡을 수 있다. GRDP는 해당 지역의 경제 수준과 상황을 가장 객관적으로 보여주는 데이터이기 때문이다.

GRDP 활용법에 대한 간단한 예를 들어보겠다.

화성시는 화려한 기록들을 다양하게 보유하고 있는 인기 투자처라고 할 수 있다. 「맥킨지」에서 선정한 '2025년 세계 7대 부자도시' 중 4위에 오르기도 했다. 이런 화성의 GRDP는 경기도 1위를 자랑하고 있다.

투자하기 좋은 도시들은 높은 GRDP를 보유하고 있다는 것을 확인할 수 있다. 이렇게 GRDP를 활용하여 토지투자를 한다면 더 넓은 안목으로 성공적이 토지투자에 더 가까워질 수 있을 것이다.

GRDP로 본 토지투자 유망지

전체 국토 면적의 11.8%에 불과한 서울, 경기, 인천 등 수도권 인구가 전체 인구의 50%를 넘어 서고, 자본과 인력, 문화, 정치권력에 이르기까지 대부분을 점유하고 있는 실정이다. 당연히 지방은 소멸 위기에 빠지고 수도권은 넘쳐나는 자원과 인구로 몸살을 앓고 있다.

2017년 기준 전국 시·도별 GRDP 중에서 수도권 3개 시·도의 GRDP가 870조 5,000억 원으로 전국 1,731조 6000억 원 중 50.3%를 차지, 절반을 넘어섰다. 경기도가 414조 3,000억 원으로 가장 많았고, 서울이 372조 1,000원으로 두 번째였다. 이들 두 곳만 합해도 45.4%에 달한다.

2017년 기준 고용보험 신규 취득자의 60.8%도 수도권에서 발생했다. 또 신규 투자금액 2조 3,803억 원 중 75.8%가 수도권 기업에 투입됐다. 1,000대 기업 본사의 73.6%가 수도권에 있고 신용카드 사용액 결제의 81%, R&D 투자의 65%가 수도권에서 이뤄지고 있다. 2017년 기준 전국 종사자 수 100명 이상 사업체 매출액은 5,836조 원으로 집계됐는데, 수도권에서만 55.15%인 3,219조 원을 차지했다.

수도권 집중은 자본 흐름에서 더욱 두드러진다. 한국은행이 분석한 여수신 동향에 따르면 2019년 10월 기준 전국 수신금액은 3,695조 3,770억 원이다. 이중 서울이 전체의 55.98%인 2,068조 8,230억 원을 차지하고 있으며, 수도권 3곳의 비중은 70.9%다. 여신에서도 전체

2,271조 9,250억 원 중 수도권 3곳의 합계가 1,376조 4,770억 원으로 전체 대비 60.6%에 달한다.

가장 빠르게 성장하는 도시는 어디?

"현재 가장 빠른 속도로 성장하고 있는 곳은?"

위와 같은 질문을 단박에 해결하고 해당 도시의 경제력을 비교 분석할 수 있어 토지투자 분석에 좋은 도구가 될 수 있는 것은 모두 GRDP에 해당하는 말이다. 실제로 많은 토지분석가들이 애용하는 아이템이기도 하다. 그 예로 GRDP가 높게 평가되고 있는 지역은 토지투자 핫플레이스와도 일치하는 화성과 평택이다. 이것은 단순한 우연이 아니며, 철저한 토지투자 공식에 해당한다는 점이다.

GRDP를 시·도별 GDP라고 부르지만 기초자료나 자료모집 방법이 상이해 반드시 1인 국내총생산과 지역 내 총생산이 일치하는 것은 아니다. 국가별 비교에 있어서는 비교적 유용하게 쓰이는 것이 GDP지만 토지투자에 있어서는 별다른 도움이 되지 못한다. 반대로 토지투자에 있어서 중요한 경제지표가 되는 것은 GRDP다.

국가 전체로 보는 거시적 관점 아닌 지역별로 보는 미시적 관점으로 생산과 지출 등의 세부적인 경제소득 순환의 흐름을 읽게 해 주며, 네이버에서 GRDP 혹은 지역내 총생산이라는 검색어를 입력한 후 사이트에서 확인해 볼 수 있다. 또 다른 검색 방법은 국가 주요지표를 제공하는 〈e-나라 지표사이트〉이다. www.index.go.kr을 통해서 만나 볼 수 있다.

GDRP로는 소득뿐만 아니라 실질적인 성장률도 탐색해 볼 수 있다.

평균 3.3%에도 훨씬 못 미쳐 낮은 성장세를 보이는 서울과 달리 경기도는 5.4%로 가장 높은 성장률을 나타냈다는 평가다.

단순히 무작정 비어 있는 토지에 무언가 시설이나 도시를 세운다고 해서 결과가 나오는 것은 아니다. 충분한 경제적 기반과 잠재력, 성공요인들을 갖춘 지역일 때 비로소 개발의 성과가 나타난다. 무작정 필요성에 의해서만 밀어붙여 개발한 도시계획들 중 상당수가 쓰디쓴 실패를 맛본 것은 단지 운이 없어서가 아니다. 인구, 입지, 인프라를 포함한 지역경제의 구성요소 전반이 맞물려 돌아가며 성과를 내는 지역에 개발을 할 때 비로소 그 결실이 얻어진다. 그리고 그 지역의 경제 수준과 상황을 가장 객관적으로 보여주는 지표인 GRDP는 토지투자에서 요긴한 참고자료가 되어줄 것이다.

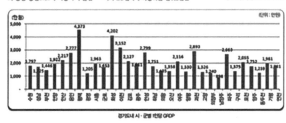

토지투자에 있어 가장 중요한 요소 중 하나는 전망이다. 그렇다면 어떤 기준을 가지고 먼저 살펴봐야 할까? 지역 소득에 더해 인구변화를 중점적으로 봐야 한다.

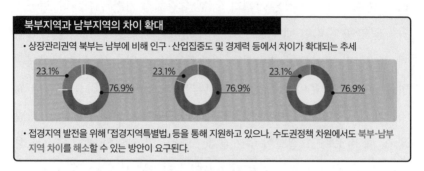

북부지역과 남부지역의 차이 확대
- 상장관리권역 북부는 남부에 비해 인구·산업집중도 및 경제력 등에서 차이가 확대되는 추세

23.1%   76.9%   23.1%   76.9%   23.1%   76.9%

- 접경지역 발전을 위해 「접경지역특별법」 등을 통해 지원하고 있으나, 수도권정책 차원에서도 북부-남부 지역 차이를 해소할 수 있는 방안이 요구된다.

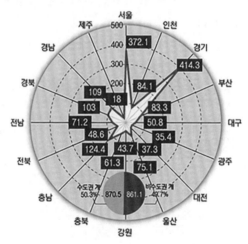

2017년 기준 시도별 지역 내 총생산. (단위 / 조 원)

토지에 투자를 하는 사람들은 장기간 묵혀두겠다는 생각으로 구입하는 경우가 많다. 장기간 투자 자금이 묶이더라도 땅값이 물가상승률보다 더 많이 올라 많은 수익을 얻었던 사례가 많았기 때문이다.

하지만 90년대 말 외환위기 이후 무작정 묵혀두겠다는 식의 투자로는 통하지 않게 되는 경우가 점차 많아지고 있다. 우선 우리나라가 고도성장을 멈추고 저성장 단계로 접어들면서 과거에 비해 토지 수요가 줄었기 때문이다. 인구 변화도 많은 영향을 미치고 있음은 당연하다.

용인시 주요 경제지표

구분	비율	비고
재정자립도	49.7%	2023년 기준
재정자주도	57.0%	2023년 기준
경제성장률	5.7%	2021년 기준
1인당 GRDP(경기도)	3872만 원	2021년 기준
고용률	59.5%	2022년 기준
실업률	3.1%	2022년 기준
주택보급률(경기도)	98.6%	2022년 기준

70~80년대만 하더라도 인구가 꾸준히 증가했지만 90년대 이후부터는 인구의 증가폭이 크지 않았던 데다 수도권과 충청권을 제외한 대부분 지방에선 오히려 인구가 줄면서 토지 수요가 감소하고 있다.

장기 보유를 목적으로 토지에 투자할 때 반드시 고려해야 할 요인은 해당 지역의 인구 및 소득 수준의 변화다.

최근 토지시장이 회복되면서 땅값이 오르고 있지만 지방의 농촌지역은 회복세가 미미한 반면 서울과 수도권 지역의 땅값 상승세가 두드러진 것도 이런 측면을 반영하고 있기 때문이다. 어떤 지역이 개발호재로 땅값이 오르더라도 좋은 가격에 팔 수 있으려면 토지 수요가 지속적으로 뒷받침돼야 한다.

일단 해당 지역 내 경제활동이 활발하면 소득 증가가 가시화 되고 토지 수요도 늘어나게 된다. 경제활동이 활발해지면 지역 인구도 늘어날 수밖에 없고, 이런 인구증가 또한 지가상승에 중요한 요인이 될 수밖에 없다.

토지투자에서는 현장조사가 필수적인 사항이다. 그러나 현장조사를 통해 좋은 매물인지 여부를 판단하기 전에 투자에 유리한 지역인지 여부를 먼저 선별하는 것이 훨씬 중요하다. 특히 투자 대상 지역은 경제활동으로 GRDP와 인구의 변화를 확인하는 것이 매우 기본적이고 핵심적인 고려 사항이다.

1. 각종 개발 계획들을 알아내기 위한 통계와 인구분포 확인
2. 신설 철도 노선의 계획들을 알아내기 위해 국가철도망 구축계획을 점검
3. 법인 기업체수 현황자료와 종사자 수 현황
4. 지자체별 주민 연령의 확인
5. 1인당 GRDP의 변화 파악
6. 도시기본계획을 통한 투자위치 선정
7. 예산 배분계획 파악
8. 해당 지자체 정치인의 현 정권에서의 입지
9. 대기업의 투자계획등 모니터링

토지투자의 전망은 인구수를 따라간다

투자에서는 사람이 답이다. 회사나 국가에 있어서 최고의 자원은 무엇일까? 바로 사람이다. 인적 자원의 중요성이야 몇 번을 말해도 입이

아플 지경이다.

성공적인 토지투자에서 특히, 소액 토지투자를 한다면 필자는 '인구가 유입'될 곳을 선점하라고 말한 바 있다. 인구가 유입되지 않는 곳이라면 만사휴의다. 사람이 모여들어야만 그 지역에 활기가 돌고, 그로써 주택이 생겨나고, 상가들이 들어서고, 교통망이 확충되기 때문이다. 땅값이 오르는 동력이다.

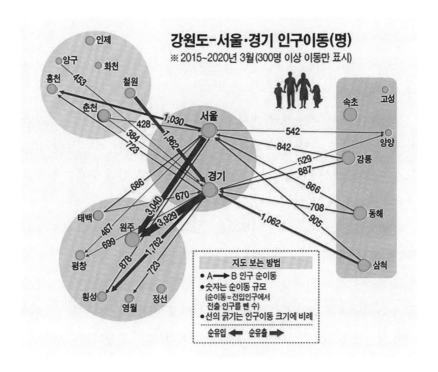

그런데 인구가 지가상승의 절대적인 조건일까? 그건 아니다. 땅값은 꾸준히 상승해 왔다. 산업단지가 들어선다는 소문만 돌아도 땅값은 오른다. 혹은 그냥 운이 좋아 오르는 경우도 있다. 급매로 내놓은 시세가 1억 원짜리 땅을 5천만 원에 샀다면, 5천만 원의 차익을 곧바로 보는 경우니 운이 좋다고 할 수밖에 없을 것이다. 또 이런 땅이 주변시세가 오르면서 덩달아 2억 원짜리 땅이 될 수도 있다. 이런 경우 토지소유주가 할 일은 5천만 원에 산 땅을 2억 원에 파는 날만 기다리면 된다.

하지만 막상 중개업소에 토지를 맡기게 되면 어떨까? 돌아오는 말은 "안 팔려요. 값을 내려주세요." 라는 말이다. 이 말인즉 땅값은 올랐을지 몰라도 찾는 사람이 없다는 말과 같다. 결국 급전이 필요해지면 토지소유주는 2억 원이 아니라 5천만 원도 안 되는 금액에 되팔아야 하는 경우도 많아진다.

이것이 바로 '개발 계획'만 믿고 덜컥 소액 토지투자를 하게 되었을 때 부딪치게 되는 결과이다.

지자체에서 내놓는 개발 계획 등에는 늘 아름다운 청사진들로 가득 차 있다. 하지만 결과가 늘 아름다운 청사진처럼 되는 경우는 많지 않다. 흔히 뉴스에서 접하곤 하는 일들이다. 이런 청사진의 문제는 무엇일까? 이 투자의 중심에는 '사람'이 없기 때문이다.

개발 계획을 보고 소액 토지투자를 고려한다면 반드시 어떻게 인구가 유입되도록 이끌 것인지, "내가 그 안에서 생활하게 될 경우라면?"이라는 질문을 통해 차선책을 고려해 보아야 한다. 그래서 필자는 "지자체의 작은 산업단지나 민간기업 한두 개가 들어오는 작은 공장부지 등이 아니라 국가산업단지가 들어서는 지역을 눈여겨보라"고 말하는 것이다.

국가정책 계획을 살펴보면 인구유입이 어떻게 될 것인지, 어떤 기업이 투자하고 입주할 것인지, 해당 지역이 어떤 역할을 해 나갈 것인지를 볼 수 있고, 그런 그림들이 모여 하나의 숲을 이루게 된다.

사람이 없으면 토지투자뿐 아니라 어떤 사업도 망한다. 화려한 개발 청사진이 펼쳐진 곳이라 해도 사람이 찾지 않는 곳이라면 투자자들끼리의 밥그릇 싸움밖에는 되지 않고, 결국 상투를 잡은 사람은 망할 수밖에 없다는 걸 기억하자.

인구유입과 땅값

우리 사회에서 가장 큰 문제는 인구 감소와 고령화이다. 출생률이 1명을 넘어 0.6명까지 떨어진 지경이고, 이미 수도권과 지방 사이에 인구구조의 균형이 깨진 지도 오래다. 지방 소멸의 시대다.

예전 부모 세대에서는 자녀가 중심이 되는 시간을 보냈다면 현재는 자기중심적 삶으로 변화되는 모습을 체감한다. 주택, 육아, 교육비 등의 여러 가지 이유로 아이를 낳지 않으려는 사람이 많아지다 못해 아예 결혼을 포기하는 1인세대가 증가하고 있다. 안타깝지만 현실적으로 "무자식이 상팔자" "능력이 되면 솔로로 살아라." 라는 인식이 일반화 되어 있다.

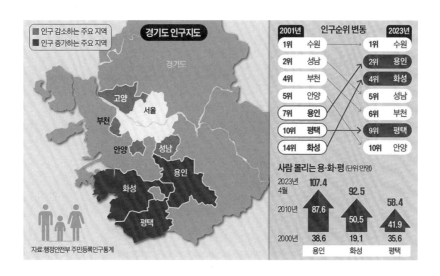

	지역	필지수	면적(㎢)	면적(평)	1	수원시	1,202,249
						경기도 인구 순위와 토지거래량 통계 집계	
1	화성시	201,770	689.70	208,634,250	2	고양시	1,042,127
2	용인시	153,989	591.33	178,877,325	3	용인시	1,011,178
3	평택시	143,616	454.47	137,477,175	4	성남시	963,297
4	고양시	129,648	268.05	84,085,125	5	부천시	851,012
5	수원시	124,788	121.04	36,614,600	6	화성시	726,498
6	성남시	103,727	141.72	42,870,300	7	남양주시	674,771
7	남양주시	95,100	419.31	126,841,275	8	안산시	664,842
8	김포시	90,456	276.64	83,683,600	9	안양시	583,447
9	부천시	90,057	53.44	16,165,600	10	평택시	487,798
10	시흥시	87,090	135.05	40,852,625	11	시흥시	434,273
					12	의정부시	442,924
					13	파주시	442,585
					14	김포시	404,115

정부에서 자녀출산보조금을 지원하는 등의 출산장려정책을 펼치고는 있으나 그 성과는 아주 미미한 상태다. 이미 많은 젊은 부부들의 사고방식이 자녀를 중심에 두었던 가치 중심에서 벗어나 자신의 삶을 우선하는 것으로 바뀌었기 때문이다. 자연적인 인구의 증가를 기대하기란 아마도 불가능한 일처럼 보인다.

이러한 변화에 따라 정부의 인구정책도 앞으로 방향을 바꿀 것이다. 당연히 토지투자자의 입장에서는 정부의 인구정책 방향을 신중하게 판단할 필요가 있다. 토지투자를 하기 전에 다음과 같은 상황을 점검하면 의외로 쉽게 투자 방향을 잡을 수 있을 것이다.

1. 국가의 전체적인 정책의 방향 파악

2. 각 지자체 별 인구변화에 따른 추이 파악

3. 각 지역마다 가지고 있는 각각의 개발호재 파악

인구와 관련된 사실은 비밀이 아니다. 알고 보면 당연한 것들이다. 그럼에도 초보 토지투자자들이 잘 모르고 놓치는 부분이기도 하다.

땅값에 영향을 미치는 요인을 정리하면 다음과 같다.

1. 접근성

2. 토지의 모양과 지질

3. 위치, 방향

4. 주변 환경

5. 각종 규제

6. 개발 전망

위에서 제시한 요소들이 토지투자에 대한 직접적인 영향을 끼치는 요소들이라고 한다면, '인구 유입'은 해당 도시 전체에 미치는 파급효과가 가장 큰 근본적 요인에 해당한다. 도시 전체의 땅값을 결정하는 역할이자, 근본적인 시세차익을 기대할 수 있는 가장 큰 틀이라고 할 수 있다.

행정구역 거주인구와 인구의 유입속도

땅값이 더 오르게 될 토지를 찾는 데 유용한 방법은 무엇일까? 토지가 위치해 있는 해당 행정구역의 땅값 추이를 보거나 혹은 지난 3년, 5년 혹은 10여 년 간의 인구증가율과 이동 방향을 보면 매우 유용하다. 확실한 데이터는 없지만 일반적으로 3년 내지 5년 간 지속적인 인구증가율을 보이는 지역은 분명히 땅값이 오르는 지역이라는 견해가 유력하다. 인구증가율이 높거나 증가 속도가 빠를수록 땅값이 오를 수 있다는 확신의 근거가 된다. 경기도 파주시, 용인시, 화성시, 평택시, 충남 천안시, 경남 김해시의 경우를 보면 잘 알 수 있다.

인구의 자연증가율과 순이동 증가율

어느 지역의 인구증가율을 알고자 한다면 국가기관의 인구증가율에 관한 통계자료를 보면 된다. 해당 지자체의 홈페이지를 보면 대개 과거 10여 년 간의 인구수와 인구증가율이 나온다.

인구증가율은 자연증가율과 순이동 증가율로 구성된다. 인구의 자연증가는 연간 출생인구에서 사망 인구를 뺀 것이고, 순이동 증가인구는 전입된 인구에서 전출하는 인구를 뺀 것이다. 인구가 증가하는 지역은 자연증가율과 순이동 증가율이 모두 높은 지역이다.

자연증가율은 그 지역을 생활터전으로 잡고 살면서 아이를 낳는 젊은 층이 많은 지역이 높다. 현 시점에서는 경기도와 인천의 경우 자연증가율이 안정적이다. 또 경기도와 충청도, 울산, 경남지역은 과거 수년간 전입인구가 많아서 순이동 증가율이 높았다. 반면 그 인접지역인 서울, 부산, 대구, 광주, 전남 등은 전출인구가 전입인구보다 많아 인구가 감소하는 추세에 있다.

따라서 수도권을 보면 서울은 감소 추세에 있지만 경기도와 인천은 지속적인 인구증가로 국내에서 가장 높은 인구증가율를 보여준다.

인구 유입력과 도시의 팽창 속도

장기적으로 어느 지역이 땅값 상승의 전망이 있는지, 따라서 투자처로서 매력이 있는지를 검토하려면 무엇을 보아야 할까? 그 지역과 도시가 자체적으로 발전할 수 있는 자생력이 있는지, 지속적인 인구 유입력과 개발호재가 있는지 등을 살펴보아야 한다. 사람들을 끌어들이는 흡수 요인인 사업, 시설인 관공서, 대기업, 산업체, 공단, 대학교 등과 확정된 대단위 정책사업 및 개발사업이 있는지 살펴보아야 할 것이다.

개발 계획의 확실성과 규모, 그 영향력의 강도와 재정 자립도, 일자리, 학교 등 도시 자체의 자생력을 기잴 수 있도록 받쳐 주는 제반 인구 집중시설과 인구흡입력이 강력한 경제활동이 도시의 땅값에 많은 영향을 미치고 있다. 그 지역의 발전 형태가 단순한 관공서 밀집지대나 공장, 학교를 중심으로 한다든지, 아파트 주거단지를 중심으로 하는 베드타운이라면 발전에 한계가 있을 수밖에 없다.

인근지역과 도시의 팽창 속도 그리고 개발 압력

유통입지 이론에서는 두 도시의 중간에 있는 어느 도시의 상권은 거리가 가깝거나 인구가 많은 쪽으로 생활권이 형성된다고 한다. 예컨대 경기도 가평은 남북으로 지역이 넓고, 군 지역 내에 인구를 흡수할 수 있는 자생력과 구심점이 없어 북쪽 지역은 춘천생활권, 남쪽의 청평 지역은 남양주 구리 지역의 생활권에 흡수되고 있다. 같은 가평이라도 어느 쪽이 어느 방향으로 발전하여 땅값이 오를 것인가는 접하고 있는 인근 도시의 발전 상황을 살펴보는 것이 빠르다. 이처럼 이웃도시의 팽창이 인근지역의 땅값을 상승시키는 것을 나비효과 혹은 빨대효과라고도 부르고 있으나, 정확한 표현은 아니다.

생활권과 인구가 이동하는 방향

어느 도시의 발전 방향을 보려면, 그 도시에서 거주하는 성인인구의 이동 방향을 살펴보면 좋다. 대개의 경우 일자리나 사업체를 위하여 인근 도시로 이동하게 되므로, 어느 지역의 생활권에 속해 있는가를 살펴볼 수 있다. 또 학생의 경우에는 어느 쪽의 학교로 많이 가는지를 볼 필요가 있다. 소위 통근자와 통학자의 수와 방향과 비율을 보아서, 그 도시에 자생력이 있는지, 또 어느 생활권에 속하는지, 아니면 베드타운에 불과한 것인지를 가늠할 수 있을 것이다. 그리고 그러한 요소들이 인접지의 땅값 인상에 중요한 요소가 된다.

주변 인접지역에 통행인구 집중 가능성이 있는 시설 여부

개별입지 검토에 있어서 주변 인접지역에 명승지, 문화재, 관광지, 유명 산, 유명 사찰, 휴양림, 스키장, 리조트, 온천 등이 있다면 통행인구가 많을 것이고, 그 길목에서 이러한 유동인구를 흡수할 수 있는 접객시설을 갖추는 것이 유리하다. 이러한 시설로는 펜션, 콘도, 숙박업소, 유명 전원식당(가든), 박물관, 식물원 등이 좋다. 따라서 초기투자 시에도 이러한 시설을 건축할 수 있는 입지를 선택하여 투자한다면, 땅값의 오름을 기대할 수 있을 것이다.

지자체의 인구유입 의지와 장기도시 발전계획 확인

지자체의 인구증가와 행정구역 격상 의지와 노력을 살펴보면, 향후 도시가 발전할 수 있는 역동성의 방향을 가늠할 수 있다. 행정구역 통합 방향이나 지역 국회의원과 지자체장의 노력과 영향력 또한 중요한 점검 사항이다. 또 지역개발 호재의 신빙성, 타당성과 전망을 보고, 그 지역(도시)의 지역개발정책과 확정된 장기도시발전기본계획을 살펴보면서 투자를 하려는 지역이 향후 도시 발전과 연계되어 있는가를 검토해 본다.

지금 전국적으로 진행 중인 초광역 도시(메가시티) 논의를 관심 있게 주목할 필요가 있을 것이다.

SOC의 영향력을 분석하라

고속도로 IC 개통과 땅값의 움직임

잊을 만하면 새로운 고속도로의 '조기 착공', '개통' 소식이 들린다. 새 고속도로가 뚫린다는 뉴스는 일반 시민들에게는 출퇴근 시간이 짧아지고 교통 혼잡이 해소된다는 소식이지만, 토지투자자들에게는 땅값이 오르는 반가운 소식이다.

도로 개통은 토지투자에서 매우 반가운 투자 포인트다. 길이 열리는 곳에 돈이 몰려든다. 도로가 개통되는 곳에서는 토지투자로 큰 시세차익을 얻을 수도 있다. 하지만 사전조사 없이 안일하게 덤벼들었다가는 구매한 토지가 장기간 묶이는 불상사가 일어날 수 있다. 무엇보다 수익을 낼 수 있는 포인트가 어디인지, 어떤 핸디캡이 있는지 통찰할 수 있는 안목을 키워야 한다.

고속도로 중에서 토지투자처로 가장 적합한 지역은 차량이 들어가고 나오는 IC 주변이다. 그렇기에 새로운 고속도로가 개통된다고 인근 지역이 모두 수혜를 입는 것은 아니다. 고속도로가 인근에 있어도 차량의 출입구인 IC와 멀리 떨어져 있으면 차량 통행으로 인한 소음 피해만 클 뿐 정작 고속도로 출입은 불편하다. 주거지역으로서의 매력이 떨어지게 되는 것이다. 그래서 실제로 수도권 신도시들도 고속도로 IC 주변에 주거단지가 밀집되는 현상이 나타난다.

어떤 지역이든지 지가상승의 척도가 되는 것은 '유동인구가 얼마나 되느냐?'이다. IC 주변지역은 주거지(아파트), 공장(물류창고), 주유소, 식당 등이 다양하게 들어설 수 있는 호재를 안고 있다. 쉽게 말해 IC는 인접한 도시와 연결되는 출입구와도 같다. 따라서 IC와 가까운 지역은 다른 지역보다 개발진행 속도가 더 빠를 수밖에 없다는 게 또 하나의 토지투자 호재로 작용한다.

고속도로 IC 개발이 확정되면 인접한 토지의 시세는 빠르게 상승한다. 이때 주의해야 할 점은 투자 타이밍을 놓치고 뒤늦게 뛰어들게 되면 오히려 비싼 땅을 사게 되는 결과를 낳을 수도 있다는 것이다. 땅값에 거품이 끼어 장기간 정체될 수도 있기 때문이다.

이럴 때 수익이 발생할 가능성이 높은 지역과 그렇지 않은 지역을 분간할 수 있는 안목이 중요하게 작용한다.

원주민 A씨는 충남 예산군 고덕면에 50년 이상 거주하면서도 땅값이 오를 것이라고는 상상도 하지 못했다. 하지만 당진-대전간 고속도로가 뚫렸고, 고덕 IC가 생기면서 모든 것이 달라졌다. 큰아버지 댁 주변 땅값이 무려 몇 배가 오른 것이다.

이렇듯 고속도로 IC가 생기면 주변 땅값이 기본적으로 두 배 이상 올라버리기 때문에 많은 투자자들이 IC 예정지에 주목하기 마련이다. 하지만 여기에 함정이 있다. 고속도로 IC가 생긴다고 해서 무조건 주변 땅값이 오르는 것은 아니기 때문이다. IC 주변에 배후 개발지, 배후 산업단지와 같은 호재가 없다면 오히려 지가상승이 더딜 수 있다는 것이다.

IC 개발예정지와 인접한 지역 대신 조금 벗어난 지역을 공략하는 방법도 있다. 통상적으로 IC에서 반경 3km 내에는 고수익을 가져올 수 있는 땅이 숨어 있는데, 해당 토지가 건축물을 지을 수 있는 곳인지 여부를 빠르게 파악할 수 있다면 성공적인 투자 성과를 올릴 수 있다. 또한 반대로 생각해 보면 IC와 가깝다는 이유만으로 건축을 할 수 없는 맹지나 농림지 등을 덜컥 계약하게 된다면 이도 저도 못하는 애물단지가 될 수도 있다는 점을 주의해야 한다.

어쨌든 고속도로 IC 개발 예정지는 고수익을 낼 수 있는 노른자임이 틀림없다. 그렇지만 거품이 끼어 있는 땅값에 현혹되거나 'IC 인근이니 언젠가는 개발되겠지.' 하는 생각으로 불확실한 토지에 투자한다면 망하는 길로 들어설 가능성이 크다. 손해를 보지 않고 안정적으로 투자하는 방법은 지속적으로 정부나 지자체에서 발표하는 도시계획을 꼼꼼히 살펴보는 것이다. 그래야 투자에서 실패할 확률을 낮출 수 있다.

신설되는 역과 인구유입의 상관관계에 주목하라

도시에서는 흙을 보는 게 쉽지 않다. 흙이 없으니 당연히 돌 구경도 쉽지 않다. 그만큼 도로가 잘 정비되어 있다는 증거일 터, 도로 포장률이 거반 100%다. 그 대신 놀고 있는 땅이 많다. 이용되고 있지 않은 도로도 많다. 놀고 있는 도로는 지역적으로 큰 낭비다.

그러나 이보다 더 큰 낭비가 있다. 철도다. 놀고 있는 철도가 수도권 노선에서도 발견된다. 역의 수와 인구의 수는 반드시 정비례 할 것이지만 뜻밖의 광경을 보곤 한다. 관광 및 유동인구의 지배를 많이 받고 있는 양평군의 고정인구는 10만 명 정도이지만 역의 수는 인구 70만 명 수준, 양평을 지나는 역이 무려 8개다. 그 활용도 면에서는 미약할 수밖에 없다. 이동인구에 의존하는 형태이기 때문이다.

서울시 내에 있는 역 중에서 활용도가 낮은 역은 존재하지 않는다. 고정인구의 수적 우위가 워낙 거세지 않는가. 역의 수와 인구수가 정비례한다는 방증이다.

　지난 1986년 시로 승격된 안산의 고정인구는 약 70만 명이다. 양평군과 같은 8개 역이 지나지만 양평과 달리 활용도가 매우 높다. 여주선이나 서해선 복선 전철 라인에서도 분명 기대와 다른 방향으로 전철이 달려갈 수 있다. 타당성을 제대로 견제할 필요성이 높은 이유다.

　환승역으로 거듭날 판교역과 이매역에 관한 기대감이 높은 여주선의 경우, 광주에 4개 역사가 입성한다. 여주선 중 가장 많은 역이 들어서는 것이다. 광주의 인구는 30만 명 수준이다. 그러나 역이 완성되고 나면 4개 역이 무조건 놀지 만은 않을 것이다. 왜냐하면 판교신도시와 분당신도시 그리고 강남의 젊은 인구들이 광주로 대거 몰릴 것으로 예상되기 때문이다. 특히 판교지역 젊은 인구가 광주로 많이 몰릴 것으로 보인다. 직주 근접이 가능하기 때문이다. 직장은 판교에 있지만 주거시설은 광주에 있는 형태다. 주거비 부담이 크다 보니 그런 것인데, 판교보다 경제적 부담감이 훨씬 적은 광주로 이동하는 것이다.

　이런 면에서 광주는 제2의 작은 분당이라고 보아도 무방할 것이다. 지속적으로 잠재력이 높아질 터이니까. 노인인구의 이동현상이 아니라 젊은 층 인구의 이동현상을 곧 목격하게 될 것이다.

　여주선에 가장 많은 역이 들어서는 지역이 광주라면 서해선은 화성에 가장 많은 역이 입성한다. 3개 역이 들어선다. 인구 60만 명이 넘는 화성에 3개 역사가 들어서는 건 당연한 논리, 순리다. 현재는 병점역 하나를 보유하고 있는 상태다. 서동탄역은 행정구역상 오산시로 되어 있기 때문이다.

화성 역시 잠재력이 빼어난 곳으로 젊은 층 인구가 급증하는 상황이다. 만약 젊은 층이 밀려드는 동력에 의하여 화성에 거품이 잔뜩 낀다면 당진 합덕역으로 젊은 층 인구가 대거 몰릴 수도 있다. 상대적으로 주거비 부담이 적을 것이기 때문이다. 화성엔 다양한 구도의 산업단지가 펼쳐져 있어 경제인구가 다양하다. 그 인구가 주거비 부담을 줄이자는 차원에서 당진으로 이동하는 것도 마냥 배제할 수 없다.

인구수와 역의 수는 정비례하지만 당진 합덕처럼, 혹은 경기도 광주처럼 인근 대도시의 영향력에 의해 인구급증을 기대할 수도 있는 것이다.

도로와 철도의 변화에 주목하라

우리나라의 70%가 넘는 지역은 가까운 고속도로 나들목(IC)까지 가는 데 30분이면 충분하다. 서울 한복판에서 차량으로 제주를 제외한 전국 250여 개 시·군·구를 이동하는 데 필요한 평균 이동시간은 171분으로 조사됐다. 우리나라의 24.1%에 사는 사람은 고속철도(KTX) 개통 편익을 누리고 있으며, KTX의 영향으로 지역과 지역의 교류도 활발한 것으로 나타났다.

국토연구원은 〈지표로 본 국토 인프라 40년 : 변화와 과제〉보고서를 통해, 지난 40여 년 동안 '국가 간선도로망 확충 및 고속철도 개통에 따른 효과 분석'과 '미래 차세대 고속철도 및 자율주택 도입에 따른 전망'을 제시했다.

국가간선도로인 고속도로 길이는 1970년 655㎞에서 2017년 4,717㎞로 7.2배 확대됐고, 일반국도는 8,146㎞에서 13,983㎞로 1.7배 늘었

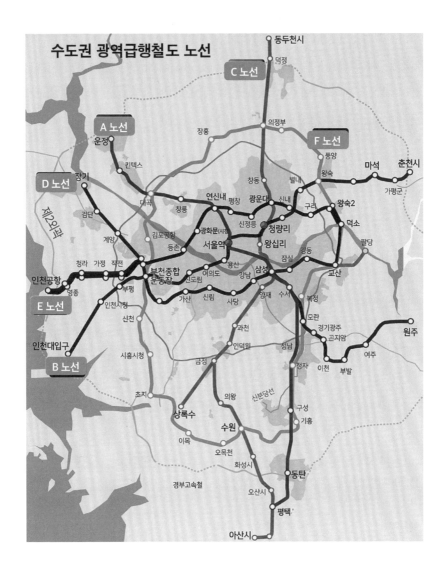

수도권 광역급행철도 노선

다. 도로망 확충으로 서울 중구에서 차량으로 제주를 제외한 전국 시·군·구에 도달하는 시간의 평균값은 1970년 307분에서 지난해 171분으로 136분 줄었다. 또 수도권에 자율주행 자동차 보급률이 70%에 이르면, 차량 운행 및 통행시간 비용이 각각 3.6%, 8.9% 감소해 연간 2조

7,000억~5조 1,000억 원의 편익이 발생할 것으로 추정했다. 자율주행차 도입에 따른 감축 가능한 도로는 1,059㎞에 이를 것으로 추정됐다. 특히 자율주행차 도입으로 서울 외곽지역의 평균 통행시간이 단축되면서 수도권의 도시 팽창을 유발할 것으로 예측됐다.

   철도는 많은 것을 변화시킨다. 과거 태평양무역이 중요했던 시절 구미, 부산, 포항 등으로 향했던 철도로 인해 이들 지역은 크게 부흥기를 맞이했다. 지금도 지역적 임금 차이가 수도권보다 높은 곳이 바로 이들 지역이다. 철도가 닿고, 산업시설이 들어선 지역은 경제적 발전을 이뤘고, 낙후된 곳은 도심지로 탈바꿈했다.

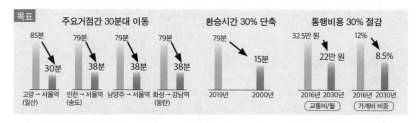

노선명	사업구간	연장(km)	사업비(원)
❶ 수도권 광역급행철도	인천 송도 ~ 서울 청량리	48.7	5조 8319억
❷ 수도권 광역급행철도	경기 의정부 ~ 군포 금정	45.8	3조 736억
❸ 신분당선	경기 수원 호매실 ~ 화성 봉담	7.1	6728억
❹ 신분당선	서울 동빙고 ~ 경기 고양 삼송	21.7	1조 2119억
❺ 원종 홍대선	경기 부천 원종 ~ 서울 홍대입구	16.3	2조 1664억
❻ 위례 과천선	서울 송파 복정 ~ 경기 과천 경마공원	15.2	1조 2245억
❼ 도봉산 포천선	서울 도봉산 ~ 경기 포천	29.0	1조 8076억
❽ 일산선 연장	경기 고양 대화 ~ 파주 운정	7.6	8383억

❶❷는 고속주행 가능한 급행철도, 나머지는 일반 전철

최근에는 이러한 지역적 발전을 넘어서 생활의 변화도 발생한다. 2016년 말 SRT 수서발 고속열차가 개통되면서 서울과 비교적 거리가 있다고 여겨지던 천안, 아산, 대전 등지의 사람들이 간편한 쇼핑을 위해 서울로 이동하게 된 것이다. 또 학생들은 서울 유명 학원가의 수업을 듣기 위해 고속열차를 이용한다. 철도의 발달로 서울과 타 지역의 이동시간이 크게 줄어들면서 나타난 현상이다.

반대로 서울에 집중되어 있던 사람들의 경우, 주거지역을 옮기기도 한다. 이러한 변화로 지방의 생활수준이 높아지고, 특히나 철도개발로 만들어지는 역세권을 중심으로 경제 및 문화 수준이 높아진다. 수도권의 범위가 교통발달로 크게 늘어나는 것이다. 물론 일각에서는 교육 및 쇼핑, 의료 등의 소비 분야를 서울로 빼앗긴다고 하는 부작용이 드러나고 있지만 토지투자라는 측면에서 본다면 철도 개발로 인한 영향력이 막강해지는 것을 볼 수 있다.

한편, 한국의 땅값은 52년 동안 3,617배가 올랐다고 한다. 3,617배가 오르는 데에는 국토의 발전으로 인한 투자 붐이 일었기 때문이다. 50여 년 전 대한민국이라는 국토의 교통과 현재의 교통이 엄청나게 달라졌고, 철길이 닿는 곳 역시 많아졌으며, 이는 자연히 개발로 이어져 땅값이 오르게 된 것이다. 앞으로도 지역 균형발전이라는 점에서 철도망의 확충은 계속해서 이루어져야 할 것으로 본다.

만약 초보 투자자로서 투자에 있어 막연하게 생각돼 움직이지 못하고 있거나 앞으로 어느 지역의 토지에 투자할 것인지 결정하지 못했다면 국가철도망 사업을 유심히 지켜보는 것도 도움이 될 것이다. 특히, 철도가 겹쳐지는 환승역은 더욱 투자가치가 높다는 사실을 기억하자. 또 국가산업단지 조성지역이 서해안으로 이동하고 있으므로 이들 산업단지와 인접한 철도역이라면 인구증가도 예상할 수 있어 좋은 투자처가 될 것으로 보인다.

토지투자에서 길은 인간의 핏줄과도 같다. 사람은 피가 돌지 않으면 죽게 되는 것처럼 토지 역시 길이 그런 역할을 담당하고 있다. 길 없는 토지는 개발할 수 없고, 큰길이 뚫리고 역사驛舍가 생겨날 때 땅은 비로소 활기를 찾게 된다. 철도, 고속도로, 하다못해 집 앞에 새로 뚫리는 도로에 대해서도 관심을 기울여 보자. 그런 노력이 언젠가 토지투자에서 생각지도 못할 기회를 찾아주는 일이 될지도 모른다.

GTX가 가져오게 될 시간거리 단축 변화는?

새로 만드는 수도권 지하철은 시간거리를 얼마나 단축시킬까?

서울을 포함한 수도권은 지하철 건설이 한창이다. GTX 같은 급행철도나 경전철을 포함해 새로 만들어지는 노선이 열 개도 넘는다. 이렇게 만들어지는 지하철은 서울과 수도권의 시간거리를 얼마나 단축시킬까? 예전에 한 시간 걸리던 직장을 얼마나 빨리 갈 수 있을까? 서울 도심보다 한적하고 여유로운 교외로 이주하면 직장이나 학교 혹은 여가시간을 위해 자주 가던 곳으로 가는 데 얼마만큼의 시간이 들까?

인터랙티브 지도를 통해 직접 확인해 볼 수 있다.

1974년 경인선 전철을 시작으로 서울 어느 곳에서는 늘 지하철을 뚫고 있었던 것 같다. 그동안 정부의 발표들을 모아 보면 대략 2030년 혹은 그 이후까지도 지하철이 만들어진다고 한다.

토지투자에서 철도 관련된 사항은 발 빠르게 챙겨 보아야 할 중요 사항이다.

입지 선택의 기준

입지 선택의 기준은 뭘까? 무엇보다 넓게 보는 안목과 '그 지역의 가치'를 사는 것이라는 자세로 접근해야 한다. 즉 개별 토지이나 전원주택(단지)보다는 지역 자체에 포커스를 맞춰야 한다는 얘기다.

만약 전원생활을 꿈꾸고 있다면 우선 전제조건으로 뛰어난 자연환경을 갖추고 있어야 한다. 문화, 교육, 생활 인프라가 뒷받침되어야 하는 것도 매우 중요하다. 지역의 미래가치를 결정짓는 개발재료나 교통호재를 갖추고 있다면 금상첨화다. 서울 및 수도권을 연결하는 신설 고속도로 IC 주변이나 복선전철 역세권 일대가 바로 그런 곳이다. 베이비부머세대뿐 아니라 전원생활을 꿈꾸는 30, 40대들의 발길이 꾸준히 이어지면서 편리한 교통망을 갖춘 지역에 대한 인기는 지속될 전망이다. 지역 자체의 가치가 높은 곳이란 풍광만 수려한 곳이 아니라 살기가 좋은 입지여야 한다.

대도시와의 접근성은 어떤가?

토지시장에서 대도시로의 접근성은 왜 중요할까? 도시와의 접근성은 아무리 강조해도 부동산시장에서는 빠질 수 없는 기준이다. 도시와의 접근성이 떨어지면 부동산시장의 특성상 소비자 층이 한정될 수밖에 없기 때문이다.

특히나 문제가 되는 것은 아름다운 풍광에 홀려 깊은 산골의 땅을 거리낌 없이 비싸게 매입하는 이들이 적지 않다는 것이다. 여유로운 노후 생활을 보내기 위해 땅을 마련하고자 하는 이들 중에 이런 이들이 상당히 많다. 시골생활은 자연을 삶 가까이로 받아들이는 대신 도시에서 누리던 편리한 생활을 반쯤 포기하면서 일정 부분 불편함을 감수하고 들어가는 것이다. 하지만 이럴수록 도시에 대한 접근성은 더 중요하다.

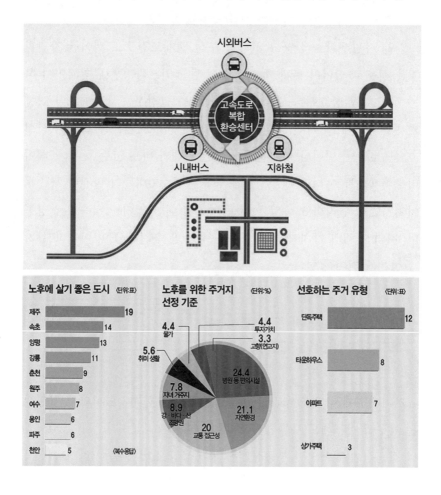

노후에 살기 좋은 도시 (단위:표)

제주 19
속초 14
양평 13
강릉 11
춘천 9
원주 8
여수 7
용인 6
파주 6
천안 5

(복수응답)

노후를 위한 주거지 선정 기준 (단위:%)

불가 4.4
취미 생활 5.6
자녀 거주지 7.8
강 바다 산 조망권 8.9
교통 접근성 20
자연환경 21.1
병원 등 편의시설 24.4
투자가치 4.4
고향(연고지) 3.3

선호하는 주거 유형 (단위:표)

단독주택 12
타운하우스 8
아파트 7
상가주택 3

서울 거주자들이 전국을 누비며 해마다 서울 넓이의 토지를 사들이고 있다. 자료를 바탕으로 최근 토지거래 내역을 분석했더니 서울 거주자가 사들인 토지는 서울 토지의 7배 규모인 12억 8,932만 평에 달했다. 그들이 많이 거래한 상위 20곳 중에는 강원도 지역만 12곳(평창·양양·속초·홍천·횡성 등)에

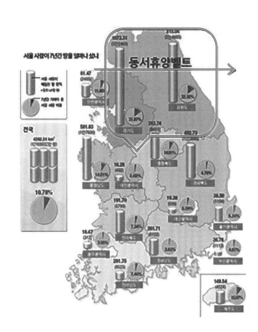

달했고, 다음으로 충청권이 6곳(서산·음성·당진·단양 등)이었다. 서울 사람들이 가장 중요하게 생각하는 것은 최근 조성 중인 반도체 클러스터와 같은 기업도시, 첨단국가전략산업 배후 수혜지 같은 개발 재료와 서울과의 접근성이다.

최근 서울 사람들이 몰려들고 있는 강원도 토지는 주로 전원주택지로 인기가 있거나 고속도로 건설 등으로 개발 기대가 커진 곳이다. 횡성과 홍천은 서울 거주자들의 매매 비율 1, 3위를 기록한 경기도 가평과 양평 라인의 연장선으로 전원주택 수요가 많은 곳이다.

동서휴양벨트 축인 '양평-가평-횡성-홍천 벨트'는 매년 거래자 중 20~40%가 서울 거주자이다. 일시적 현상으로 볼 수 없다는 얘기다.

양평 토지가 그동안 많이 올라 인접한 홍천 지역 땅도 덩달아 올랐다. 그중에서도 양평 옆에 붙어 있는 토지의 거래가 특히, 많다. 베이비붐

세대의 은퇴로 이들이 전원주택을 짓고 살고자 지방 토지를 사들일 가능성이 크기 때문이다.

베이비붐 세대의 은퇴와 맞물려 양평~홍천 일대의 토지 수요는 더 늘어날 것이다. 교통망이 갖춰져 출퇴근이 가능할 정도가 된다면 장기적으로 하나의 큰 부동산 축이 형성될 수도 있다. 서울 거주자들의 선택도 수도권 주변이나 지방 신도시 주변에 집중될 공산이 크다. 특히 최근 주목할 만한 점은 전원田園으로 향하는 30, 40대들이 크게 늘고 있다는 것이다. 30, 40대 귀촌인이 늘어나는 이유는 획일적인 아파트 위주의 주거생활에서 벗어나고자 하는 욕구가 강한 데다 서울 등 도시에서의 경제활동을 계속하면서 전원생활도 누릴 수 있기 때문이다. 귀촌인의 연령대 분석 결과를 보면, 베이비부머를 포함한 50대가 25.3%로 가장 많았지만 이어 30대가 21.3%로 2위를 차지했다. 또 40대는 20.9%로 3위에 올라 60대(19.0%)를 앞섰다.

그들이 귀촌 입지로 가장 선호하는 곳은 경기도다. 경기도 31개 시·군 중에서 용인, 광주, 여주, 이천, 화성, 남양주, 양평, 가평, 고양, 파주,

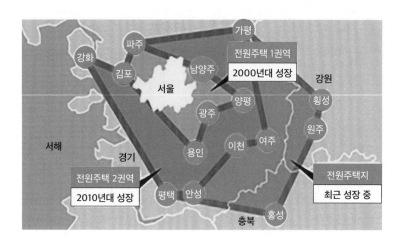

김포 등이 전원입지로 인기를 끄는 곳이다. 특히 고속도로 IC 인근이나 복선전철역 일대는 접근성이 좋기 때문에 더욱 선호된다. 여기에 더해 전원의 풍광과 청정함이 남다른 곳이라면 금상첨화다.

복선전철역 주변의 경우 주말이나 휴가철에도 복잡하기는 해도 막히는 일이 없고, 급행차량 신설 등 서비스 개선으로 보다 편리하게 이용할 수 있기 때문에 최근 들어 더욱 관심이 쏠리고 있다. 대표적인 복선전철 전원벨트 구간으로는 경춘선과 중앙선이 손꼽힌다.

전원입지 선택에 있어 또한 빼놓을 수 없는 핵심 요소가 바로 산과 강이다. 서울 한강으로 합수하는 북한강과 남한강이 양대 축이다. 경기도의 경우 남한강 주변은 여주군 대신, 금사, 흥천면 일대가 관심을 모으고 있는 이유이다.

제2영동고속도로 등 굵직한 호재도 뒤를 받쳐준다. 여주 위쪽 양평은 규제가 까다롭지만 강상면(양자산), 옥천면(유명산 · 중미산) 등이 관심지역이다. 북한강과 주변 명산을 따라 형성되는 경기도 내 최고의 전원입지는 양평과 가평이다. 가평의 경우 청평면과 설악면, 그리고 가평읍 일대에 관심이 높다. 양평군 양서면 · 서종면 일대와 남양주시 조안면 일대도 인기다.

경기 31개 시·군 가운데 아직 개발이 덜 되고 인구가 적어 군郡으로 남아 있는 곳은 여주군, 양평군, 가평군, 연천군이다. 상대적으로 그만큼 청정한 전원 환경이 장점이다. 이와 함께 경기도 경계와 접해 있어 사실상 수도권으로 분류되는 지역도 상대적으로 땅값이 저렴하기 때문에 관심이 높다. 예를 들어 경기도 양평, 가평과 접한 홍천군 서면 모곡리와 마곡리가 그렇다.

	위치	지역
1	남양주	서울에 인접해 있고 한강변에 위치한 도농 복합 전원도시로서 산세가 수려한 명산, 청정한 북한강과 광릉수목원 등 천혜의 자연 경관을 자랑한다. 서울 진입 30분대가 가능하다.
2	가평	유명산, 명지산 등 수려한 산들과 북한강을 까고 있어 자연환경이 수려하다. 땅값이 싸기 때문에 출퇴근에 구애받지 않는 사람이 많이 찾는다.
3	포천	강원도에 인접해 있어 산세가 강원도 산세와 많이 닮아 있다. 산정호수의 맑은 기운, 산들의 지연경관이 좋다.
4	양평	수도권, 그린벨트 경계선인 이곳은 한강을 모두 까고 있어 상수원 보호구역인 청정지역이다. 산이 높고 물이 맑아 수많은 계곡과 비경들이 있다. 서울에서 1시간 거리이다.
5	광주	팔당호 인접지역 대부분이 개발제한구역이고, 산수가 아름답고 청정한 계곡이 좋다. 높은 산이나 큰 강을 끼고 있지는 않지만 아기자기해 아늑한 분위기를 자아내고 계곡이 널려 있다.
6	용인	저수지가 많아 산과 물을 동시에 끼고 있는 형세라서 인기가 좋다, 풍수지리적으로 명당이 많은 곳이다.
7	이천/여주	서울에서 50km에 위치해 있으며 광주군에 비해 땅값이 싸다. 교통이 해결되는 내륙의 교통중심지가 된다.
8	파주	산들이 많고 북쪽으로는 임진강이 흐르고 조선시대에는 도읍지로 거론될 정도로 명당이다. 자유로 덕분에 전원주택지로 인기가 좋다. 군사적으로 민감한 지역으로 건축시 군부대 동의를 얻어야 한다.
9	고양	전원 주거 환경 도시인 일산 신도시의 각종 생활편의시설을 이용할 수 있다.
10	김포	넓은 평야와 구릉지가 많아 쾌적한 입지여건을 갖추고 있다. 지하철 9호선 하남선과 연계되고 서울-김포-강화 4차선 도로가 8차선으로 확장 계획.

시간적 거리로 입지와 접근성을 따져라

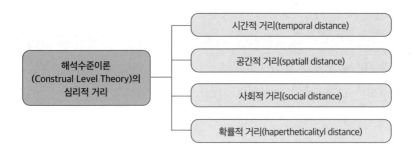

개발가능 지역을 찾는 것보다 더 중요한 것은 시간적 거리다. 필자는 기회가 닿는 대로 토지투자에 있어서 시간적 거리에 대한 중요성을 강조하면서 인구가 증가하는 지역, 교통망이 확충되는 지역 등에 대한 가치투자를 제안해 왔다.

하지만 이런 조건에 대한 검토만으로는 여전히 2% 부족하다는 것도 사실인데, 이것은 바로 시간에 대한 중요성이다. 즉 개발 재료가 실제로 가시화되기까지의 시간 또한 중요한 요소이기 때문이다.

시간적 입지

"첫째도 입지, 둘째도 입지, 셋째도 입지"라는 말을 한번쯤 들어보았을 것이다.

세계적인 햄버거 체인 맥도널드의 창업자 레이 크록 회장은 입지의 중요성에 대한 유명한 일화를 남겼다. 1972년 텍사스 오스틴대학 MBA 과정의 한 학생이 맥도널드는 무엇을 파는 회사인지 질문하였을 때 "패스트푸드가 아닌 로케이션"이라는 답을 남겼는데, 맥도널드는 좋은 위치의 점포를 선점함으로써 경쟁우위를 지키고 있다는 말이었다. 신세계 이마트의 성공 사례 역시 입지의 우월성을 강조한다.

토지는 부동성不動性과 부증성不增性이라는 특징이 있다. 입지(location)가 매우 중요한 이유다. 입지란 단순히 '땅이 어디에 위치하느냐.' 하는 물리적 위치를 가리키는 말이 아니다. '입지'는 땅의 물리적 환경과 주변 환경을 포함해서 그 땅이 가지고 있는 미래가치까지 가늠하여 잠재적인 가능성을 비롯한 여러 가지 지역적 요건 등을 종합적으로 나타내는 말이다. 따라서 그 땅이 속해 있는 지역의 교통망과 도로 등 인프라 시설은 물론이고 교육, 문화 등의 편의시설을 포함하여 인구변화, 개발 계획, 인근 지역과의 연계성, 주요 도로와의 접근성, 미래가치를 망라하고 있는 의미라고 할 수 있다.

	구분	입지 조건
1	주택지	통근 조건(접근성), 생활 조건(편리성), 환경 조건(쾌적성)
2	상업지	수익성
3	공업지	생산성, 비용성
4	농업지	기후 조건, 비옥한 토양

혹자는 입지를 단순히 지리적 위치 정도로 폄훼하지만 부동산투자에서 말하는 입지는 종합적인 진단을 포함한다. 따라서 "입지를 확인하라"는 말은 투자성이 있는가의 여부를 따지는 것이라고 할 수 있다.

입지 분석	네이버, 다음(카카오) 지적편집도
직경거리 3km 이내	• 선호지역, 지가상승 1순위 지역 → 상업지역 - 주거지역 - 자연녹지지역 - 계획관리지역 • 주의 : 싼 땅은 수용 가능성이 높음 → 농림지역, 개발제한구역 등…
가장 가까운 도시지역 (용도지역)	• 상업지역 - 주거지역 - 자연녹지지역 순 • 자연취락지구, 개발진흥지구, 지구단위계획구역
가장 가까운 살기 좋은 도시 (또는 도심)	• 인프라 (주거 환경, 학군, 교통, 편의시설 등) 좋은 도심 • 인구흡수 현상
테마지역 (소비지역)	• 관광, 쇼핑, 문화, 물 (바다, 호수, 강, 하천)

입지의 중요성을 비교하는 예로서, 흔히 분당과 일산을 비교한다. 비슷한 시기에 조성되었고, 초기에는 오히려 일산이 비쌌지만 현재는 어떤가? 강남과 가깝다는 이유로 분당이 더 비싸다. 즉 입지의 차별화로 인한 것이다.

2008년 1월 1일 기준으로 개별공시지가를 발표한 내용에서 주거지역에 대한 흥미로운 비교를 보면 강남구 대치동 670번지는 제곱미터당 12,100,000원이고, 가장 싼 주거지역은 전라남도 진도군 의신면 옥대리 826번지로 제곱미터당 2,170원으로 약 6,000배 이상 차이가 난다.

최근에는 공간적 거리 못지않게 시간적 거리의 중요성이 부각되고 있는데, 지하철 및 경전철, 순환고속도로, BRT(간선급행버스) 시스템 등 수도권 광역교통시스템이 첨단화 하고 있는 상황이어서 지리적 근접성만으로 투자의 당위성을 논하는 것은 옛일이 되고 있다.

비단 토지뿐만 아니라 주택도 이런 요건에 해당돼 출퇴근시간 거리는 입지의 새로운 투자 개념으로 자리 잡고 있다. 복잡한 아파트 생활에 염증을 느껴 자연과 호흡하면서 넓은 마당을 가진 주택에서 살고 싶어 하는 30~40대 젊은 층의 전원주택 선호가 점점 더 증가하고 있다. 직장과외 접근성에 1시간 내지 1시간 30분 내외의 지역들을 선호하고, 지가 역시 높게 형성되어 있는 것을 보면 시간적 거리의 중요성은 더욱 설득력이 있다고 할 수 있다.

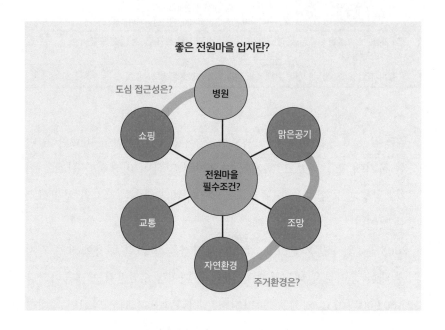

입지에 따른 토지의 가치

　상가 투자에 있어서는 일반적으로 지역과 입지를 가장 중요하게 생각한다. 전자가 상권 분석이고 후자가 입지 선정이다.

　상권 분석이란 상가가 위치하는 일단의 지역을 말하는 것으로 역세권, 배후단지, 입주 업종 등이 주요 분석 대상이다. 이런 면에서 입지 분석은 그 상권 내에서 내 점포가 소재하는 개별 위치를 기준으로 분석해

나가는 방법을 말한다. 점포의 가시성과 접근성을 중심으로 하여 점포가 있는 위치, 도로와의 관계, 일일 시간대별 점포 앞 통행 인구, 목표가 되는 유동 잠재고객층의 수 등이 입지를 검토하는 재료가 된다.

그러나 토지의 입지론에 있어서는 지역과 입지를 구별하지 않고 혼용해서 쓴다. 거래 대상이 되는 토지가 전국을 대상으로 하다 보니 그러하겠지만 토지도 같은 개념으로 지역과 입지를 구분해서 분석해 보자.

지역은 넓게는 특별시, 광역시, 도로 구분되고 좁게는 읍, 면이나 동, 리나 마을, 아파트단지 등이 될 것이다. 그러나 통상적으로는 행정구역에 따른 자치단체를 기준으로 하게 된다. 예컨대 외지인의 토지거래허가구역 내의 농지나 임야의 구입 허가요건은 토지 소재지 자치단체에서 6개월 이상 주민등록을 하고 거주했는지를 전제로 한다. 토지 및 주택투기지역도 주로 시·군·구 단위로 지정한다.

다음에 입지란 내가 소유하고 있는 혹은 거래 목표로 하는 구체적인 토지의 위치를 보는 것이다. 인접한 토지는 물론 주변 환경, 도로, 땅이 남향인지 북향인지를 따지는 방향 등은 입지 개념이라고 할 수 있다.

토지의 가치를 볼 때 지역과 입지는 모든 검토의 출발점이 된다. 따라서 토지투자를 하고자 한다면 그 지역에 대해 샅샅이 파악하고 있어야 한다. 즉 현재의 땅값은 어느 수준인지, 주민들의 이동 방향은 어떤지, 장래의 개발 계획은 어떤지. 이런 정보를 신속하고 정확하게 입수하기 위해서는 그 지역에 대해 잘 알고 있는 현지인을 통한 정보 습득은 필수다. 이런 면에서 파악해야 할 입지 분석의 대략적인 요소로서는 접근성, 대상 토지의 물리적 현황과 주변 환경 그리고 진입도로가 있는지 없는지와 같은 요소를 들 수 있다.

토지 투자에 있어서 단 하나의 진리가 있다면, 땅의 가치는 입지에 따라 천차만별로 달라진다는 것이다. 도로와의 연결이 불편하고 경사가 있어도 입지가 좋은 땅이 우선이다. 맹지라 할지라도 수도권 토지가 지방의 관리지역 토지보다 비싼 경우가 많다는 것만 봐도 알 수 있다. 물론 투자자가 찾아야 할 땅은 개발 가능한 입지를 말한다.

아직도 싼 토지를 찾는가?

다소 비싸더라도 입지의 우월성을 믿고 투자하는 것이 더 큰 이익을 가져온다는 사실을 잊지 말아야 한다.

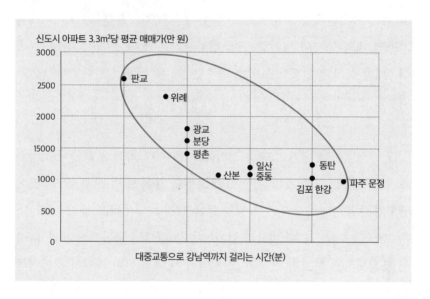

신도시 아파트 3.3m²당 평균 매매가(만 원)

대중교통으로 강남역까지 걸리는 시간(분)

땅값을 움직이는 것은 시간 거리

개발가능지역을 찾는 것보다 더 중요한 것은 시간적 거리이다. 인구가 몰리는 지역, 교통망이 확충되는 지역 등에 대한 가치투자에 주목하고 있다.

직장과의 접근성에 1시간 내지 1시간 30분 내외의 지역들을 선호하고, 지가 역시 높게 형성되어 있는 것을 보면 시간적 거리의 중요성은 더욱 설득력이 있다.

토지를 포함한 대다수의 부동산은 길을 따라 가격 형성이 결정된다. 대도시의 신설될 도로망과 철도, 지하철, 국도, 고속도로 IC 등 주위의 토지 변화를 쉽게 예측할 수 있다.

L씨는 1999년 말 강원도 평창에 5,000만 원을 주고 2,000평의 농지를 매입했으나 2002년까지도 매입하고자 하는 사람이 없어서 팔지도 못하는 애물단지가 되었다. 하지만 그 당시에는 도로도 포장되지 않은 상태였던 그 땅이 도로가 정비되면서 지금은 약 10억 원이 넘는 가격을 형성하고 있다. 예전에는 서울에서 현장 토지까지 가는 시간이 4시간 이상 소요되었는데, 지금은 2시간도 걸리지 않을 정도의 거리가 되었기 때문이다.

수도권뿐만 아니라 2001년 춘천 대구를 잇는 중앙고속도로를 통해 영남권 사람들이 여름이면 강원도 펜션을 이용하고 겨울이면 스키를 타기 위해 찾고, 이제는 수도권에서도 접근성이 좋은 관계로 수많은 사람들이 전원주택을 활용하기도 하는 곳이 되었다.

이런 예를 보더라도 길이 뚫리면 사람이 몰리고 사람이 몰리면 부동산 가격도 상승한다는 것은 어렵지 않게 알 수 있다.

2004년 개통한 고속철도 역시 엄청난 부동산 변화를 몰고 왔다. 예전 같았으면 서울이 아닌 다른 중소도시에 토지를 구입하면 바보 취급을 받기도 했으나 한번 생각해 보자. 10년 전에 오산, 평택, 천안 등의 토지를 구입했다면 아마도 상당한 자산을 형성했을 것이다. 바로 고속철도 (KTX) 때문이다. 서울을 둘러보면 지하철 9호선 연장선은 아직 완전히 개통이 안 된 상태이다. 그러나 이미 지하철 9호선 연장선 역세권 주위로 부동산 가격이 상승 중이다.

경기가 좋지 않은 시기에는 정부는 사회간접시설을 통하여 경제를 살리려고 한다. 사회간접시설 중 대표적인 것이 고속도로나 국도를 확장하는 것에 몰려 있다. 지금이라도 발품을 팔아서 한 번 정도 둘러보면 의외로 좋은 물건을 구입할 수가 있다.

전국에 새로운 고속도로 IC 인근이나 신설된 역세권 주위가 투자 1순위다. 다만 모든 것은 안전한 투자 방법이 최고다.

직주근접과 일자리를 분석하라

부동산시장은 직주근접職住近接에 가장 큰 영향을 받는다. 그만큼 '기업효과'가 뚜렷한 셈이다. 기업들이 일정 권역과 지역에 입주하면 해당 지역은 물론이고 주변지역 부동산 가치를 크게 끌어올리기 때문이다. 특히 소득이 높은 대기업이 입주해 고용과 주변 상권이 활성화 되면 집값과 주변 땅값 상승을 이끌게 된다.

대규모 기업이 들어서면 인구가 늘면서 주변으로 교통이나 학군 등 인프라 확충 또한 빠르게 진행돼 주거 여건이 크게 개선된다. 따라서 기업 입주가 늘고 있는 지역의 토지를 눈여겨볼 필요가 있다. 토지투자에서는 거리보다 시간이 더 중요하다.

부산에 강연할 일이 생기면 서울 송파에 사는 나는 서울 수서로 이동해 SRT를 탄다. SRT를 타고 부산까지는 약 2~3시간. 과거에는 상상도 하지 못했던 일이다. 오전 11시 강연을 앞두고 출발 준비를 해도 넉넉 잡고 오전 8시쯤 출발을 한다.

반면 부산이 아닌 다른 지방을 갈 때는 하루 전날 출발할 때도 있다. 한 번에 가는 교통편이 없거나 소요시간이 오래 걸리는 경우에 해당된다. 부산보다 거리상으로는 서울과 가까울지 몰라도 실제 이동시간은 더 걸리는 셈이다. 실제로 이런 지역의 토지는 쉽사리 가격이 오르지 않는다. KTX, SRT 등 주요 정차 역 주변의 땅값은 2배 이상 크게 올랐다.

실제 시간이 중요한 것은 현장답사를 할 때도 활용된다. 똑같이 직선 거리가 1km 이내라고 홍보를 하더라도 막상 어떤 토지는 구불구불한 도로를 한참이나 달려야 닿을 수 있는가 하면, 또 어떤 토지는 포장이 잘 되어 있어 고생하지 않고 도착하는 곳이 있다. 물론 이런 차이는 땅 값에도 반영이 돼 있다는 점을 고려해야 한다.

만약 고속도로 IC 인근 1km 이내 구불구불한 토지와 3km 이내 4차 선 도로로 이동시간이 적게 드는 곳이 있다고 하자. 그렇다면 어디에 투

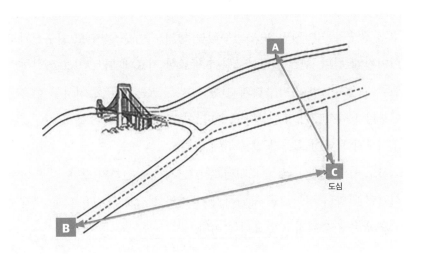

자를 해야 할까? 이미 지어진 IC가 기준이 된다고 한다면 나는 후자를 선택할 것이다. 다만, 개발사업부지 등으로 공사가 한창 진행 중인 경우에는 토지이용계획 등을 먼저 확인해 볼 것이다. 개발사업부지 인근 교통편의성이 어떻게 변화할 것인지를 확인하다 보면 지금은 이동이 불편한 1km 이내 토지지만 도로공사로 인해 달라질 수 있기 때문이다.

이런 변화는 특히, 충남 당진에서 많이 보여 왔다. 시골길이라고 해서 무시했던 토지가 석문국가산업단지 개발로 인해 도로가 정리되면서 땅값이 '확' 뛰어버린 경우 말이다. 무조건적으로 정해진 답은 없지만 주변에 개발이 이루어지고 있다면 추후 얼마나 이동시간이 절약될 수 있을 것인지를 파악해야 하는 이유다.

앞으로의 전망을 들여다 보자면 단연 용인 처인구 쪽도 늘 주시해야 하는 곳에 해당된다. 용인은 최근 몇 년 동안 가파른 개발 속도를 보이고 있다. 무엇보다 반도체 클러스터 유치로 인한 기반시설 조성을 비롯해 서울-세종고속도로, 제2외곽순환선 등 조성에 총력을 기울이고 있기 때문이다.

강원도 지역도 앞으로가 더욱 기대된다. 수서발 SRT가 앞으로 수서~경기 광주와 이어지면 2023년부터는 경기도 여주~강원도 원주선과도 이어지게 된다. 한국교통연구원이 발표한 자료에 따르면 2025년까지 전국 고속화사업이 마무리돼 기존 새마을 또는 무궁화 열차를 이용할 때보다 3~4시간이 감소한다고 한다. 이렇게 이동시간이 짧아지는 것은 토지투자에 있어 호재가 될 수밖에 없다.

지도 서비스에서 '몇 킬로미터'가 되는지를 확인하지 말라. 실제 이동시간이 얼마나 되는지를 확인하자. 우리의 생각보다 길은 더욱 빨라지고 지방은 가까워지고 있으니 말이다.

토지투자와 시간거리 그리고 물리적 거리의 차이

토지투자를 결정할 때 거리는 아주 중요하다. 부동산투자이론을 보면 "길 따라 가격이 움직인다." 라는 내용을 많이 보았을 것이다. 새로운 도로가 개설되면서 접근성이 좋아지고, 그 지역의 땅값이 상승하고, 우리가 생각하지도 않았던 지역에 관심을 많이 가지게 된다.

실측거리가 가까워지면 시간거리도 단축된다. 거리가 가까워짐으로 인해 부동산의 가치가 상승할 수밖에 없다. 우리 주변에서도 흔히 볼 수 있는 경우다. 즉 창원터널이 생기면서 '장유'라는 도시가 창원에서 아주 멀다고 이야기하는 사람들은 거의 없어졌는데, 터널이 생기기 전에 장유로 가려고 하면 시간이 많이 걸렸다. 같은 생활권이라고 할 정도로 창원과 가깝게 연결되었지만 당시에는 장유와 창원을 가깝다고 말하는 사람은 아무도 없었다.

창원과의 실측거리가 가까워지면서 부동산의 가치가 상승한 경우이
다. 접근성이 좋아졌기 때문이다.

하지만 실측거리에 비해 시간거리는 조금 멀다고 느끼는 사람들도
많다. 시간거리로 인해 장유에 집을 알아보다가 포기하는 경우도 많다.
출퇴근 시간에 교통체증으로 인한 시간거리 때문이다. 교통체증 문제
만 완전하게 해결된다면 지금의 가격보다는 높은 가격에 거래가 될 수
있는 부분이다.

실측거리와 시간거리는 쉽게 이해할 수 있는 부분이지만 의식거리에
대해서는 생각을 해보지 않은 사람들도 꽤 있을 것이다. 요즘에는 전원
주택, 주말주택 등에 관심을 가지고 있는 사람들이 많은데, 우리가 생각
하는 전원주택의 경우 도심과의 거리가 어느 정도가 적당한지에 대해
궁금해 하는 이들도 많다.

창원을 예로 들어보자면, 전원주택이라고 했을 때 많은 사람들이 동
읍, 북면 정도를 많이 생각한다. 실제거리도 가깝고, 창원에 직장을 둔
사람의 경우 충분히 출퇴근도 가능하다고 할 수 있다. 우리가 의식하고

있는 부분이 동읍, 북면이면 전원주택을 지어서 이사하고 싶은 생각을 가지기도 한다. 창원시 동읍, 북면이라고 하면 땅값이 비싸다고 느끼고 있는데, 이것은 우리가 의식하고 있는 심리적 거리가 가깝기 때문이다. 행정구역상 같은 지역에 있으므로 가깝다고 의식하고 부동산 가격이 높게 형성된 부분이다.

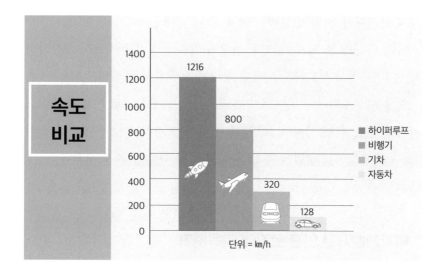

실제로 창원과 연접해 있는 창녕이나 밀양의 경우, 북면의 조금 먼 지역보다 거리가 가까운 곳(시간, 실측거리)이 제법 있다. 하지만 실제 거래되는 가격은 실측거리와 시간거리가 더 가깝고 조건이 더 좋은 밀양, 창녕이 오히려 낮은 가격에 거래가 되는 경우가 많다. 우리가 의식하고 있는 심리적 거리 때문이라고 보면 된다. "북면은 가깝고 밀양, 창녕은 멀다"는 의식이 자리 잡고 있기 때문이다.

무조건 실측거리와 시간거리가 가깝다고 부동산의 가치가 높은 건 아니다. 심리적 거리도 부동산가격에 많은 영향을 미치고 있는 부분이다. 운임거리 부분도 있지만 이 부분은 공장과 유통 부분에 해당되는 부분이라 여기서는 생략한다.

이처럼 부동산에서 거리란 가격에 많은 영향을 미치는 부분이 있다. 내가 직접 이용하는 부동산이라고 해도 가치상승을 기대하고 구입하는 경우가 많은데, 가치상승에서 거리 하나만 하더라도 종합적으로 판단하지 않는다면, 최선의 선택이 될 수 없다.

어떤 토지를 볼 때 실측거리, 시간거리, 의식거리를 반드시 생각하면서 본다면, 평소 생각하지 못했던 장단점을 발견할 수 있다.

지금부터 출퇴근을 하면서, 여행을 하면서, 다른 일로 이동 중에라도 거리 부분을 한번 생각해 보면, 내가 다니는 거리 부분을 이해하게 되고, 다음에 토지를 구입할 때 많은 참고가 될 수 있는 부분이 있다.

택지개발지구 인근 토지에 주목하라

가장 안전한 토지투자 방법은 뭘까? 택지개발지구에 인접한 토지를 사는 것이다. 택지지구는 정부정책에 따라 체계적으로 개발되기 때문에 어느 정도 예측이 가능하다. 따라서 안정적인 투자수익을 얻을 수 있다. 주식시장에서의 블루칩과 비슷하다. 가격이 비싸다는 게 단점이지만 발품을 팔다 보면 값싼 매물도 만날 수 있다.

택지지구가 형성되는 과정에는 많은 투자기회가 있고 손 바뀜도 많이 발생한다. 처음 이주자 택지에 당첨된 원주민이나 LH 실수요자 분양을 통해 당첨된 사람이 가장 좋은 것도 아니고, 택지지구가 형성되는 오랜 기간 동안 상황에 따른 투자 기회와 방법은 계속 변한다. 현재 주변 상황을 잘 분석하고 적절한 타이밍에 투자를 하기 위해서는 신도시가 형성되는 과정과 택지 투자의 전반적인 기회를 아는 것이 중요하다.

택지지구 형성 과정에 따른 투자 기회

택지지구 지정

택지지구가 지정되면 사업주체(LH)는 어떻게 하면 신속한 사업 진행을 위해 기존의 원주민들을 충돌 없이 이주시킬지 보상책에 대해 고심하게 된다. 이런 보상책이 바로 이주자 택지, 협의자 택지, 생활대책 용지이다. 원주민에게는 좋은 위치의 토지를 조성원가의 80% 선에서 저렴하게 공급해 주고, 나머지 토지는 일반인들에게 조성원가의 1.5~2배 가격으로 분양하는 방식으로 기존 거주자에게 혜택을 줌으로써 조속히 이주를 진행시킨다.

딱지거래 (불법)

딱지거래는 불법이다. 하지만 가장 초기에 토지를 살 수 있기 때문에 해당 지역의 투자가치에 대한 확신을 가지고 있는 사람은 등기가 되어 있지 않은 상태의 원주민이 받을 이주자 택지에 대한 권리를 딱지거래라는 방법을 통해 사전에 확보한다.

딱지 투자는 합법적인 내용이 아니므로 이런 방법이 있다는 것을 참고만 하자. 택지지구로 지정이 되면 이주자 택지를 받을 수 있는 조건이 되는 원주민에게 미리 접근해 "돈을 줄 테니 이주자 택지를 받으면 전매를 하겠다"는 계약서를 써달라고 하는데, 이런 방식의 계약을 '이주자 택지 딱지거래'라 한다. 원주민이 말을 바꿔 전매를 해 주지 않는 경우를 대비하기 위해 법무사를 통해 원주민이 살던 주택에 가압류 설정을 하고, 중개는 공인중개사를 통해 진행한다. 딱지거래의 경우 개발 진행이 늦어지면 돈이 장기간 묶일 수 있는 단점이 있고, 어느 땅이 당첨될지 아무도 모르기 때문에 위치에 따라 대박이 될 수도 있고 안 좋은 위치가 걸릴 수도 있다. 주의가 필요하다.

이주자 택지 추첨

이주자 택지를 받을 수 있는 원주민들은 지정된 날짜에 모여 추첨을 하게 된다. 누가 어떤 위치의 택지를 받을지 결정되는 날이다. 이주자 택지는 보통 일반 분양에 비해 좋은 위치의 토지를 주는 편이다.

추첨 방식의 종류

추첨 방식은 크게 인터넷 신청을 통해 접수하고 전산으로 무작위 추첨이 되는 ① 필지 추첨 방식과 지정한 날짜와 장소에 공급 대상자 전원이 참석하여 진행되는 ② 순번 추첨 방식이 있다. 순번 추첨의 경우 시간은 오래 걸리지만 당사자들이 현장에 모여 직접 추첨 과정을 투명하게 보기 때문에 불만이 적은 편이다.

이주자 택지 거래

이주자 택지는 돈이 없어 건축을 하기 어려운 원주민들을 배려하는 차원에서 합법적으로 전매가 1회 가능하다. 투자자는 싼 가격으로 좋은 위치의 택지를 사기 위해 원주민에게 이주자 택지 분양가격 + P(프리미엄)를 주고 토지를 매입한다. 공인중개사를 통해 구입한다.

이주자 택지는 조성원가의 80%에 공급되므로 감정가가 낮아 대출이 적게 나오며, 원주민에게 주어야 하는 프리미엄으로 인해 초기 투자금이 많이 필요하다는 단점이 있다.

LH 일반분양 (실수요자 대상 택지 분양)

LH는 원주민들에게 보상하고 남은 토지를 인터넷을 통해 분양한다. 상업지구 근처, 대로변이나 코너, 공원 근처 등 좋은 위치의 토지는 경쟁이 몰리게 된다.

현재는 특정 지역에 거주하는 사람만 매매할 수 있게 규제가 생겼지만 과거에는 수많은 가족, 친척, 지인들의 명의를 활용해서 당첨 확률을 높이는 투자자들이 많았다. 실제 당첨자들 명단을 보면 20살도 되지 않은 주민등록번호가 상당히 많다.

LH 수의계약 토지

일반인 대상의 분양으로도 팔리지 않는 토지들은 수의계약을 통해 LH공사 홈페이지에서 선착순 분양을 한다. 보통 일반분양 때는 코너나 위치가 좋은 토지로 경쟁이 몰리는 경향이 있는데, 토지 가치에 대한 분석을 제대로 할 수 있다면 수의계약도 좋은 기회가 될 수 있다.

예를 들어, 무작정 코너 토지에 입찰하는 사람과 지구단위지침에 나온 법적 규제와 토지의 형태를 보고 경쟁력 있는 가설계를 할 수 있는 능력이 있다면 남들에게 보이지 않는 토지의 가치를 활용해서 수익을 만들 수 있다. 남들과 다른 차별화된 기획과 설계를 통해 많은 수익을 실현한 사례들은 실전 과정을 통해 자세하게 설명하도록 하겠다.

일반인 토지 매매

LH를 통해 토지를 분양받은 사람은 다른 투자자에게 수익을 붙여서 토지를 판다. 보통 직접 건축을 해서 수익형 건물을 짓는 것이 부담되는 사람들은 토지만 가지고 투자를 하는 경우도 많다.

예를 들어, 내재가치가 충분한 주거전용 택지가 저렴한 가격으로 분양된 경우, 일반인들은 이주자 택지만 좋은 줄 알지만 실제 수익은 주거전용 택지가 높을 수도 있다. LH에게 10% 계약금만 넣은 후 중도금을 계속 연체시키면서 토지의 프리미엄이 오르기를 기다리는 방법이다.

(택지투자 기준 : 누적된 연체이자 < 토지 가치 상승분)

이런 방법은 장기간 돈이 묶이게 될 위험성이 있고, 중도금 회수가 누적될수록 연체 이자가 계속 증가한다. 하지만 현금 여력이 있고 해당 토지의 가치에 대한 확신이 있다면 충분히 할 수 있는 투자다. 프리미엄이 생성되기 시작하면 적은 투자금으로 많은 이득을 볼 수 있다. 예를 들어 다가구주택을 지을 수 있는 4억 원짜리 토지의 프리미엄이 1억 원이 된 경우(1억-연체이자)가 한 필지의 수익이 될 수 있다. 이 경우 4,000만 원을 투자해서 2배 이상의 수익이 가능하고, 실제 과거에는 이런 방법을 활용해서 여러 개의 필지를 동시 투자하는 사람들도 있었다.

직접 건축 또는 건축업자 통매매

토지를 구입한 이후 직접 건축을 하거나 건축업체가 지은 건물을 사는 방식으로 투자할 수 있다. 택지지구도 장기적으로 경쟁력을 갖기 위해서는 차별화된 설계를 통해 지역의 랜드마크를 만드는 것이 중요하다. 장기적인 관점에서 신도시 택지지구도 도심의 상가주택 못지않게 경쟁력 있는 설계가 중요하다.

직접 건축을 하지 않고 건축업자에게 건물을 매입할 때는 반드시 제대로 된 업체인지 확인을 해서 나중에 문제가 생기지 않도록 위험을 제거하는 것이 중요하다. 지어진 건물도 꼼꼼히 점검하고, 수지 분석을 해서 적정한 수익률과 향후 매매 가치가 있는지 확실하게 점검해야 한다. 직영 건축과 건축업자에게 통매를 하는 방법의 장단점과 주의사항은 다음 기회에 자세하게 살펴보도록 하자.

택지투자를 잘 하기 위해서는 전반적인 과정을 이해하고 상황을 분석해서 적절한 매수, 매도 시점의 타이밍을 잡을 수 있는 능력을 키우는 것이 중요하다.

토지 소비의 경향성을 읽어라

줄어들고 있는 대규모 토지개발

과거에는 대규모 토지개발 프로젝트가 많았다. 그래서 대도심 주변에 있는 신도시개발이 진행되면 많은 토지보상 이익을 취할 수 있었다. 산업단지나 철도, 도로 건설을 통해서 주변 토지의 가격이 크게 오르는 모습도 볼 수 있었다. 하지만 이러한 대규모 토지개발 프로젝트는 많이 줄고 있다. 한국은 이미 SOC가 거의 갖춰지고 경제적으로 성숙한 나라가 되었기 때문이다.

공공택지개발은 천문학적인 토지보상이 이루어져 수십억 원에서 수백억 원까지, 하룻밤 사이에 부자가 될 수 있는 방법이었다. 하지만 이미 주택보급률은 100%가 넘어섰고, 2008년 이후로 정부는 공공택지개발에 소극적인 모습을 보이고 있다.

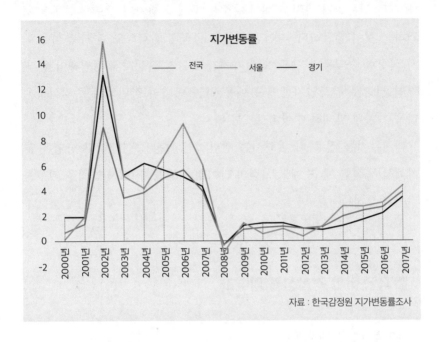

지가변동률

자료 : 한국감정원 지가변동률조사

　과거에는 돈이 있으면 무조건 땅부터 샀다. 토지에 대한 투자 상품이 발달하지 못했던 데다가 국민정서 자체가 땅 많은 사람이 부자라는 의식이 일반적이었기 때문이다. 하지만 이러한 땅 투자가 큰 이익은커녕 돈이 묶이고 애물단지로 전락하는 경우도 상당히 많았던 것 또한 사실이다. 가령 30년 전 충청도에 논밭과 임야를 포함해 1만 평을 샀는데, 사고자 하는 사람도 드물었을 뿐 아니라 팔려고 해도 양도세에 대한 부담 때문에 어려움을 겪을 수밖에 없었다. 증여세도 부담스럽기는 마찬가지였다. 이처럼 40대 무렵에 대박을 노리고 시골에 있는 땅에 투자해 70대가 될 때까지도 팔지 못하고 있는 이들을 정말 많이 보았다. 하지만 시골 땅 1만 평이 아니라 도시 지역의 땅 100평을 샀다면 어땠을까?

아마 사정은 달랐을 것이다.

토지시장에서 가장 큰 변화 중 하나는 투자 중심에서 실수요로 변화하고 있다는 것이다. 과거에는 거의 대부분을 차지하고 있었던 토지투자 수요가 최근에는 20% 정도에 그칠 정도로 비중이 줄었다. 이런 상황에서 시세차익을 노리고 땅에 장기간 돈을 묻어두려고 한다면 곧 투자실패로 이어질 가능성이 높다.

토지는 쉽게 현금화 시킬 수가 없다. 한번 사면 자금이 묶인 채로 오랜 시간을 기다려야 한다. 3년, 5년도 아니고 운이 좋으면 10년이고 운이 나쁘면 20~30년도 기다려야 할 수 있다.

땅을 살 때는 목적이 분명해야 한다. 그 목적은 '투자에 대한 가치 상승뿐만 아니라 토지를 어떻게 이용할 수 있느냐?'에 관한 것이다. 당연히 건물을 지을 수 있는 땅을 사는 게 더욱 이용 가치가 높아 투자가치가 높다. 토지를 사기 전에 토지에 어떠한 건물을 지을 수 있는지 살펴보고 또 그 건물에서 나오는 수익이 어느 정도인지 생각해 보고 구입여부를 결정해도 늦지 않다. 땅을 사고서 10년 혹은 20년, 운이 나쁘면 30년의 긴 시간 동안 수익이 날 때까지 기다려야 하는데, 그 땅이 아무런 수익도 가져오지 못한다면 어떨까? 반면에 그 긴 시간 동안 건물을 지어 임대수익을 올릴 수 있다면 오랫동안 보유하고 있을 만한 동기부여가 된다. 예를 들면 어느 정도 고속도로와 가까운 지역의 토지는 유통과 물류 시스템이 발달하면서 물류창고를 지어 이용하는 경우다. 물류창고는 임대료와 시세차익 모두 얻을 수 있는 방법이다. 또 도시와 가까운 대로에 접한 토지는 토지소유주에게 임대료를 지불하면서 가건물을 지어 할인매장, 패스트푸드점, 커피전문매장 등으로 영업을 하는 경우도 많다.

토지의 소비도 흐름을 탄다

토지도 경기 흐름을 탄다. 일정한 주기를 기다리고 살펴야 한다. 계획 없는 성급한 투자는 자칫하면 평생 모은 은퇴자금을 날려버리는 위험한 투자로 이어질 수도 있다는 뜻이다. 대개는 당장 눈앞에 보이는 일에 관심이 가게 마련이지만 토지투자에서는 10년 앞을 내다보는 혜안이 필요하다.

특히 투자 대상마다 기준과 접근 방법이 달라서 각각 성격에 맞는 투자를 해야 한다. 부동산시장의 사이클 이론에 주의를 기울여야 한다. 흔히 다른 사람의 말만 듣고 투자 대상을 급히 바꾸는 실수를 범하는 경우가 많아서다. 실제로 땅을 사러 갔다가 중개인의 말에 혹해서 상가나 빌딩으로 투자 방향을 바꾸는 사람들도 자주 보았다.

투자 대상을 고를 때 갈팡질팡 하다가 엉뚱한 결심을 하는 것은 시장의 흐름을 읽지 못 하기 때문이다. 따라서 부동산에 투자할 때는 시장 흐름을 타면서 시기, 지역, 상품 등 삼박자 원칙을 꼼꼼히 따져보는 계획적인 접근이 필요하다.

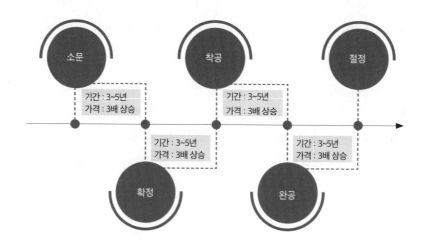

'부동산시장 사이클 이론'
의 삼박자 원칙이라고 할 수
있는 시기, 지역, 상품은 무
엇일까?

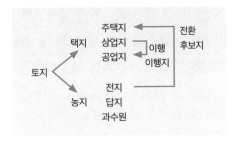

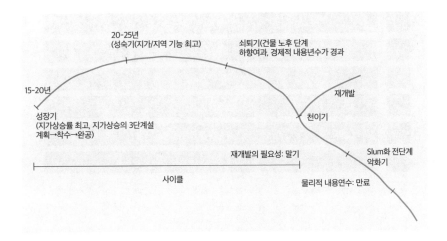

첫 번째, '경기 사이클의 원칙'에 대해 이야기를 해보자.

부동산시장은 일정한 흐름으로 등락을 거듭한다. 대체로 5~6년 상승
하면 4~5년은 하향 안정되는 사이클이 주기적으로 나타난다. 이처럼
과거의 시장흐름을 보고 사고 팔아야 할 시기를 가늠하고 준비하는 게
삼박자 원칙의 첫 번째인 '경기 사이클의 원칙'이다.

두 번째는 '지역 사이클의 원칙'이다.

어느 지역이 신도시로 개발되면 도시가 급속도로 성장하지만 시간이

지날수록 쇠퇴하고 가치가 떨어진다. 하지만 또 다시 개발시점이 찾아 오면 가치상승을 위한 움직임이 분주해진다.

이런 흐름이 주변지역에도 영향을 미쳐 해당지역의 재개발, 재건축 흐름을 파악하는 자세도 삼박자 흐름을 타는 중요한 축이다.

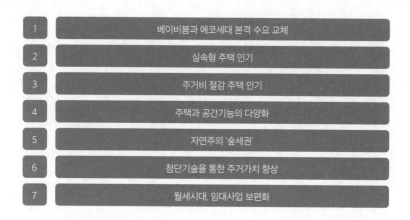

1	베이비붐과 에코세대 본격 수요 교체
2	실속형 주택 인기
3	주거비 절감 주택 인기
4	주택과 공간기능의 다양화
5	자연주의 '숲세권'
6	첨단기술을 통한 주거가치 향상
7	월세시대, 임대사업 보편화

마지막으로 '상품 사이클의 원칙'이다.

우리가 입는 옷이나 신발, 가전제품, 자동차처럼 부동산도 시장흐름 과 유행을 타는 각각의 가치를 품은 상품이라는 것이다. 따라서 상품 사 이클에 맞게 투자하여야 한다.

과거부터 선호되었던 토지 수요 현상을 나열하면 다음과 같다.

카페, 가든 부지 → 모텔 부지 → 펜션 부지 → 세컨하우스 부지 → 캠 핑 야영장 부지 → 마리나(친수구역) 부지, 즉 토지투자에서는 흐름에 맞 는 상품성을 지닌 땅을 선택하는 것이 매우 중요하다.

이제, 앞으로 다가올 '토지 수요 현상'을 짚어 보도록 하자. 이제 과거 처럼 무조건적으로 땅을 사서 대박을 노리는 투자는 매우 비효율적이라는 것을 이해할 수 있을 것이다. 대규모 택지개발, 토지개발사업들이 많이 줄어들었기 때문이다. 그럼에도 불구하고 여전히 토지투자는 매력적이다. 다만 실수요 중심, 즉 임대료를 받을 수 있는 방법까지 고려해 투자를 해야 한다.

건축, 분할, 지번 변화와 같은 개발허가 통계를 보라

토지가치의 상승 여력이 높다는 것은 무엇으로 판단할 수 있을까? 바로 인구와 산업, 건축허가 데이터를 통해 상승 여력이 높은 지역인지를 살펴볼 수 있다. 건축허가 데이터가 왜 유의미한지, 어떻게 확인할 수 있는지 살펴보도록 하겠다.

가치 상승 지역인지 판단해 볼 수 있는 유의미한 데이터는?

"부동산 가격 떨어져도 오를 곳은 오른다." 라는 말을 들어본 적이 있는가? 최근에 부동산 서적, 뉴스 기사 등 다양한 매체를 통해 어렵지 않게 접할 수 있었던 말일 것이다. 특히 최근 부동산시장 양극화 현상이 심각해지면서 더 자주 들었을 것이다.

그렇다면 위 말처럼 인구와 산업이 모이는 가치 상승 여력이 높은 지역, 즉 가치 상승이 예상되는 지역을 미리 알 수 있는 방법은 없을까?

부동산 가치를 예측하는 몇 가지 방법이 있다. 직접 현장을 답사해 부동산의 가치를 판단해 볼 수도 있고, 부동산 관련 뉴스, 부동산 카페, 블

로그, 부동산 서적 등의 정보를 통해 가치가 오를 부동산을 추정해 볼 수도 있다.

하지만 갈수록 정보의 비대칭성이 심화돼 이 또한 신빙성이 있는지 여부를 판단해 봐야 한다. 그럼 보다 객관적인 신뢰할 수 있는 정보를 통해 확인할 수 있는 방법은 없는 걸까? 찾으면 길이 있다고 건축허가 데이터를 통해 부동산 가치를 판단해 볼 수 있다. 건축허가 데이터가 어떻게 부동산 가치를 예측할 수 있는 것일까?

이를 알아보기 전 건축허가가 무엇인지부터 알아보자. 건축허가란 건축행위를 일반적으로 금지시켜 놓고, 금지된 건축행위를 해제하기 위한 요건(허가요건)을 검토하고 확인하여 금지된 건축행위에 대하여 상대적으로 건축할 수 있도록 해 주는 절차다. 다시 말해, 건물을 건축하거나 대수선하려는 자가 허가권자인 도지사 또는 시장, 군수, 구청장으로부터 허가를 받는 것이다.

일정한 요건을 갖추어 신청하면 건축허가를 해 주며, 허가를 득한 날로부터 1년 이내에 공사에 착수하지 않을 땐 허가가 취소되기도 한다. 다만, 건축주의 요청에 따라 허가권자가 정당한 사유가 있다고 인정하면 1년의 범위에서 착수기한을 연장할 수 있다.

건축허가 데이터가 의미하는 바는?

건축물을 짓는다는 건 그만큼 수요가 있다는 것으로 풀이할 수 있다. 건축허가를 받은 지역 중 연면적 규모가 큰 지역은 개발이 많이 되고 있어 실제 개발압력이 높은 곳이라는 의미다.

실수요자가 많다는 건 인구와 산업의 집결지라 볼 수 있으므로 당연히 유동인구도 증가하고 토지의 가치 상승도 가져올 수 있는 곳이다. 이에 따라 건축허가 데이터 추이를 잘 살펴보면 투자유망지역, 요즘 뜨는 핫플레이스를 찾을 수 있다.

건축허가 데이터 확인 방법

건축허가 데이터를 확인하기 위해서는 각 지자체에 문의를 해야 하는 걸까?

요즘은 정보화 시대인 만큼 건축행정시스템 세움터(www.eais.go.kr)에서 쉽게 확인 가능하다. 홈페이지 내 정보센터에서 건축인허가통계, 건축물통계, 맞춤형건축통계 등 다양한 정보를 볼 수 있다.

최근 개발압력 높은 곳은 어디인가?

실제 건축행정시스템 '세움터'의 건축허가 데이터를 통해 2023년 1월부터 5월까지 건축허가가 많이 나고 그 규모도 컸던 지역을 뽑아봤다. 1위는 2,651,835m²가 허가된 화성시가 전국 1위를 차지했다. 2위로 김포시가 2,097,892m²가 허가됐고, 그 뒤를 평택시, 청주시, 용인시가 뒤를 이었다.

이 지역들의 공통점 중 하나는 도시개발사업이 활발히 이뤄지고 있다는 점이다. 도시개발사업은 계획적인 도시개발이 필요한 지역에 주거, 산업, 유통, 정보통신, 생태, 문화, 보건 및 복지 등의 기능이 있는 시가지를 조성하는 사업을 말한다. 한 전문가는 위치나 환경에 따라 차이는 있겠지만, 환경의 변화와 용도의 전환, 교통망 확충 등으로 인구 유입이 활발히 이어져 가격 상승 여력이 크다고 말한다.

개발허가가 활발한 지역을 실제로 가서 확인을 해보게 되면 정말 변화무쌍함을 많이 느끼게 된다. 개발압력이 높고 실수요자가 많다. 당연히 지역이 활성화된다. 실제 개발이 완료되는 시점에 주거·교통·문화 등 다양한 인프라가 형성되며, 인구 유입도 증가해 지역가치 상승을 동반한다. 이러한 핫플레이스를 미리 찾기 위해서는 건축허가 데이터를 주시해서 봐야 하고, 그것이 건축허가 증가 지역을 주목해야 하는 이유다.

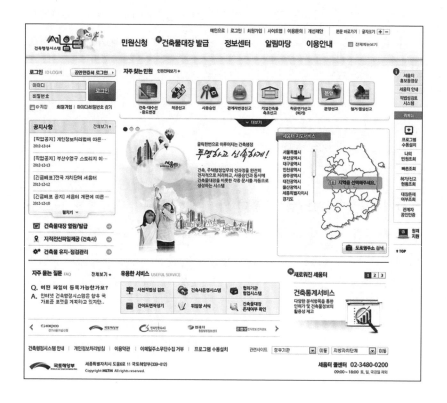

2위 김포시(2,097,892m²)

1위 화성시(2,651,835m²)

5위 용인시(1,098,513m²)

3위 평택시(1,490,748m²)

청주시(1,472,240m²)

올해 건축허가 규모가 큰 지역 살펴보니
활발한 도시개발사업

자료 : 세움터. 2018년 1월~5월 기준

'첨단' '산업' '일자리' '도로나 철도'와 같은 키워드를 유심히 보라

400쪽짜리 '지자체 도시기본계획'을 10쪽짜리로 정리해 만들어 보자. 도시기본계획은 그 도시의 가장 상위계획으로서 '도시기본구상도'에서 토지이용계획은 시가화용지, 시가화예정용지, 보전용지로 구분하고, 시가화용지는 주거용지, 상업용지, 공업용지, 관리용지로 표시한다. 민원 제기를 막고 100% 실행 계획이 잡혀 있는 것은 아니기 때문에 도시기본구상도의 각 용지는 개략적인 범위 및 위치(지번 표시 없음)만을 표시하되, 격자 모양으로도 표시한다.

도시기본계획의 정해진 목차

1. 지역의 특성과 현황
2. 계획의 목표와 지표의 설정(계획의 설정, 방향, 목표, 지표 설정)
3. 공간구조의 설정(개발축 및 녹지축의 설정, 생활권 설정 및 인구 배분)
4. 토지이용계획(토지의 수요예측 및 용도배분)
5. 기반시설(교통, 물류체계, 정보통신, 기타 기반시설계획 등)
6. 도심 및 주거현황(시가지 정비, 주거환경계획 및 정비)
7. 환경의 보전관리
8. 경관 및 미관
9. 공원, 녹지
10. 방재 및 안전
11. 경제, 산업, 사회, 문화의 개발 및 진흥(고용, 산업, 복지 등)
12. 계획의 실행(재정확충 및 재원조달, 단계별 추진전략)

도시의 기본계획을 활용한 실전투자 분석

토지투자 메뉴얼(사례 1 : 2025 당신 도시기본계획)

1. 주요개발축 분석
2. 도시기본구상도 분석
3. 토지이용계획 분석
4. 용도지역 분석
5. 토지적성평가 분석
6. 시가화예정용지 분석
7. 위성사진 분석
8. 해당지자체 주요사업계획 분석

1. 도시기본계획상 도시기본구상
2. 목표연도의 인구계획과 인구증가율
3. 토지이용계획(개발가능지 분석·토지적성평가도·용도별 입지배분계획·관리지역 세분·시가화예정용지 및 시가화용지 확인)
4. 기반시설계획(도로/철도/항만 등 교통망 계획)
5. 경제·산업계획(관광/산업개발계획 및 현황)
6. 재정 및 주요사업계획(연차보고서 = 예산집행 계획 및 현황·해당 지자체 홈피 또는 국토교통부에서 열람)

시가화예정용지 제2종지구단위계획구역이면 위치를 표시하지 않는다. 도시기본구상도와 교통계획도, 공원녹지 구상도를 확인하고 싶으면 도시기본계획은 해당 지자체에서 도시설계 엔지니어링 회사에 용역을 준다.

▶ 대박 키워드 : 첨단, 산업, 핵심, 중심, 공업, 상업, 역세권
▶ 쪽박 키워드 : 문화, 역사, 자연, 환경, 공원, 수변, 녹색

국토이용계획 체계

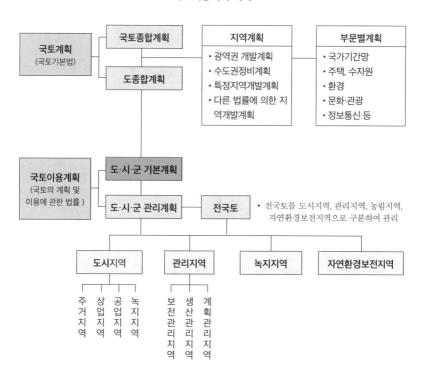

토지적성평가로 미래가치를 선점

인구배분계획과 토지이용계획

시가지 면적 대비 인구만 증가하는 것으로 계획되어 있는 지역은 재개발이나 재건축을 통해 주택 공급을 늘리는 측면으로 이해하여야 하고, 이 지역에 대해서는 다가구, 다세대 등의 지분투자가 유리하다.

토지적성평가 절차

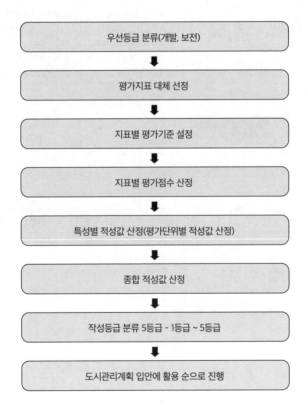

토지적성평가 세분 조건 (1)

4, 5등급지 세분기준 예시

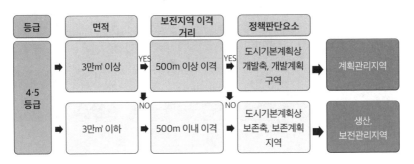

토지적성평가 세분 조건 (2)

① 대상토지의 경사도가 15도 미만은 100점을 주고(수), 15~20도는 60점(미), 20도 초과는 20점(가)으로 분류

② 고도 100m 미만 (수), 150m 초과 시 (가)

③ 토양적성등급 중 농지로 상태가 양호하지 못한 농지를 (수), 양호한 농지를 (가)

④ 도시용지비율이 5% 초과 시 (수), 1% 미만 시 (가)

⑤ 용도전용비율이 1% 초과 시 (수), 0.5% 미만 시 (가)

⑥ 농업진흥지역으로부터의 거리 1km 초과 시 (수), 0.5km 미만 (가)

⑦ 보전지역으로부터의 거리 1.5km 초과 시 (수), 0.5km 미만 (가)

⑧ 기 개발지와의 거리 1km 미만 (수), 3km 초과 시 (가)

⑨ 고속도로 IC 등 공공편익시설과의 거리 1km 미만 (수), 4km 초과 시 (가) 등으로 결정한다.

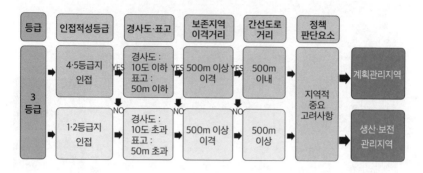

3등급지 세분기준 예시

등급	인접적성등급	경사도·표고	보존지역 이격거리	간선도로 거리	정책 판단요소	
3 등급	4·5등급지 인접	경사도 : 10도 이하 표고 : 50m 이하	500m 이상 이격	500m 이내	지역적 중요 고려사항	계획관리지역
	1·2등급지 인접	경사도 : 10도 초과 표고 : 50m 초과	500m 이상 이격	500m 이상		생산·보전 관리지역

지자체 재정자립도, 세수(지방세, 법인세)를 확인하라

요즘들어 부동산 투자자들의 머리가 복잡하다. 정부의 '오락가락' 정책과 지자체 등이 추진하던 핵심 개발사업 등이 줄줄이 연기되거나 축소되면서 시장이 혼란스럽기 때문이다. 정부의 부동산시장 활성화를 위한 각종 대책이 발표된 이후에도 시장은 끔쩍하지 않고 있는데다 부동산 침체의 덫을 빌미로 서울시와 지자체의 지역개발사업들이 연이어 표류하면서 정부 말만 믿고 투자에 나섰던 수요자들은 '한 대 얻어맞은 기분'이라며 불만을 토로하고 있다.

지방도 지자체들이 야심차게 추진해온 각종 개발사업이 잇따라 차질을 빚으며 혼란에 빠졌다. 총 사업비 수십 조 원 규모인 각종 역세권개발 프로젝트 등이 자금난으로 난항을 겪고 있다. 일부 역세권은 개발 호재로 집값이 단기간에 크게 올랐다가 사업이 표류하기 시작하면서 아파트 호가를 낮춘 급매물들이 속출하고 있다.

지자체가 추진하는 대규모 부동산개발사업도 개발 계획 발표 후 시행 단계에서 제동이 걸려 개발호재가 사라지면서 아파트 예비청약자들과 토지투자자들의 실망감도 커지고 있다.

일부 지자체의 경우 공약 남발로 택지개발에 차질을 빚으며 후폭풍이 예상되고 있고, LH공사가 추진 중인 전국 주요도시 택지개발사업을 추진하는 여러 곳에서 사업성 부족과 경기 침체를 이유로 실시계획 승인이 철회되는 등 시장 혼란이 가중되고 있다.

예전처럼 호재가 많은 지역의 부동산을 사뒀다가 시간이 지나면 무조건 가격이 오르던 시대는 이미 지나갔다. 이제 투자에 나설 때는 정부나 공기업이 추진하는 개발 계획만 믿고 돈을 묻는 건 위험천만하다.

신뢰성 없는 정부정책에 기대하기보다는 예측 가능하고 안전한 부동산에 묻어두는 것이 최선책이다. 투자 나침반 바늘이 왔다 갔다 하는 부동산시장에서는 장밋빛 개발 계획에 기댄 공격적 투자보다 안정적으로 투자수익을 올릴 부동산에 주목해야 한다.

재정 자립도 높은 자치구 주목

투자의 제1원칙은 '안전'이다. 부동산 대세상승기에는 목이 좋은 곳의 중대형 부동산을 선점하면 언제든 자본소득을 기대할 수 있었다.

하지만 거품 빠지는 신호탄이 보이는 미래 부동산시장에서는 무조건 안전을 고려한 투자에 관심을 가져야 한다. 금융상품에서 예·적금과 펀드 등 여러 금융상품을 묶어서 판매하는 복합 금융상품이 뜨고 있듯이 변동성이 큰 부동산시장에서도 안정성과 수익성을 적절히 조합한 상품을 고르는 것이 중요하다.

개발 예정지 내 부동산에 돈을 묻을 때는 재정 자립도가 높은 자치구이거나 정부 차원에서 국책사업으로 진행하는 개발 확정, 고시된 투자처를 골라야 한다.

개발이 쉬운 계획관리지역으로 분류가 기대되는 땅

▶ 개발 예정지로 둘러싸인 3,000여 평 미만의 땅 : 경사도(대략 15도 미만)와 고도가 낮은 임야

▶ 기본 개발지와 거리가 가까운(대략 1~2km 이내) 땅 : 도시용지 전용비율이 높을수록, 개발예정지 인근지역

▶ 고속도로 IC등 공공편의시설(대략 3km 이내)에서 가까운 땅

▶ 경지정리 면적 비율이 낮은(대략 10% 미만) 논밭

▶ 농업진흥지역에서 멀수록, 항공방제가 어려운 소규모 관리지역 농지

▶ 들쭉날쭉한 모양의 개발예정지와 붙은 농지, 임야

▶ 취락지구

개발이 까다로운 생산·보전 관리지역으로 분류

▶ 보전지역으로 둘러싸인 3,000평 미만 땅

▶ 국가하천, 지방 1급 하천변에서 500m 이내인 땅

▶ 상수원보호구역에서 1km 이내인 집수구역

▶ 면적 30만 ㎢ 이상 농업용 저수지에서 500m 이내인 집수구역

▶ 경지정리가 잘된 지역과 가까운 논밭

▶ 그린벨트 등 공적 규제지역

▶ 상습침수 등 재해 발생 가능성이 큰 땅

▶ 경지정리가 잘된 지역과 가까운 논밭

재정 자립도 높은 지자체는 지방세 등 주 수입원이 높아 개발사업 진척이 순조롭게 이루어지지만 자립도가 낮으면 정부지원에 의존해 자치구 사업을 추진하는 데 어려움을 겪어 계획이 무산되기 쉽다.

자립도가 높은 지역은 토지와 집값이 완만하게 상승하고 부자나 기업의 수요가 많아 투자 장점이 상승한다.

첨단산업의 변화와 주변지역의 토지 수요

용인특례시 반도체 밸류체인

용인특례시는 특화단지 선정으로 '용인 L자형 반도체 벨트'를 3개의 중심기지(단지)로 나눠 메모리와 파운드리, R&D, 소재·부품·장비기업(소부장) 등 반도체 전 분야를 아우르는 밸류체인Value chain 모델로 만들어 나간다는 구상이다.

3개 단지는 △이동·남사 첨단 시스템 반도체 국가산단 중심의 '시스템반도체 국가 선도기지' △원삼면 용인 반도체 클러스터 중심의 '반도체 국가첨단전략산업 전진기지' △삼성전자 미래연구단지 중심의 '핵심연구기지' 등이다.

시는 이동·남사 첨단 시스템 반도체 국가산단을 '시스템 반도체 국가 선도기지'로 내세울 전략이다. 여기에는 삼성전자가 300조 원을 투자해 2042년까지 반도체 제조공장(Fab) 5개를 세우고 국내·외소부장 기업과 팹리스(설계) 기업 등 150여 곳이 입주한다. 이를 위해 총 562조 원

민간투자 지원이 이뤄지고 세계최대 반도체 거점 육성이 가능해지며 천지개벽할 대변혁 기대되고, 인구와 인프라 스트럭처가 증가하며 따라서 소득증대 등 성장지표가 갖춰진다.

최근 5년간 경기도 내 재정 자립도 상위 5개 도시

2018		2019		2020		2021		2022		2023	
도시	재정 자립도	도시	재정 자립도	도시	재정 자립도	도시	재정 자립도	도시	재정 자립도	도시	재정 자립도
화성시	60.1	화성시	68.9	화성시	66.3	화성시	58.5	화성시	62.2	화성시	61.1
성남시	59.2	성남시	58.1	성남시	60.5	성남시	58.4	성남시	58.6	성남시	59.6
용인시	55.5	용인시	55.6	용인시	50.2	용인시	48.7	용인시	48.7	용인시	51.1
이천시	51.4	이천시	53.0	이천시	45.9	이천시	47.3	이천시	47.6	이천시	47.9
수원시	49.3	수원시	48.1	수원시	45.7	수원시	44.8	수원시	44.6	수원시	46.0

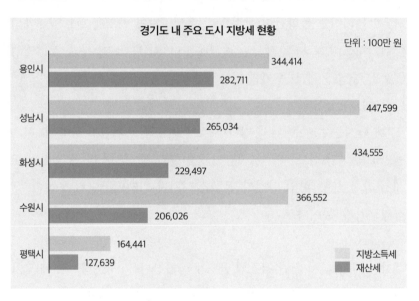

경기도 내 주요 도시 지방세 현황

단위 : 100만 원

용인시 344,414 / 282,711
성남시 447,599 / 265,034
화성시 434,555 / 229,497
수원시 366,552 / 206,026
평택시 164,441 / 127,639

지방소득세
재산세

그러나 5~10년 후 시장을 예측하는 중장기 지표인 인구, 소득, 수급, 금리, 유동성, 정책, 심리, 해외 부동산 동향, 환율 등은 여전히 변동성과 불확실성이 높다는 점도 변수로 작용한다는 점을 명심하자.

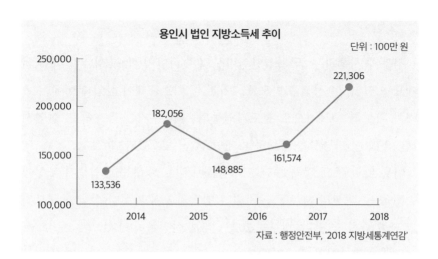

용인시 법인 지방소득세 추이

단위 : 100만 원

250,000

200,000

150,000

100,000

133,536
182,056
148,885
161,574
221,306

2014　　2015　　2016　　2017　　2018

자료 : 행정안전부, '2018 지방세통계연감'

국가첨단전략산업 특화단지를 활성화하려면?

필자는 국가가 주도하는 산업정책의 측면에서 우리나라 국토 구조의 패러다임을 만든 대표적인 대통령으로 박정희 대통령과 노무현 대통령을 꼽는다. 박정희 대통령이 1960년대 국가주도형 수출산업화를 추진하면서 성장축인 경부축을 만들었다면, 노무현 대통령은 2000년대 초반, 비수도권 중심의 지역산업 정책을 추진하면서 국가균형발전에 초점을 둔 분배축을 만들었다.

이와 같은 산업정책은 1960년대부터 현재까지 약 60년 이상을 존속해 왔고, 그 결과 우리나라는 산업 전체 부가가치에서 제조업이 차지하는 비율이 약 30%에 달하는, 강한 제조업 경쟁력을 보유하고 있다. 이러한 유산은 새로운 정부가 출범하면서 국가적 차원에서 첨단전략산업의 지역 거점 선정으로 이어지게 되었다.

정부가 시행하는 '국가첨단전략산업 특화단지(이하 특화단지) 사업'의 개요는 먼저, 이 정책은 반도체, 2차전지, 디스플레이 산업 분야에서 초격차 확보를 주목적으로 선도기업들의 신규 투자를 유도하고, 산업생태계의 발전 가능성을 확보하는 데 초점을 두고 있다.

이를 위한 주요 정책 수단은 기업들이 필요로 하는 산업부지 조성에 초점을 둔 혁신의 하부구조 지원과 첨단기술에 기초한 산학연 네트워크 구축을 들 수 있다. 정부는 2023년 3개 산업분야(반도체, 2차전지, 디스플레이)에서 총 7개의 첨단전략산업 거점을 지정하면서, 2042년까지 정부 지원의 근간을 마련했다.

결과만 놓고 보자면, 박정희 대통령 시절에는 서울과 경상권을 중심으로 산업 선별 정책을, 노무현 대통령은 비수도권을 중심으로 산업 선별 정책을, 윤석열 정부는 대기업의 손길이 닿는 지역을 중심으로 산업 선별 정책을 시행해 오고 있는 셈이다. 이제 이 정책의 성공적 정착을 위한 고려사항을 첨단산업 지역이 지닌 생물적 본능 차원에서 제시해 보고자 한다.

글로컬 가치사슬 경쟁력의 침식 방지를 위한 노력 필요

산업은 글로컬Glocal 시장을 겨냥하면서 경쟁력을 확보해 가지만, 그 활동은 철저히 특정 지역을 중심으로 거점을 구축하면서 이루어지는

'장소적·영역적' 속성을 지니고 있다. 그러므로 산업의 글로벌 경쟁력은 해당 기업들이 입지하는 로컬 경쟁력과 밀접한 연관성을 지니는 글로컬 가치사슬 전략과 관련이 있다.

이러한 측면에서 본다면, 정부의 국가첨단전략산업 지원 정책은 해외에도 투자 거점을 둔 국내 대기업들의 모국 투자 활성화를 유도하면서 산업 영토의 경쟁력을 확보해 나가는 글로컬 가치사슬 경쟁력 확보 정책에 해당한다.

이와 같은 정책의 대표 사례로 미국, 일본, 독일 등에서 활성화되고 있는 리쇼어링, 온쇼어링 정책 등을 들 수 있다. 필자는 이와 같은 정책의 활성화는 전염병, 전쟁, 산업 발전에 내재된 정치적 긴장 관계 형성 등으로 인해 산업입지를 지정학적 차원에서 재배치하려는 기업과 정부의 전략적 판단에 기인한 것으로 보고 있다.

이러한 맥락에서 볼 때, 이 정책의 성공 여부는 '특화단지'로 선정된 지역들이 이와 같은 지정학적 환경에서 어떻게 그리고 얼마만큼 산업의 글로컬 경쟁력을 지속적으로 고도화시킬 수 있는가에 달려 있다. 세계적으로나 우리나라의 경험에 있어서 대기업과 지역 간 상호작용에 대한 성공과 실패 사례는 부지기수이다.

그러므로 반도체 산업의 특화단지들이 위치한 수도권이 예상대로 성공할 것인가, 아니면 이차전지 및 디스플레이 산업의 특화단지들이 입지한 비수도권 지역들이 이 정책으로 약진할 수 있을 것인가도 매우 중요한 성과 점검 영역에 해당한다.

이 정책은 공간 단위가 국가이면서, 동시에 균형발전 요소를 고려한 지역을 겨냥하는, 성장과 분배의 두 마리 토끼를 쫓고 있다. 즉 박정희 패러다임과 노무현 패러다임의 조화다.

이러한 정책 추진의 속성으로 인해서 해당 지자체들이 이 사업에 광적으로 도전한 것도 사실이다. 그러므로 정부는 첨단산업 발전이라는 목적을 달성하기 위해서 현재의 정책이 '정치적 속성'에 기인한 업적주의적 정책으로 변질되어 글로컬 경쟁력을 침식하는 것을 막아야 한다.

세계 최대 '반도체 메가 클러스터'
정부 구상안 (~2042년)

팹리스 밸리

시스템반도체 국가산단
(후보지선정)

판교

기흥

용인
(남사읍 인근)

이천

화성

710㎡
(215만 평)

평택

기존 반도체 생산단지

용인 'L자형' 반도체벨트의 중심축을 잇는
용인 반도체 첨단전략산업 특화단지 조성

경기용인
플랫폼
시티

반도체 R&D 기술자립 클러스터
반도체 첨단기술 후방단지

삼성전자
미래연구
단지

미래 반도체 복합 연구 허브
차세대 첨단 반도체 기술 핵심 연구 기지

반도체 선도기업·소부장 혁신 생태계
반도체 국가첨단전략산업 전진기지

용인
반도채
클러스터

정부가 유의해야 할 점은 우리나라의 경우 대규모 국책사업들이 시행 단계의 초심과는 달리 집행 단계에서는 방관만 하면서 방치된 경우가 더러 있으며, 나중에는 중앙정부도, 지자체도 손을 쓸 수 없는 상태로 20년 이상 방치된 사업들이 존재한다는 점이다. 이는 잘못된 관행으로 인해서 첨단산업 지역이 지닌 생물적 본능이 침식당할 수 있음을 의미한다.

경기도 용인, 평택 지역

민간투자 금액이 무려 562조 원으로 앞으로의 경기도 권역 토지투자 방향의 큰 그림은 용인과 평택 지역이다.

정부가 신경을 써야 할 대상은 대기업의 존재와 지자체의 의지도 있으나 다른 지역에 비해 산업의 역사 및 경쟁력, 정치력 등의 한계로 인해서 국가첨단전략산업 특화단지로 선정되지 못한 지역들이다.

산업은 하나의 지역에서만 성장한다고 글로벌 승자가 되는 것이 아니다. 산업은 공동체를 중심으로 새로운 성장 요소를 포섭하고, 육성하면서 거대한 체계를 이루어 나간다. 특화단지 사업이 국가적 차원에서 '새로운 첨단산업 공동체 형성'의 계기가 되어야 한다는 것이다.

하지만 정부는 이 특화단지 사업의 시간적 범위가 약 20년 후인 2042년까지이며, 첨단산업 제품의 수명주기는 전통 산업에 비해 상대적으로 짧고, 요동칠 수 있다는 점을 고려해야 한다. 그러므로 '실패 누적 산업'인 첨단산업의 속성을 고려할 때, 정부는 첨단산업 분야의 성장 잠재력을 지닌 지역과 기업에 대한 정책적 포섭력을 갖출 필요가 있으며, 선정되지 못한 지역에 대해서도 발전의 기회를 부여할 필요가 있다.

지역은 생물이다. 첨단산업의 영역에서 지역은 생물적 본능이 극에 달하며, 조그마한 변화에도 매우 민감하게 반응한다. 그러므로 20년이라는 장시간 동안 실패를 두려워하고, 획일화된 접근으로는 첨단산업과 지역을 발전시키기에 한계를 지닐 수밖에 없다.

잘 만들어진 비도시지역 FS(Feasibility) 리포트 분석

　토지투자를 하는 경우 순수한 차익만을 원하는 경우가 있는가 하면, 토지를 개발해 수익을 창출하려는 이들도 적지 않다. 그러나 입지환경을 고려하지 않은 개발은 오히려 손해를 볼 수 있다. 환경에 따른 토지개발 방법은 무엇이 있는지 알아보도록 하자.

1. 산업단지 인근에는 원룸 등 소형 주거지 개발

　산업단지 인근에는 근로자들의 숙소 등이 필요하기 마련이다. 예를 들어 평택, 당진과 같은 대형 산업단지는 조성할 때부터 택지지구 등이 함께 만들어지지만 가족단위로 움직이지 않은 근로자들도 존재하기 때문에 원룸 등의 소규모 주거단지가 인기가 많다.

　따라서 대형 산업단지 인근에 토지투자를 진행한다면 원룸 등 임대사업에 적합한 개발을 진행하는 것을 추천한다.

2. 자연환경과 관광지, 휴양지로 유명한 곳에는 펜션 및 전원주택 등을 개발

　이들 지역은 휴양과 전원생활을 즐기려는 사람들이 많다. 예를 들어 강원도가 이에 해당이 되는데, 여름에는 수상레저, 겨울에는 스키 등으로 계절적인 시기를 타는 수요를 대상으로 하는 펜션이나 숙박업소 개발도 잘 어울린다.

　여기서 잘 알아두어야 할 것은 교통편이다. 대부분 자동차를 이용하는 사람들이 많지만 찾아가기 힘든 곳 혹은 숙소에서 관광지 등이 너무 먼 곳은 인기가 떨어지기 마련이다. 또 전원생활 역시 전철 등을 이용해 서울로 바로 이동할 수 있는 곳에 투자하는 것이 좋다. 단 이런 곳은 다른 부동산에 비하여 수익성이나 환금성이 불리할 수도 있다는 점을 기억해야 한다.

3. 철도, 도로, IC 등이 가까운 곳에는 창고 및 공장부지로 활용

이천과 여주 일대에 성남-여주 복선전철이 만들어진다는 것은 알 만한 사람들은 다 알고 있던 사실이다. 실제로 이천시에는 하이닉스와 OB맥주 등의 대형 산업단지가 위치해 있고, 여주에는 대형 아웃렛과 물류센터 등이 위치하고 있다.

이들을 눈여겨 본 사람들은 일찌감치 이들 지역에 창고와 공장부지로 활용할 토지를 구입하여 임대를 주고 있다. 이런 창고 및 공장부지로 활용되는 토지들은 건물 등을 세우는 것보다 개발비가 적게 들어 입지분석만 제대로 해낼 수 있다면 수익성 또한 높다고 볼 수 있다.

토지는 순수한 토지의 형태일 때보다 개발했을 때 가치가 생기는 편이다.

그동안 많은 책과 강의에서 나는 어떻게 하면 가치 있는 토지를 만날수 있는지에 대해서 설명해 왔다. 그리고 긴 시간이 흐른 뒤 깨달은 게있다면 어쩌면 토지가 우리의 인생을 바꾸는 것이 아니라, 우리가 토지의 팔자를 바꾸는 것일지도 모르겠다는 사실이다.

FS(Feasibility) 리포트 분석 사례

반도체 클러스터 조성으로 인한 직주근접 고용효과 분석

반도체 클러스터의 조성으로 고소득 SK 직원들이 거주하는 지역의 토지, 주택가격, 상가에는 많은 영향을 준다. 용인시는 법인소득세, 재산세, 도로개설, 직원들의 소비 등으로 영향을 받는다. 용인시 및 주변 땅값 상승으로 주택, 상가, 건물들도 비슷하게 움직인다.

FS (Feasibility Study 리포트) 분석

자료 : 코랜드연구소

토지투자 분석 시뮬레이션(FS리포트)		
1. 토지이용계획 점검 • 지번 • 지목 • 면적 • 용도지역	2. 입지분석 • 토지허가지역 유무 • 지형과 지세 • 지질과 토양 • 지역 사이클 • 도로현황	3. 투자비용 • 투자 형태 • 평당 가격 • 공시지가 • 취득 비용 • CG(자본이득)
4. 투자이익 • 연평균 상승률 • 추가상승 가능률 • 적용상승안 • 하락가능안 • 현재 시세 • 적용가	5. 경제적 분석 • 상승요인이 충분한가? • 시기별 상승률은? • 유리한 투자시기는? • 불리한 투자시기는? • 여러 요인상 변수는? • 개발 적정성과 지가 반영률	6. 기타사항 • 함몰, 붕괴 여부 • 매장물 분담 여부 • 하천 범람 • 각종 부담물 • 지상 건축물 • 법정지상권 유무 • 농작물 • 분묘 • 상린권
7. 분석 의견 • 공법상 분석 • 입지분석 • 권리분석 • 각종 규제 해제 여부 • 투자유치권 향방 • 지역거시적 발전 여부 • 투자수익률 • 규제 & 제한 • 자유 거래 및 탄력적 거래	▶분석내용 ① 현장답사(1~2회) ② 분석 시뮬레이션 작업 - 공부 열람/ 개발계획 도면 수집/가격정보 수집/매각 비교 사례 수집 ③ 컨설팅 리포트 제작	

땅값이 상승하면 토지를 매도하고 주택을 구입하는 사람도 증가하고

빌라, 주택을 건설하여 분양하는 사람도 생기게 된다.

부동산은 한쪽이 상승하면 다른 반대편도 같이 움직인다. 강남의 토지, 건물, 주택가격이 모두 비싼 것과 마찬가지다.

전국 상가수익률이 가장 낮은 지역이 강남이다. 강남의 부동산이 비싼 이유는 주변 거주민들의 소득이 높고 주변 다른 보유 부동산이 비싸고 거래가 잘되기 때문이다.

벌써 용인시 땅값이 40% 이상 상승했다고 한다. 평택 고덕 주변도 땅값이 상승하면서 평택 삼성반도체 직원들이 거주하는 지역 주택가격이 상승했다.

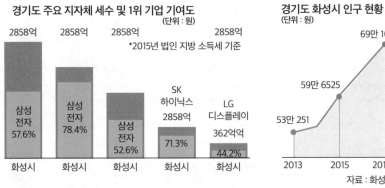

경기도 주요 지자체 세수 및 1위 기업 기여도
(단위 : 원)
*2015년 법인 지방 소득세 기준

- 삼성전자 57.6% / 화성시 (2858억)
- 삼성전자 78.4% / 화성시 (2858억)
- 삼성전자 52.6% / 화성시 (2858억)
- SK 하이닉스 71.3% / 화성시 (2858억)
- LG 디스플레이 44.2% / 화성시 (362억원)

경기도 화성시 인구 현황
(단위 : 원)
- 2013 : 53만 251
- 2015 : 59만 6525
- 2017년 : 69만 1086

자료 : 화성시

지역별 법인지방소득세 희비교차 (단위 : 억 원)		2017	2018	2019
	화성 (삼성전자)	2274	4114	4651
	이천 (SK하이닉스, 현대엘리베이터)	681	2214	3578
	수원 (삼성전자)	1347	2961	3553
	용인 (삼성전자)	1347	2034	2614
	청주 (SK하이닉스)	912	1620	2518
	평택 (삼성전자, LG전자)	668	1154	1517

경기 남부권

기존 평택 고덕 메모리 삼성반도체 공장과 더불어 최근에 발표된 용인 처인구의 남사이동 시스템 삼성반도체 클러스터와 이미 기반공사가 한창인 용인 원삼 SK반도체의 쌍끌이로 주변지역을 지속적으로 상승시키고 있다.

기존 평택 고덕 삼성반도체 공장과 면적, 크기, 직원도 비슷할 것으로 보이고, 거기에 수원 삼성전자 본사, 화성, 기흥, 이천의 반도체공장이 존재하니 전 세계 최고의 반도체 산업벨트라고 할 수 있다.

평균연봉 1억 원 이상의 삼성전자반도체, SK하이닉스반도체 직원만 7~8만 명이 될 것이며, 주변 협력업체까지 포함하면 10만 명이 넘어간다. 삼성전자, 전기, SDS, 현대자동차, 모비스, 직원까지 합하면 2배 이상이다. 매출은 판교 테크노밸리의 6배 이상, 연봉도 2배 이상인 최고 기업들이다.

첨단 자족기능을 유심히 살펴보라

입지를 분석할 때 가장 중요한 요소는 바로 사람이다. 토지는 사람이 많이 거주하거나 거쳐 갈 때 가치를 지니는데, 사람이 모이기 어렵다면 당연히 지가는 오르지 않는다. 만약 교통 기반시설은 충분한 데 비해 유동인구가 적다면 그 이유가 무엇인지 파악해야 한다.

삼성 혹은 LG 등과 같은 대기업이 입주해 있는 산업단지 지역의 집값과 땅값이 오르는 까닭은 해당 기업에 근무하는 직원들이 근처에 삶의 터전을 잡기 때문이다. 거주할 집이 필요해지면 주거단지 근처에는 은행, 마트, 음식점, 문화시설 등 각종 편의시설이 필요해지기 마련이고 이 때문에 토지를 사용하는 수요가 늘어나고 지가가 오르게 되는 것이다.

세종시를 예로 들자면 행정복합도시로 각종 정부 주요 부서가 이동하면서 크게 지가가 오른 곳이다. 환경부, 국토부 등과 같은 주요 부서가 이동하면서 고위급 공무원들과 젊은이들이 한순간에 유입되고, 이와 동시에 가족들도 함께 세종시로 이동하는 가족 단위의 유입 인구가 많아졌다.

초·중·고등학교에서부터 대학교, 그리고 다양한 세대를 수용할 수 있는 편의시설들이 우후죽순처럼 늘어나게 됐고 인구가 늘어남에 따라 교통 기반시설을 더욱 확충했다. 활발한 부동산 거래가 이루어지고 이를 통해 많은 개발이 진행됐다. 지가가 상승하는 건전한 이유가 모두 모인 곳이라고 볼 수 있다.

다른 예를 들어 평택 고덕국제신도시를 들여다 보자. 삼성반도체공장, LG진위산업단지 등 크고 작은 일자리가 많았고, 또 늘어날 예정이었으며 교통시설 역시 서울과 가깝고 지제역 개발로 더욱 접근성이 좋아지게 됐다. 하지만 이상하게도 아파트는 미분양에 역세권 개발은 축소되고 부동산 거래가 불황세를 띠었다. 왜 그랬을까?

그 이유는 일자리의 차이였다. 평택 고덕국제신도시 부근은 일용직 근로자들이 많아 터전을 잡고 사는 것보다는 통근버스를 이용해 출퇴근을 하거나 잠깐 원룸에서 주거를 해결하는 근로자들이 많았다. 근로 인구는 잠깐이나마 움직이지만, 세종시와 같이 출생 인구가 많지 않았기 때문에 이런 결과를 낳은 것이다. 이처럼 유입되는 인구의 연령 및 소득, 일자리 등의 차이로 거주지 규모와 수요, 주거 특성 등이 달라지므로 투자 이전에 반드시 파악해야 할 문제 중 하나다.

용인 플랫폼시티 첨단 자족기능 예시

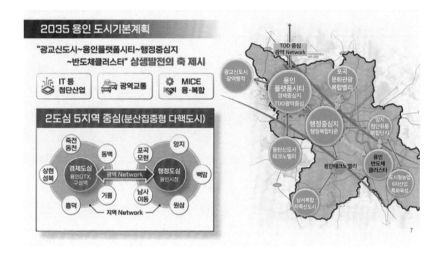

땅을 사는 이유가
바뀌고 있다

'5도 2촌' 세컨드 하우스

"멀티 해비테이션Multi-Habitation 시대가 열렸다. 세컨드 하우스가 뜬다."

대기업에 다니는 A씨는 올해 초 은퇴 준비와 전원생활을 하고 싶은 마음에 용인 동백지구에 전원주택을 짓고 평일은 서울에서, 주말은 용인에서 전원생활을 해오고 있다. 최근에는 용인에서 보내는 시간이 더 많아질 정도로 전원생활이 마음에 든다.

수도권 전원주택, 주말농장, 타운하우스 등 세컨드 하우스가 부동산 침체기에도 불구하고 수요자들의 꾸준한 관심을 받고 있다. 웰빙을 추구하는 수요자들이 증가하면서, 삶의 질을 높이고자 하는 생활 패턴의 변화가 일어나고 있기 때문이다.

세컨드 하우스 수요는 일반 주택 수요와 달리 고정 수요가 많아 주택

시장 불황기에도 수요가 꾸준하다. 특히 세컨드 하우스가 거주와 투자, 두 마리 토끼를 잡을 수 있는 상품으로 부상하고 있다.

베이비부머 세대의 은퇴도 세컨드 하우스 시장에 영향을 미치고 있다. 부동산업계에서는 올해부터 서울에 거주하는 베이비부머 144만 6,059명이 본격적으로 은퇴를 시작해 수도권 전원주택, 타운하우스, 세컨드 하우스를 찾는 수요가 증가할 것을 전망하고 있다. 이들 세대 중 일정 수요는 삭막한 도시를 떠나 자연과 어우러진 삶을 위해 전원주택, 타운하우스 등을 찾을 것으로 전망된다.

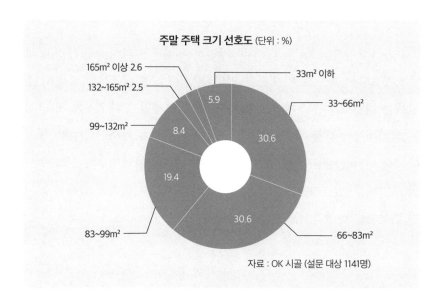

주말 주택 크기 선호도 (단위 : %)

- 165m² 이상 2.6
- 132~165m² 2.5
- 99~132m²
- 33m² 이하 5.9
- 33~66m² 30.6
- 8.4
- 19.4
- 66~83m² 30.6
- 83~99m²

자료 : OK 시골 (설문 대상 1141명)

베이비부머를 잡아라

대기업이나 중견업체들이 은퇴를 앞둔 베이비부머를 잡기 위해 발

빠르게 움직이고 있다. 실제로 한 기업에서 베이비부머를 대상으로 전원주택을 저가에 공급할 계획인데, 이 회사 측은 기존 전원주택가격보다 저가로 공급하고 상품을 브랜드화 해 효과적으로 시장에 선보이기 위해 준비하고 있다. 최근 베이비부머 세대가 은퇴를 시작하고 있어 앞으로 도시를 벗어나 자연과 더불어 살고 싶어 하는 수요가 증가할 것으로 예상돼 대기업에서도 이들을 위한 전원주택 상품 개발에 힘쓰고 있다.

투자 틈새상품으로 부상

부동산경기 침체가 장기간 이어지면서 투자자들 사이에서 세컨드 하우스가 틈새상품으로 떠오르고 있다. 평일에는 도시에서 머물면서 주말에는 세컨드 하우스에서 보내기도 하지만, 세컨드 하우스가 비어 있는 시간에는 임대를 하기도 한다. 세컨드 하우스가 거주와 임대를 동시에 충족시키는 상품이 됐다. 업계 관계자는 "수요자들이 세컨드 하우스를 구입해, 주말농장으로 쓰거나, 비어 있을 때는 저렴하게 임대를 놓거나 펜션처럼 운영하기도 한다고 말했다.

세컨드 하우스 가치는?

▶ 도시에 비해 주거 비용이 적게 들어 노후생활비를 절약
▶ 임대를 통해 수익형 부동산으로 활용
▶ 교통 발달에 따른 시간, 거리의 단축, 은퇴인구의 증가. 주거만족도를 중시하는 변화에 따라 세컨드 하우스에 대한 관심이 늘어날 전망이다.

부동산시장이 과거와 같은 급격한 상승은 기대하기 힘들어지면서 대체투자처로 세컨드 하우스가 될 가능성도 높아졌다. 주택시장이 좋아지더라도 적은 수익으로 투자자들의 실망감이 커지면서 대체 투자처로 전원주택, 타운하우스가 될 가능성이 있기 때문이다. 거주와 임대를 동시에 할 수 있는 전원주택, 타운하우스 등과 같은 세컨드 하우스에 대한 기대감이 커질 것이다.

저렴한 토지 선점 필요

세컨드 하우스에 관심을 가지고 있는 수요자라면, 시장에서 크게 주목받지 못할 때 좋은 입지의 토지이나 전원주택을 저렴하게 선점하는 것도 투자 노하우다. 지금은 세컨드 하우스의 개념이 대중화되지 않아 저렴하면서 좋은 토지들을 쉽게 찾아볼 수 있기 때문이다.

향후 부동산시장은 수요자들이 자연과의 융화를 중요시 하면서 쾌적한 생활 환경을 갖춘 수도권 전원주택이나 타운하우스에 대한 선호도가 높아질 것이다. 과거와 같이 전원주택, 타운하우스 부지가 터무니없이 비싸지 않고, 가격이 현실화 되고 있어 저가의 상품을 노리는 것도 방법이다.

저렴한 토지를 매입해 향후 지가 상승을 노리는 것도 투자로 고려해 볼 만하다. 또한 과세 환경 변화로 별장 중과세 제도가 더 이상 입법 목적 타당성이 유지되기 어려워 검토가 필요하다.

현 〈지방세법〉상 별장은 주거용 건축물로서 상시 사용하지 아니하고 휴양·피서·놀이 등의 용도로 사용하는 건축물과 그 부속 토지를 말한다. 공동주택인 아파트를 포함해 오피스텔과 콘도미니엄도 별장의 요건을 충족하면 사치성 재산으로 중과세하고 있다.

하지만 국민소득 증가로 삶의 질을 높이고자 하는 웰빙 욕구가 전원 생활과 같이 자연 속에서 여가를 즐기는 방식으로 표출되면서 별장에 대한 인식이 긍정적으로 바뀌었다. 과거에는 별장을 소유하는 것이 소수만 누리는 특권으로 여겨져 사치재로 생각했지만, 현대사회에서 별장은 여가를 즐기는 수단 중 하나인 '세컨드 하우스'이다.

5일은 도시에서, 2일은 시골에서 사는 '5도 2촌' 생활 방식이 인기를 끌며 주말주택으로 사용될 농어촌주택이 주목을 받았다. 요건을 충족하면 1가구 2주택자도 양도소득세 중과를 적용받지 않는 데다 〈종합부동산세〉 산정 시 주택 수에서 빠진다는 장점 때문이다.

세컨드하우스의 유형별 장·단점

구분	장점	단점
레저용 아파트	높은 환금성	성수기 관광객 관리
풀빌라	희소성	높은 분양 가격
테라스하우스	쾌적한 주거 환경	낮은 환금성
이동식주택	저렴한 가격	복잡한 행정 절차

농어촌주택은 농어촌 지역과 준농어촌 지역에 위치한 건물로, 장기간 주거생활을 할 수 있는 건축물을 의미한다. 농어촌주택으로 인정받기 위해서는 서울·경기·인천 등 수도권을 제외한 지역의 읍·면이나 인구 20만 명 이하의 시市에 속해야 한다. 토지거래허가구역이나 조정대상지역·투기지역, 관광단지에 속하지 않아야 한다. 최근 강원도 홍천, 횡성 등 지역에서 농어촌주택이 인기를 끌고 있는 이유다.

또 취득 당시 주택과 부수 토지의 기준시가 합계액이 3억 원 이하(한옥은 4억 원 이하)여야 하며, 통상 기준시가는 실거래가의 80% 수준이다. 정부는 세제 개편을 통해 농어촌·고향 주택에 대한 양도세 과세특례를 적용하는 주택의 기준가격을 공시가 2억 원 이하에서 공시가 3억 원 이하로 상향 조정했다.

현재 〈조세특례제한법〉 제99조 4항에 따르면 1가구 1주택자가 올해 말까지 농어촌주택을 취득하고, 이후 3년간 보유한다면 기존에 보유하던 주택을 처분해도 양도세 중과를 적용받지 않는다.

농어촌주택 3년 보유 요건이 사후 충족 요건이라는 점도 강점이다. 기존에 보유하던 A주택이 있는 상황에서 농어촌주택 B를 매입한 후, 3년이 지나기 전에 A주택을 먼저 매도해도 양도세 중과가 되지 않는다는 의미다. 다만 이후 농어촌주택 B의 보유기간 3년을 다 채워야 하며, 기간 전에 B주택을 팔아버린다면 감면된 A주택의 양도세 중과분을 내야 한다. 3년 보유기간 이후 A주택을 양도할 때도 양도세가 비과세된다.

순서도 유의해야 한다. 기존에 농어촌주택을 보유해 1가구 1주택자가 된 이후 일반주택을 취득한 뒤 일반주택을 양도하는 경우라면 양도세 중과 미적용 혜택을 받을 수 없다. 또한 농어촌주택을 미등기해도 양도하는 주택이 등기된 자산이라면 과세특례를 적용할 수 있다.

한편 정부는 종부세 산정 때 공시가 3억 원 이하 농가주택 등을 포함하지 않는 방안도 추진하고 있다. 이는 1가구 1주택자가 지방 주택을 한 채 더 샀더라도 1가구 1주택자가 누리는 종부세상 혜택을 그대로 주겠다는 의미로 해석된다. 또 현대 별장은 도시와 농촌에 복수 주거지를 마련하고 주중에는 도시, 주말에는 농촌에 거주하는 '멀티 해비테이션'

관점에서 이해해야 한다. '멀티 해비테이션'은 농촌 지역에 외부 인구를 유인하고자 하는 중요한 수단으로 체류 인구 등의 실질적인 지역 인구 증가와 이를 통한 지역 활성화에 도움이 될 것으로 기대된다.

세컨드 하우스의 입지

일부의 전원 생활자 중 현실을 무시하고 일부터 저지르는 경우가 있다. 경치 좋고 물이 있다고 덥석 생활 터전을 옮기는 건 위험하다. 노후에 여유자금을 가지고 편안하게 전원생활을 한다면 경관이 제일 중요하겠지만, 도시에 직장을 갖고 있고 자녀가 아직 학생이라면 위치가 중요하다.

실제로 전원생활을 하다가 자녀교육이나 직장과의 거리 문제 때문에 다시 도시로 옮기고 싶어 하는 사람들이 적지 않다. 무조건 한적하고 경치 좋은 곳만 고집하다가는 현실적인 문제에 부딪히게 마련이다.

'집'은 삶의 보금자리로 휴식을 취하고 내일을 준비하는 재충전의 터전이다. 언제나 일상생활이 이루어지는 곳이라는 사실을 염두에 두어야 한다. 하루나 이틀, 1주일 정도의 휴가라면 산속 깊은 곳, 물 맑은 곳, 풍광이 좋은 곳을 택해야 하겠지만, 평생 그곳에 머물며 살 수 있는 환경인지부터 고려해야 한다.

전원에 거주하며 도시로 출퇴근을 해야 하는 직장인이라면 직장과의 출퇴근 거리를 따져본 뒤 지역을 고르는 것이 현명하다. 단순히 물리적 거리만 믿고 이주하면 '시간 거리'가 멀어 후회하게 된다.

자녀들의 등하교 시간도 고려해야 한다. 아무리 자연환경이 좋고 여유가 생겼다고 해도 장시간 이동으로 인한 피로가 장시간 계속되면 의욕상실, 인내심 고갈, 체력 감소 등으로 꿈에 그리던 보금자리가 금세 싫어지고 말 것이다.

또한 가족 구성원의 생활 반경을 고려한 뒤 신중히 결정하도록 한다. 가까운 곳에 생활 편의시설이 있는지, 시장을 보거나 병원 등을 오가는 데 불편함이 없는지 등을 알아본다.

자연과 살다 보면 건강이 좋아지게 되므로 의료시설에 크게 비중을 두지 않아도 되겠지 하는 생각을 많이 한다. 하지만 질병과 사고는 예기치 못한 곳에서 닥치기 때문에 항상 의료보건 시설에 손쉽게 접할 수 있는 곳이 좋다. 더불어 교통 여건이 좋은지도 꼭 확인해야 한다. 인접도로가 있는지, 도로확장 계획이 있는지 등 교통 환경을 꼼꼼히 살펴야 한다.

농사를 병행한 전원생활을 꿈꾸는 도시민들은 수도권 지역을 피해야 한다. 농지를 대지로 전환하는 데 따르는 농지보전부담금 산정 방식이 비수도권인 강원, 충청 지역에 소규모 주말주택을 지을 경우에는 혜택이 대폭 늘어나기 때문이다. 공시지가가 낮은 지역이므로 농지보전부담금 자체가 크게 줄어든다.

반면 수도권이나 광역시, 도시지역, 토지거래허가구역 등에서는 이와 같은 혜택이 주어지지 않는다. 또 투기지역은 나중에 토지를 팔 때 양도세가 실거래가로 과세된다는 사실도 염두에 두어야 한다.

만약 처음으로 전원생활을 꿈꾸며 이주를 결정한 사람이라면 도시생활권을 너무 멀리 두지 않는 것이 좋다. 도시생활에 젖어 있던 사람들이 하루아침에 전원생활에 익숙해지기가 쉽지 않은 탓이다.

뜨고 있는 '워터프론트' 토지

워터프론트의 개념

워터프론트Waterfront는 'water'와 'front'의 합성어로서, 사전적 정의는 '강가(바닷가)의 토지, 해안지구, 부두 또는 선창'으로 명기되어 있다.

'워터프론트'는 말 그대로 수변공간이라 볼 수 있는데, 수변공간의 범위를 기준으로 분류해 본다면 연안역, 워터프론트, 수변水邊으로 한정해볼 수 있다. 연안역은 가장 광범위한 범위로서 육역과 수역을 모두 내포하는 의미로 사용되며, 수변은 가장 수제 선에 인접한 부분으로 육역과 수역의 가장 경계 부분이라 할 수 있다.

워터프론트라는 것이 명확한 경계는 없고, 일반적인 의미의 수제선 180도 정도 수면에 접해져 있는 선의 육역과 수역을 포함하는 지역이다. 그곳에 인공적으로 개발된 건축공간도 함께 지칭해 정의되고 있다. 따라서 워터프론트는 '시민이 도시환경(거주·노동·위락·교통 등 도시 활동의 제반 환경)으로서 이용할 수 있는 물과 토지가 맞닿는 선을 중심으로 형성되는 공간역'을 뜻하는 말이다.

일반적인 의미에서 워터프론트 계획은 해변, 하천별, 호수 주변 등 비교적 규모가 큰 물가를 사이에 두고 육지와 물이 유기적인 관계를 맺도록 계획되어 하나의 영역으로써 평가된 구역을 지칭한다고 할 수 있다. 따라서 워터프론트란 수면과 인접한 토지, 혹은 수면과 육지가 접한 지역을 뜻한다. 하천과의 관계를 맺을 경우 리버 프론트River-Front, 호수의 경우는 레이크 프론트Lake-Front라 불리기도 하며, 대도시에 인접한 수역뿐만 아니라 해안지역도 포함된다.

워터프론트의 도시 경관적 가치

세계적으로 수변공간의 개발은 시대의 흐름에 따른 항만지역 재개발에서 시작되었다고 할 수 있다. 과거 우리나라 수변공간의 개발은 항만개발을 통한 물류처리 능력의 증대 및 매립을 통한 국토 확장 등과 같은 1차적인 물질적 가치증진 방향으로 이루어졌다.

그러나 수변공간이 가지는 장점을 활용한 개발이 요구됨에 따라 선진국에서는 워터프론트가 가지는 특성을 살려 항만·운송·수산 등의 전통적인 기능과 레저·문화·상업 등의 친수기능을 복합화 하여 다양한 용도로 개발하고 있다.

워터프론트의 도시 경관적 가치를 살펴보면 다음가 같다.

첫째, 주변의 자연과 접근하기 쉬운 공간으로서 시민에게 안정 및 활력의 공간을 제공한다.

둘째, 수변공간은 도시의 역사·문화의 중심지로서의 가치를 가지는데, 이는 역사적으로 수변공간을 중심으로 많은 도시가 형성되고 발전되어 왔기 때문이다.

셋째, 도시의 자연경관으로서 수려한 조망을 제공한다. 획일적인 도시환경의 육지와는 차별적으로 한 면이 수변과 접하여 개방적 시야 및 자연친화적 환경을 제공한다.

워터프론트의 범위는 하나의 개념으로 정의되는 것이 아닌 여러 가지 관점 및 분야에 따라 차이가 있을 수 있다. 국내의 경우 워터프론트는 해안선을 사이 두고 육지와 수면을 포함한 장을 뜻한다. 즉 육지와 수면을 동일한 가치로 평가하는 입장에서 이것도 저것도 아닌 이를 합친 '제3의 공간적인 개념'으로 정의된다.

또한 워터프론트는 바다, 하천, 호수 등의 수변공간 자체를 의미하기도 하고 수변공간을 가지는 육지에 인공적으로 개발된 공간을 지칭하기도 한다.

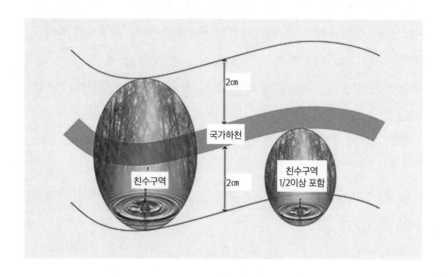

친수구역 워터프론트의 시대가 도래한다

'커널', '마리나'와 같은 워터프론트Waterfront는 도시에 큰 강이나 바다나 호수 등과 접하고 있는 공간으로, 도시의 일부로 존재하는 도시 속의 자연을 말한다. 면적이 넓고 개방적인 공간을 특정으로 시민들에게 안정 및 재충전의 공간을 제공한다. 다른 말로 수변공간으로 표현할 수 있다. 역사적으로 수변공간을 중심으로 도시가 발전돼 왔음을 알 수 있는

데, 이러한 점에서 워터프론트는 토지투자의 중심지로서의 가치를 가진다.

최근 인공섬이나 해상 도시개발 등의 해양 공간 개발과 도시산업구조 변화에 따라 터프론트에 관심이 쏠리고 있는데, 단순한 항만 재개발을 넘어 도시재생과 유사한 의미를 갖게 됐다. 이에 따라 수변공간과의 연계 개발이 이뤄지기 시작했고, 항만·운송·수산 등의 전통적인 기능과 레저·문화·산업 등의 친수 기능을 복합화해 다양한 용도로 개발하고 있다.

워터프론트 사업은 1960년대 미국과 캐나다에서 항만 재개발 사업 일환으로 시작됐다. 이후 1980년대에 유럽 및 일본에서도 관심을 가지며 워터프론트 사업을 진행하기 시작했다. 그 예로 어촌이었던 런던의 도크랜드Dockland가 새로운 업무지역으로 탈바꿈한 것을 들 수 있다.

친수구역 워터프론트란?

바다, 하천, 호수 등의 수변水邊공간 자체를 의미하기도 하고 수변공간을 가지는 육지에 인공적으로 개발된 공간을 지칭하기도 한다.

건축학회에서는 '해안선에 접한 연안육역 주변 및 그것에 특히, 근접한 수역을 병행한 공간'이라고 정의하기도 한다.

세계적으로 수변공간의 개발은 시대의 흐름에 따른 항만기능의 쇠퇴에 따라, 새로운 기능 창출을 위한 항만지역 재개발에서 비롯되었다. 과거 우리나라의 수변공간의 개발은 항만개발을 통한 물류처리 능력의 증대, 매립을 통한 국토 확장 등 1차적인 물질적 가치 증진 방향으로 이루어졌다.

하지만 수변공간이 가지는 장점을 활용한 개발이 요구됨에 따라 선진국에서는 워터프론트가 가지는 수변공간으로서의 특성을 살려 항만·운송·수산 등의 전통적인 기능과 레저·문화·상업 등의 친수기능을 복합화 하여 다양한 용도로 개발하고 있다.

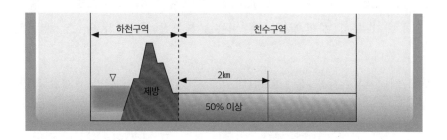

건축 트렌드와 토지 수요의 변화

강소주택(Compact House)이 대세

부동산투자 자문을 하면서 전원생활에 적당한 물건을 찾는 투자자들에게 항상 강조하는 말이 있다. 집은 작게 짓는 것으로 시작하고 토지는 여유가 되면 많이 확보하라고 권유하는 것이다. 전원주택은 10, 20평대를 추천한다.

실수요층에는 시골에 정착해 농사를 지어 소득을 얻으려는 귀농인, 시골에 정착하되 텃밭을 일구면서 여유로운 생활을 즐기고자 하는 전원파가 있다. 여기에 최근에는 주말에만 잠깐씩 쉬었다 가는 세컨드 하우스 수요층도 늘어나는 추세다. 도시의 집은 그대로 두고 농촌에 세컨드 하우스를 마련해 주말이면 전원생활을 즐기는 '멀티 해비테이션' 주거 형태가 국내에서도 서서히 확산되고 있는 것이다.

이렇듯 실수요층이 두터워지면서 전원주택에 대한 인식 또한 바뀌고 있다. 즉 크고 화려한 별장형 집이 아니라 작지만 실속 있는 집에 대한 선호도가 크게 높아지고 있다. 그들은 비록 규모는 작지만 에너지 절약 등 관리비가 적게 드는 실용성이 뛰어난 집을 원한다. 작고 아담한 소형 전원주택의 인기가 치솟고 있다.

근래 들어 전원주택이 소형화 되면서 많은 사람들이 관심을 보이고 있는데, 말이 10평이지 다락방이 있는 복층 형태로 시공하면 실평수는 18평 이상이며, 적은 비용으로 공간을 넓게 활용할 수 있어 수요층 관심이 많은 것으로 보고 있다.

거실 겸 주방, 방 1개, 다락방을 갖춘 10평형 소형 전원주택을 공급하는 전원주택 업체가 수도권에서만 20여 개에 달하고 최근 수요가 급증하면서 전국 대리점을 운영하는 전문업체도 등장했다.

지금까지 이 같은 소형주택은 펜션용으로 많이 활용됐지만 펜션에 대한 규제가 까다로워지면 전원주택시장에서 소형주택 비중이 갈수록 늘어날 것으로 전망된다. 그러나 투자를 원하는 실수요자라면 일단 아무리 작은 크기의 주택이라도 일반주택처럼 토지전용허가와 형질변경을 받아야 한다는 점을 주의해야 한다. 농지나 임야를 '대지'로 바꾸고 주택 건축도 허가를 받아야 한다는 말이다. 토지형질변경이나 허가 없이도 6평 이하 전원주택은 '농막'으로

대표적인 멀티해비테이션

90분
도시에서 가는 시간

66㎡
적정 거주 면적

1억
집값+땅값

50대
주요 수요층

신고만 하고 지을 수는 있지만 이때는 상하수도와 전기시설 설치가 안 돼 불편을 감수해야 한다.

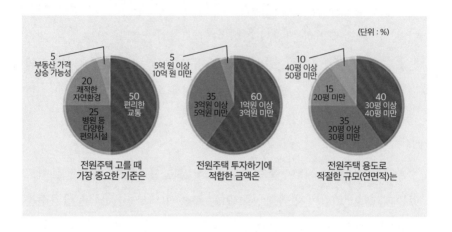

방갈로는 산이나 바닷가 등지에서의 캠핑용과 주말주택과 농막 같은 레저용, 펜션과 민박 같은 숙박업소용, 식당과 카페 등의 영업용, 사무실과 전시실 등의 사업용, 유원지나 도로변의 가판대, 작업실이나 공부방 같은 확장형 등 그 쓰임새가 다양하다.

방갈로는 크기에 따라 그 쓰임새가 달라지는데 3~4평의 소형은 주로 관광지나 해수욕장의 민박집에서 숙박시설로 사용된다. 6~8평 정도의 중형은 주말주택이나 작업실, 관리사 등으로 이용된다. 샤워룸과 간이 주방 등 숙식에 필요한 기능들을 갖춘 원룸형이 많으며 펜션이나 민박집 외에도 주말주택이나 서브주택으로 선호하는 편이고 농막으로도 많이 쓰이고 있다.

농업용으로 이용되는 6평 이하 농막의 경우, 농지전용 면제 등의 혜택을 부여받을 수가 있다. 10~12평의 대형은 현관과 침실, 샤워룸, 주방에 다락방까지 갖출 수 있어 전원주택, 농가주택으로 선호하는 규모다.

먼저 가장 두드러진 특징은 실수요층의 급증이다. 소득 수준이 높아지고 여가시간 증가, IT혁명에 따른 직업의 광역화, 교통망 확충에 따른 접근성 개선 등이 실수요 저변을 크게 확대시켰다. 특히 베이비부머 1세대(1955~63년생 712만 명)의 수요가 더해졌다. 고도성장기를 이끌면서 '대한민국=부동산공화국'이란 말을 만들기도 한 그들이 본격적인 은퇴기에 접어들면서 전원으로의 발걸음을 재촉하고 있는 것이다. 이는 향후 전원시장(토지+전원주택)은 물론 전체 부동산시장에도 엄청난 지각변동을 가져올 것임을 예고한다.

그 결과, 세컨드 하우스의 경우 1~2억 원대의 비용으로 330~1,000m²(100~300평) 토지에 33~100m²(10~30평) 크기의 집이 주류로 자리매김하고 있다. 일반 전원주택도 다운사이징 및 실속 지향 흐름이 뚜렷하다. 특히 주거비를 획기적으로 낮출 수 있는 저에너지 주택이 향후 전원주택의 코드로 자리 매김할 전망이다.

이미 이런 변화는 다양한 형태의 패시브 하우스와 대기업의 브랜드 단독주택(스카이홈) 등장, 그리고 생태건축과 저에너지주택의 장점을 결합시키고자 하는 전원주택업계의 계속되는 시도에서 확인되고 있다.

결론적으로, 전원주택은 작지만 실속 있는 '강소주택'이 대세로 자리를 잡고 있다.

저출생, 고령화 시대의 토지투자

고령화 시대로 들어서면서 먼저 일부 지역에서 인구감소가 나타나고 머지않은 장래에 전국적인 인구감소가 시작될 것이다.

반면 생산연령 인구의 감소로 경제성장의 정체, 세수감소, 고령자 증가에 따른 사회복지비 증가로 재정의 압박이 가속화된다. 따라서 새로운 공간정책이 필요해진다. 즉 인구 성장의 국토정책으로 고령화-산업구조의 변화-재정압박이라는 새로운 도전에 효과적으로 대응할 수 없다.

성장기와 달리 고령화 시대에는 공간구조의 유지관리가 중요한 과제로 떠오르게 되었다. 고도성장기에 집중적으로 투자된 사회자본이 노후화 되어 갱신기가 다가오기 때문이다. 반면 고령화에 따른 복지비 증가로 사회자본에 대한 투자를 늘리기는커녕 감축해야 한다. 따라서 기존 사회자본의 재활용 및 신규투자의 효율성을 감안해야 하고 신규투자를 할 때는 유지비를 고려하고 지역의 실정에 맞는 효율적 투자를 감안해야 한다.

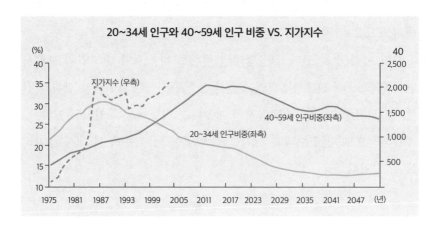

신도시 정책은 인구 성장기의 정책이다. 하지만 인구 감소기에서는 신도시 건설로 중심 시가지의 쇠퇴를 가져오고 도시유지 비용의 증가를 가져온다는 점을 투자에서 참고하자.

이제 100세 시대는 꿈이 아닌 현실로 다가오고 있지만, 고령화 추세에 비해 은퇴 시기는 짧아지고 있다. 그래서 보통의 사람들은 은퇴하면 충격, 지루함과 외로움, 경제적 어려움 등을 떠올리는데, 그것은 잘못된 생각이다. 필자는 은퇴의 정의를 "인생 제2막의 출발점인 행복과 도전이다."라고 말하고 싶다. 즉 은퇴라는 것은 부정의 단어가 아닌 희망과 긍정의 단어인 것이다.

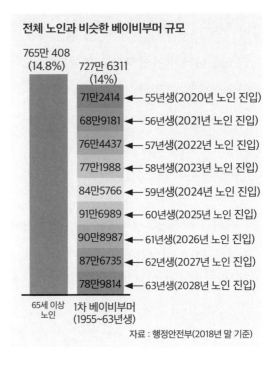

전체 노인과 비슷한 베이비부머 규모

765만 408 (14.8%) — 65세 이상 노인

727만 6311 (14%) — 1차 베이비부머 (1955~63년생)

규모	출생/진입
71만2414	← 55년생(2020년 노인 진입)
68만9181	← 56년생(2021년 노인 진입)
76만4437	← 57년생(2022년 노인 진입)
77만1988	← 58년생(2023년 노인 진입)
84만5766	← 59년생(2024년 노인 진입)
91만6989	← 60년생(2025년 노인 진입)
90만8987	← 61년생(2026년 노인 진입)
87만6735	← 62년생(2027년 노인 진입)
78만9814	← 63년생(2028년 노인 진입)

자료 : 행정안전부(2018년 말 기준)

은퇴한 후에도 돈이 넉넉하다면 노후를 걱정하지 않아도 되는 것이 아니라 생의 나머지 긴 시간들을 위해 새로운 일을 찾아 행복을 느껴야 하고, 자신이 진짜 해보고 싶었던 꿈을 향해 도전해야 한다. 부동산에 관심이 있었던 분들은 100세 인생을 위해 토지 테크에 도전을 하는 것도 좋을 듯싶다.

지금은 부동산에 투자해도 2000년대 상반기처럼 부동산 광풍이 불어 기적과도 같았던 성공신화는 있을 수 없지만, 제한적인 수익을 놓고 이익을 얻어야 하는 일반 주택과 상가보다는 큰 반전을 줄 수 있는 것이 바로 '토지 테크'이다.

이런 경우 도심 외곽에 자리 잡은 전원주택단지를 알아보는 것도 나쁘지 않다. 전원주택단지는 소규모 단지보다 중규모, 대규모 단지가 낫다. 단지가 클수록 기반시설을 잘 갖추고 있을 뿐만 아니라 입주민들끼리 커뮤니티가 자연적으로 형성되고 추가로 시설투자 등이 필요할 때 비용을 줄일 수 있다.

소가족 고령화와 타이니 하우스

타이니 하우스는 3~11평 정도의 면적에 생활공간을 집약시킨 이동식 주택이다. 저렴한 초기비용과 유지비, 그리고 친환경 생활방식이라는 장점 때문에 일본뿐만 아니라 미국, 영국 등 세계적으로 젊은 층을 중심으로 인기를 끌고 있다.

2015년 워싱턴 DC 시의회는 저렴한 주택 마련 정책의 하나로 시내 곳곳에 총 1,000채의 '타이니 하우스'를 건축한다는 법안을 발의했다. 법안은 만 18~33세인 저소득층 가운데 생애 첫 주택구매자들을 대상으로 고안됐으며, 한 채당 최대 5만 달러로 워싱턴 DC 주택 평균가격이 50만 달러임을 고려하면 10배 이상 저렴한 셈이다. 이동과 조립을 할 수 있어 주거 공간을 자신이 원하는 대로 구현할 수 있다는 것이 큰 장점이다.

도쿄에서는 주차장이 없으면 차를 살 수 없으므로 1층을 주차 공간으로 남겨둔 타이니 하우스가 만들어지며, 알루미늄, 나무 등 원하는 재질로 만들어 주말 별장이나 전원주택 같은 세컨드 하우스 개념으로도 사용되고 있다.

타이니 하우스는 건축과 생활 방식에서 이루어지는 친환경 Off-grid도 주목받고 있다.

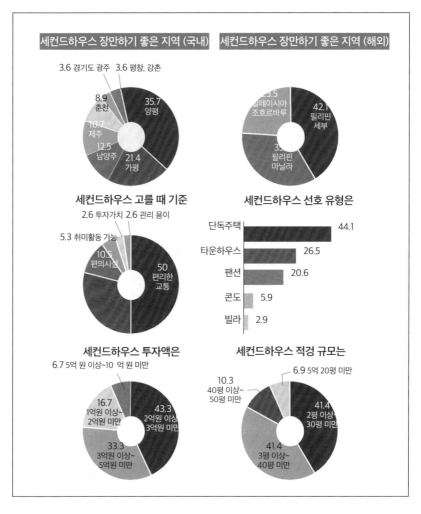

세컨드하우스 장만하기 좋은 지역 (국내)

세컨드하우스 장만하기 좋은 지역 (해외)

3.6 경기도 광주 3.6 평창, 강촌

8.9 춘천
10.7 제주
12.5 남양주
21.4 가평
35.7 양평

23.5 말레이시아 조호르바루
42.1 필리핀 세부
33. 필리핀 마닐라

세컨드하우스 고를 때 기준

2.6 투자가치 2.6 관리 용이
5.3 취미활동 가능
10.5 편의시설
50 편리한 교통

세컨드하우스 선호 유형은

단독주택	44.1
타운하우스	26.5
팬션	20.6
콘도	5.9
빌라	2.9

세컨드하우스 투자액은

6.7 5억 원 이상~10 억 원 미만
16.7 1억원 이상~2억원 미만
43.3 2억원 이상~3억원 미만
33.3 3억원 이상~5억원 미만

세컨드하우스 적정 규모는

6.9 5억 20평 미만
10.3 40평 이상~50평 미만
41.4 2평 이상~30평 미만
41.4 3평 이상~40평 미만

① 전기 → 태양광, 풍력, 수력, 지열 등의 연속성이 보장되는 기술을 이용하는 배터리
솔루션을 도입

② 가전 → 일반 가전이 아닌 RV 또는 요트용으로 제작된 가전 또는 도구를 주로 활용

③ 상수 → 지붕에서 받는 빗물 또는 주변 샘물, 우물 등을 정수하여 보관하는
솔루션을 도입

④ 하수 → 자연적으로 땅속에서 소멸하는 비누, 샴푸, 세제 등을 사용하여 식물 밑거

　　름으로 활용

⑤ 오수 → 냄새 없는 퇴비화 변기를 개발하여 오수 발생을 원천적으로 봉쇄

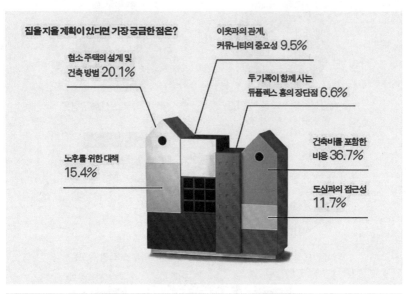

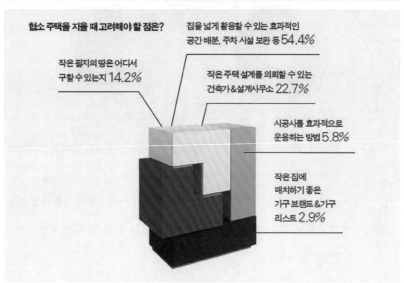

우리나라에서도 스몰 하우스와 타이니 하우스 등으로 불리는 초소형 주택에 관심을 갖는 사람이 늘어나고 있다. 텃밭이나 주말농장에 설치하는 초소형 주택은 특별한 허가 절차 없이 신고만 하면, 직접 만들어 사용하는 것도 가능하다.

강소택지 전성시대

국내 주택개발의 패러다임이 변화하고 있다. 도시개발이 확장 단계에서 재생 단계로 접어들면서 토지의 가치를 평가하는 관점이 달라지고 있다. 토지의 특성을 100% 활용하는 '강소택지' 시대가 열리고 있다.

고도성장기가 막을 내리면서 대규모 신도시와 산업단지 개발 수요가 크게 줄어들고 있다. 지난 20년간 재고주택이 두 배로 늘어나면서 도시정비 및 재생사업이 새로운 단계에 진입했다.

전문가들의 진단처럼 본격적인 도시 재생 시대를 맞으며 서울 재건축, 재개발 같이 큰 덩어리 단위의 개발은 가속화되고 도심 및 수도권 남은 중소 규모의 택지는 토지의 개성에 따라 고부가 가치 개발이 추진되는 강소 택지 시대가 열린 것이다.

대규모 신도시의 장점은 지금까지 지속적으로 강조되어 왔다. 하지만 최근에는 신도시 주변 강소택지 개발의 가치가 도드라지는 사례가 속속 등장하고 있다. 신도시 주변에서 기존 생활 인프라를 편리하게 이용하면서 토지의 개성을 극대화시키는 재건축 및 강소택지 개발로 실주거 가치를 높인다는 것이다.

도심 재건축·재개발과 함께 남아 있는 토지의 가치를 극대화시키는

'인필INFILL 개발' 방식이 주목 받고 있다. 대부분 개발이 이뤄진 도심에 남아 있는 잔여 토지를 개발하는 방식이다. 기존 생활 인프라를 바로 이용할 수 있다는 장점이 있다.

여기다 주택 소비자들의 요구가 다양해지면서 토지 각각의 개성을 살리는 설계와 상품 구성이 중요해졌다. 모양새가 비슷한 아파트보다 저마다의 개성과 라이프스타일에 맞는 집을 찾는 수요자들이 늘고 있다. 이에 맞춰 토지의 개성에 맞춰 가변적이고 유연한 주택상품들이 속속 나오고 있다. 콘셉트하우스, 협소주택, 땅콩주택 등이 대표적이다.

개발 막바지 단계에 접어든 경기도 3기신도시 등 수도권 신도시에서 이 같은 개발 방식이 더욱 활발히 추진될 것으로 예측된다. 토지의 개성을 극대화시키는 강소택지 시대가 본격화 되면서 새로운 개발방식, 주택 유형이 나올 것이란 얘기다.

주택 수요자들은 각자 생활 반경에서 크게 벗어나지 않으려는 경향이 있어 구도심이나 완성 단계에 접어든 대규모 택지지구 주변 주거 수요는 풍부하다. 이에 비해 개발 가능한 토지가 거의 없어 남은 토지를 맞춤형으로 개발하는 강소택지 개발이 본격화될 것이다.

강소택지 투자에서 유의해야 할 점

① 작지만 실속 있는 강소주택을 지어라.

전원생활을 처음 시작하는 이들은 대개 무리를 해서라도 크고 화려한 내 집을 갖고 싶어 한다. 그래서 당초 계획한 자금을 초과하게 되고 대출도 늘어난다. 이는 나중에 불가피한 사정으로 인해 집을 처분하고자 할 때 토지를 포함한 총 매도가격을 높여 매매에 불리하게 작용한다. 따라서 규모는 작지만 건강에 좋고 에너지 등 관리비가 적게 드는 실용성이 뛰어난 집을 짓는 게 좋다. 주말에만 잠깐씩 쉬었다 가는 세컨드 하우스의 경우 더욱 그렇다.

② 세컨드 하우스는 이동식주택, 농막도 한 방법이다.

우리나라도 도시에 메인 하우스를 두고 전원에 세컨드 하우스(주말주택)를 두는 경향이 점차 뚜렷해지고 있다. 주말주택은 서울에서 차로 1~2시간 거리인 수도권 외곽이나 강원권, 충청권이 좋다. 요즘 주말주택은 대지를 포함해 가격이 1~2억 원 선이 주류다. 10평 안팎의 이동식주택의 경우 평당 200만 원이면 예쁘게 지을 수 있다. 더 저렴한 주말주택을 원한다면 컨테이너 농막도 한 방법이다.

③ 건축을 위한 자금계획은 여유 있게 세워야 한다.

보통 집을 짓게 되면 당초 계획했던 것보다 돈이 30~50% 더 들어간다. 짓다보면 설계변경을 해 더 좋은 자재로 마감하고 싶은 것이 인지상정이다. 따라서 집짓기 자금은 여유 있게 확보해야 중간에 차질을 빚지 않는다. 주택 규모 및 유형, 마감재 등에 따라 건축비는 천차만별이다. 대체로 평당 300~400만 원 정도는 들여야 제대로 지을 수 있다. 물론 샌드위치 판넬로 마감하면 200만 원 대로도 가능하다. 반면 고급스럽게 지으려면 600~700만 원 정도 들어간다.

④ 집은 죽이고 정원과 텃밭은 살려라.

전원주택은 작고 실속 있는 '강소주택'으로 짓는 대신 정원과 텃밭은 무리하지 않는 범위 내에서 가급적 넓게 확보하는 것이 좋다. 나와 가족의 손으로 직접 정원과 텃밭을 꾸미고 일구는 것이야 말로 진정 전원생활의 묘미다. 이때 정원은 한꺼번에 돈을 들여 조성한 '보는 정원'보다는 테마를 정해놓고 가족이 함께 조금씩 만들어 가는 '가꾸는 정원'이어야 한다. 나이든 어르신들은 소일거리가 될 수 있는 텃밭을 좀 더 크게 만든다.

⑤ 농가주택, 섣부른 매입은 금물… "돌다리도 두드려라."

허름한 농가주택을 경매나 일반매매를 통해 사들여 리모델링을 하거나 새로 짓는 방법(개축)으로 전원생활의 꿈을 이룰 수 있다. 하지만 시골 농가주택을 사기 전에 반드시 확인해야 할 사항들이 있다. 먼저 시골집은 대지가 아닌 농지에 들어선 경우도 있기 때문에 이를 확인한다. 또 무허가주택도 많으므로 등기가 완전한지도 파악한다. 진입로에 문제가 없는지, 지상권만 있는 집인지 등도 필수 확인사항이다.

⑥ 기존 도시주택의 양도세를 면제받는 시골집을 지어라.

도시에 집을 한 채 보유하고 있는 사람이 시골에 전원주택을 짓거나 기존 농촌주택을 매입하고자 할 때 가장 걸리는 문제가 다주택 양도세 중과다. 하지만 시골에 집을 한 채 더 소유해도 기존 도시 주택이 양도세 비과세 요건(3년 보유)을 충족한다면 그대로 그 혜택을 받을 수 있다. 이때 시골집은 수도권 이외의 읍·면 지역에 위치하고, 대지 면적 660m² 이하, 주택면적 150m² 이하, 기준시가 3억 원 이하여야 한다.

⑦ 펜션, 음식점 등 즉흥적 개발은 금물… 사전 조사가 필수다.

농지나 임야를 전용해 전원주택, 펜션, 음식점 등을 짓고자 한다면 그에 앞서 사전조사가 필수다. 자금여력이 있다고 할지라도 즉흥적 개발은 금물이다. 잘못된 토지개발은 보유자금이 묶이게 될 뿐더러 최악의 경우 손해를 보고 팔아야 하는 상황에 내몰릴 수도 있기 때문이다. 특히 펜션이나 음식점 등은 과연 일정 소득을 보장할 수 있는지 시장조사 및 수익률 분석이 필수다.

⑧ 농지전용면적은 660m² 이하로 해야 유리하다.

도시인이 전·답 등 농지나 산지(임야)를 사서 집을 지으려면 먼저 지목을 대지로 바꾸는 절차를 밟아야 한다. 이를 농지(산지)전용이라고 한다. 개인이 받을 수 있는 농지전용면적은 최대 1,000m²이다. 다만 계획관리지역에서는 면적 제한이 없다. 그렇다고 무제한 가능한 것은 아니다. 농지전용면적은 가급적 660m² 이하로 하는 게 도시주택 양도세 면제 등 여러 면에서 유리하다. 전용 시 공시지가의 30%에 해당하는 부담금을 내야 한다.

⑨ 개발이 어려운 토지로 '허가방' 이용 시 값비싼 대가를 치러야 한다.

진입로, 경사도, 배수 등 여러 가지 조건이 농지(산지)전용허가를 받아내기 쉽지 않은 토지들이 있다. 이 경우 어쩔 수 없이 해결사 역할을 하는 소위 '허가방'을 찾기도 하는데, 이때 값비싼 대가를 지불해야 한다. 이들은 통상적인 농지전용허가 대행 수수료의 몇 배를 받아 챙긴다. 전문적인 부동산 관련 법률과 지식으로 무장한 전직 공무원들이 운영하는 경우가 대부분이다.

⑩ '한 뼘이라도 더'… 정확한 측량이 내 토지를 넓힌다.

농지를 매입해 그 전부 또는 일부를 대지로 바꿔 전원주택을 짓는 과정에서 측량이 필요하다. 측량은 지적공사와 토목측량회사에서 하는데, 지적공사 측량은 공신력이 있는 반면, 토목측량회사는 공신력이 없다. 필지를 나누는 분할측량과 이웃 토지와의 경계를 명확히 하는 경계측량을 할 때 빨간색 측량 말뚝을 경계점에 박는다. 측량 말뚝은 훼손되거나 분실되기 쉽기 때문에 바로 옆에 1~2m 길이의 쇠말뚝을 박아두면 두고두고 활용할 수 있다.

⑪ 주택 설계는 기능과 용도에 맞춰라.

시골주택은 농사를 짓는 사람이 기거하는 농가주택과 도시민의 전원생활을 위한 전원주택으로 나뉘는데, 각각의 기능과 용도에 맞게 설계해야 한다. 즉 귀농의 경우 농가주택, 귀촌은 전원주택이 맞다. 농가주택은 주택 내·외부 공간을 영농 중심으로 배치한다. 도시인과 교류가 많은 전원주택의 설계는 거실 위주 구성이 좋다. 한국농어촌공사에서 제공하는 농촌경관주택 표준설계도를 이용하는 것도 한 방법이다.

⑫ 주택공사기간을 줄이려면 사전 준비를 철저히 하라.

농지나 임야를 전용해 집을 짓는 경우 실제 건축기간은 조립식이나 경량 목구조의 경우 100m²(30평) 기준으로 두 달 가량 걸린다. 이에 앞서 농지전용 인·허가 기간을 한 달 가량 잡아야 한다. 농지전용에서부터 건축공사 사이에 토목공사, 건축허가(신고), 전기와 지하수공사 등의 절차를 거쳐야 한다. 이 기간 또한 두 달 이상 잡아야 한다. 결국 정상적으로 진행된다 해도 다섯 달은 걸리는 셈이다. 그만큼 차질 없는 사전준비가 중요하다.

⑬ 토목공사를 통해 '성형미인 토지'를 만들어라.

남향, 배산임수 등의 입지에다 토질이 좋고 토지 모양도 정방형인 '자연미인 토지'가 더러 있기는 하다. 하지만 대부분의 토지는 뭔가 부족하다. 전원주택을 지으려면 농지(산지)전용허가를 받아 토목공사에 착수하게 된다. 이를 통해 '성형미인 토지'가 만들어진다. 즉 주택을 건축하기 전에 토목공사를 어떻게 했느냐에 따라 부동산의 가치가 결정된다고 해도 과언이 아니다. 토목공사를 잘못하면 토지의 가치가 깎이는 것은 물론 비용 또한 과도하게 지출된다.

⑭ '직영'이든 업체에 맡기든 집은 내가 짓는다는 점을 명심하라.

일반적으로 전원주택의 시공 방법은 크게 건축주가 일꾼이나 자재를 직접 구해 짓는 '직영' 방식과 외부에 맡겨 짓는 방식으로 대별할 수 있다. 건축업체에 맡겨서 짓는다 할지라도 그 주체는 바로 '나'라는 사실을 잊어서는 안 된다. 따라서 건축주는 끊임없이 건축에 대한 공부를 해서 지식을 축적해야 한다. 또 어떤 방식으로 어떻게 집을 지을 것인지에 대해 세부 계획을 수립해 점검해야 한다.

⑮ 시공업체를 선정할 때는 그 업체가 먼저 지은 집주인의 평판에 귀를 기울여라.

시공업체를 선정할 때는 그 업체가 지은 집을 방문해 집주인의 평판을 귀담아 듣고 이를 선정기준으로 삼는 것이 바람직하다. 방문을 하였을 때는 집만 구경할 것이 아니라 시공과정에서 업체와 마찰은 없었는지, 있다면 보수는 제대로 이뤄졌는지에 대해 자세하게 물어본다. 시공업체는 어느 정도 규모를 갖추고 있고, 공사실적과 실력을 겸비한 업체라야 한다. 설계도와 견적서 등 계약 관련 서류 등을 통해 업체의 실력과 신뢰도를 가늠할 수 있다.

⑯ 저렴하게 폼 나는 조경을 해라.

집을 짓고 나면 멋진 조경으로 마무리 하고 싶은 것은 건축주라면 인지상정이다. 하지만 조경은 과실수든 관상수든 적지 않은 비용이 들어간다. 그렇기에 비용을 줄이면서도 당초 계획한 조경을 만들어내는 것이 중요하다. 조경수는 인근 택지개발지구, 고속도로 건설현장 등 각종 개발현장에서 보상을 받고 나오는 나무를 사는 것이 가장 저렴하다.

⑰ 뒷감당 어려운 마구잡이 정원 늘리기는 자제하라.

시골에 전원주택을 지어 전원생활을 막 시작하는 사람들은 누구나 넓고 아름다운 정원을 갖고 싶어 한다. 이 과정에서 정원은 자연스럽게 대지에서 농지 쪽으로 확대되어 나간다. 이는 나중에 불가피하게 집과 토지를 팔아야 할 경우 문제가 된다. 농지원상회복명령을 받을 수도 있기 때문이다. 나중에 문제가 되지 않게 정원을 넓히려면 대지에 잇대어 농지를 전용해 창고를 신축한다. 즉 창고부지로 대지 면적을 확장한 다음 정원을 조성하면 된다.

⑱ 컨테이너 창고와 조립식 차고를 적극 활용하라.

시골생활을 하면서 꼭 필요한 것이 창고와 차고다. 자질구레한 물건 정리는 물론, 텃밭 등 농사를 지으려면 농기구나 수확물 등을 보관할 공간이 절실하다. 창고는 넓을수록 좋다. 이때 중고 컨테이너는 훌륭한 창고가 된다. 또 시골에서 필수품인 자동차를 주차할 차고가 필요하다. 이 때 골조가 튼튼한 조립식 차고는 잘만 고르면 저렴한 비용으로 직접 손쉽게 설치할 수 있다.

⑲ 전원주택 콘셉트를 '친환경 + 저에너지'에 맞춰라.

전원주택 건축은 친환경성을 살리면서 저에너지라는 기능성을 어떻게 저렴한 비용으로 구현하느냐가 관건이다. 각종 매체에 소개되고 있는 친환경 저에너지 주택은 아직 건축비가 부담이 되는 것이 현실이다. 비용 대비 효과가 기대에 못 미친다는 말이다. 친환경주택은 건강에 좋은 생태건축을 실현하는 것이며, 저에너지 주택은 난방비 등 관리비가 적게 드는 집이다. 이는 향후 전원주택 건축의 화두로, 집을 지을 때 콘셉트를 여기에 맞춰야 한다.

⑳ 꿈에 그리던 내 집, 입주 후 관리에 신경 써라.

꿈에 그리던 전원주택을 지어 입주를 해 살아보면 설렘도 잠시, 또 다시 적지 않은 준비와 관리가 필요함을 깨닫게 된다. 도시와는 달리 시골에선 폭설이나 강풍에 전기가 끊기거나 겨울철 동파사고 등에 취약하다. 또한 단독주택은 아파트와는 달리 크고 작은 하자가 생기기 마련이다. 애초 시공이 잘못된 경우라면 시공업체에 하자보수를 신청해야 하겠지만 작은 하자보수 정도는 손수 할 줄 알아야 한다.

베이비부머 은퇴자들의 토지소비 패턴

응답자의 57% "세컨드 하우스를 마련하겠다"

구체적으로 △1년 이내 25.2% △2년 이내 14.4% △3년 이내 17.3% △5년 이내 16.8% △5년 이후 26.2% 등이었다. 구입 희망 지역은 경기도(45.6%)가 가장 많았으며 △강원도 26.5% △충청도 18.1% △경상도 5.6% △전라도 2.3% △제주도 1.9% 순이었다.

구입 희망자금은 2억 원 미만이 65.5%로 나타났다.

응답자 성별은 남성이 73.3%, 여성이 26.7%로 남성이 압도적이었고, 연령대별로는 베이비부머 1세대가 38.6%로 가장 많았다. 40대 이상은 본인을 위해 20, 30대는 부모님을 위해 세컨드 하우스를 마련하는 것으로 나타났다.

신세대(에코세대)의 등장과 신개념 주거, 업무문화
(워케이션 : workation)

MZ세대가 주요 경제주체로 등장하면서 워케이션 같은 새로운 형태의 근무 방식이 부상하고 있다. 즉 워라벨을 중요시하는 밀레니얼세대가 주요 사회인으로 성장함에 따라서, 기업들은 글로벌 수준의 직장문화를 만들어 우수인력을 확보 하기 위해 애쓰고 있다. 게다가 우리나라는 IT 강국으로 인터넷 기반환경이 매우 잘 갖추어져 있어 워케이션 문화가 빠르게 정착할 수 있는 최적의 환경을 갖추고 있다. 이와 같은 상황을 고려해 볼 때, 워케이션 업무문화가 앞으로도 더 빠르게 확산 및 진화할 것으로 예상되는 것은 그 어느 누구도 부인할 수 없을 것이다.

'워케이션'은 일을 뜻하는 work와 휴가를 뜻하는 vacation의 합성어이다. 많은 기업과 직원들이 "일과 삶의 균형"을 만들기 위해 고민을 해오면서 만들어진 새로운 개념이며 일종의 실험을 하고 있는 것이라 생각한다.

직원들은 업무시간에 벗어나 새롭고 독특한 방식으로 세상을 바라볼 수 있고, 또한 다른 도시에서 가족 및 친구들과 시간을 보내면서 새로운 도시에서 유기적으로 관계를 구축할 수 있으므로 워케이션에는 생산성 향상, 창의성 향상, 더 재미있는 작업 환경 등 많은 이점이 있다.

워케이션은 개인이 휴가를 가지 않고도 일상에서 벗어나 미니 휴가를 즐길 수 있는 좋은 방법이다. 워케이션은 사무실에서 지속적으로 받는 업무 스트레스를 해소하고 휴식을 취할 수 있는 좋은 방법이 될 수 있다. 직원들뿐 아니라 회사에서는 직원들에게 인센티브를 제공하는 방법으로 이를 사용하고 회사의 이미지와 근무환경의 차별화로 능력이 뛰어난 직원들을 확보하고 유지시킬 수 있을 것이다.

'워케이션 지도'에는 '성장 가능성과 선호도가 모두 높은 지역', '성장 가능성이 높은 지역'으로 구분하여 표시되어 있는데, 향후 1년, 5년, 10년 뒤에는 잘 그려진 관광지도, 템플스테이 지도 등과 같이 하나하나 무엇인가 새로운 것이 생겨나고 구체화 되면서 워케이션을 즐기는 많은 사람뿐만 아니라 관광명소로 자리 잡게 될 것으로 예상된다.

그렇다면 우리는 아직 미완성의 '워케이션 지도'를 보고 무엇을 해야 할까? 투자에는 무엇이 중요한가? 시대적 트렌드를 읽고 민감하게 반응(최초 투자, 초기 시작, 붐을 형성할 때 편승, 무엇에, 어디에)할 필요가 있다! 바로 거기에 답이 있다.

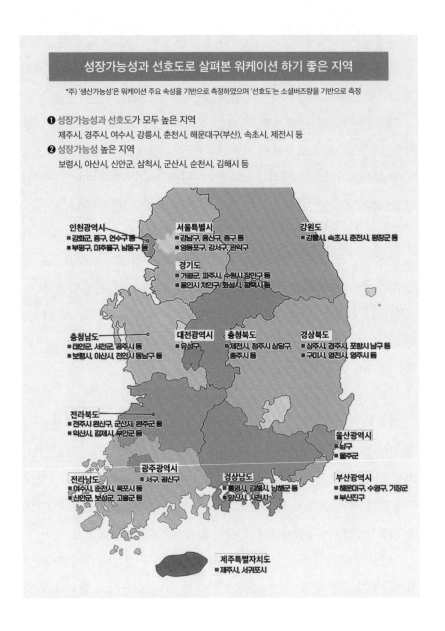

성장가능성과 선호도로 살펴본 워케이션 하기 좋은 지역

*주) '생산가능성'은 워케이션 주요 속성을 기반으로 측정하였으며 '선호도'는 소셜버즈량을 기반으로 측정

❶ 성장가능성과 선호도가 모두 높은 지역
제주시, 경주시, 여수시, 강릉시, 춘천시, 해운대구(부산), 속초시, 제천시 등
❷ 성장가능성 높은 지역
보령시, 아산시, 신안군, 삼척시, 군산시, 순천시, 김해시 등

인천광역시
■ 강화군, 중구, 연수구 등
■ 부평구, 미추홀구, 남동구 등

서울특별시
■ 강남구, 용산구, 중구 등
■ 영등포구, 강서구, 관악구

강원도
■ 강릉시, 속초시, 춘천시, 평창군 등

경기도
■ 가평군, 파주시, 수원시 장안구 등
■ 용인시 처인구, 화성시, 평택시 등

충청남도
■ 태안군, 서천군, 공주시 등
■ 보령시, 아산시, 천안시 동남구 등

대전광역시
■ 유성구

충청북도
■ 제천시, 청주시 상당구, 충주시 등

경상북도
■ 상주시, 경주시, 포항시 남구 등
■ 구미시, 영천시, 영주시 등

전라북도
■ 전주시 완산구, 군산시, 완주군 등
■ 익산시, 김제시, 부안군 등

울산광역시
■ 남구
■ 울주군

광주광역시
■ 서구, 광산구

전라남도
■ 여수시, 순천시, 목포시 등
■ 신안군, 보성군, 고흥군 등

경상남도
■ 통영시, 김해시, 남해군 등
■ 양산시, 사천시

부산광역시
■ 해운대구, 수영구, 기장군 등
■ 부산진구

제주특별자치도
■ 제주시, 서귀포시

밀레니얼세대의 주택 구입이 주춤하고 있다. 최근 발표한 세대별 부동산 시장점유율 통계에 의하면 전국 주택 구입자들 중 밀레니얼세대가 43%를 차지해 사일런트(4%), 베이비부머(29%), X(22%), Z(2%) 세대를 제치고 1위를 기록했다. 그러나 1년 뒤 베이비부머 세대의 시장 점유율이 전년 대비 29%나 상승해 39%를 기록한 반면 밀레니얼세대의 시장 점유율은 43%에서 28%로 급락했다.

베이비부머 세대의 역전이 가능했던 이유는 무엇일까?

밀레니얼세대의 주택 구입 현황

1981~1996년 사이 태어난 밀레니얼세대는 2008년 세계적인 금융위기 사태를 겪으며 취업난과 경제적 어려움을 겪었다. 여기에 학자금 상환, 주택공급 부족, 치열한 경쟁 등으로 인해 상당기간 정규직이 아닌 계약직 근무자로 머물러 있어야 했다. 그러다 2019년 오랜 경기 침체가 회복되고 노동시장이 탄탄해지면서 이들의 취업률도 가파르게 증가했다. 또 지난해 이들 세대는 전체 인구의 21.67%를 차지하면서 이전까지 인구수가 가장 많았던 베이비부머 세대를 앞지르기 시작했다. 이후 이들은 적극적으로 주택 구입에 뛰어들었으며 성공적으로 주택시장에 안착하는 것처럼 보였다.

그러나 집값이 천정부지로 뛰고 주택공급 부족으로 인해 입찰 전쟁까지 치열해지면서 이들은 점점 부동산시장에서 밀려나고 있다.

세대별 토지 구입 전망

연령대별 토지투자 방식

개인토지의 연령별 현황

연령별로는 60대(29.6%), 50대(22.7%), 70대(19.3%) 순으로
토지를 많이 소유하고 있으며 60대와 80대 이상의 소유 비율은 증가하는 반면,
50대 이하는 점차 감소하는 추세다.

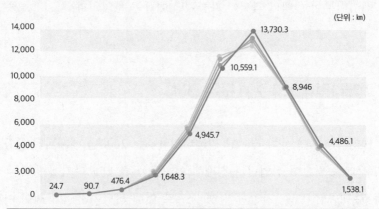

(단위 : ㎢)

	10대 미만	10대	20대	30대	40대	50대	60대	70대	80 대	90대 이상
2018	22.9	95.3	487.3	1,927.1	5,687.1	11,680.5	12,585.9	9,031.2	3,898	1,340
2019	23.1	91.3	480.9	1,818.1	5,424.1	11,332.4	12,837.2	9,070	4,137.8	1,418.3
2020	21.8	86.7	473.3	1,718.31	5,142.2	10,860.4	13.194.6	9,097.4	4,313.9	1,489.5
2021	24.7	90.7	476.4	1,648.3	4945.7	10,559.1	13,730.3	8,946	4,486.1	1,538.1

보통 부동산에 투자할 때는 초기 자본금이나 투자금액이 필요하다. 돈 한 푼, 노력 한 푼 들이지 않는 토지투자는 투기에 불과하다. 다만, 태어날 때부터 유복한 가정에서 자라지 못한 대부분의 사람들은 그 초기 자본금이 얼마나 중요한지 알기에 필자는 소액투자로 성공하는 토지투자에 대해 이야기하고 있는 것이다.

소액으로 토지투자나 수익형 부동산 투자를 시작하려 할 경우의 최

소 비용은 500만 원이다. 그러나 일반거래로서 대출을 끼고서라도 500만 원짜리 부동산을 구매할 수는 없다. 혹시라도 투자할 수 있다고 말하는 사람이 있다면 경계를 하라.

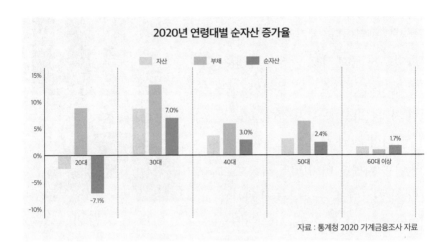

2020년 연령대별 순자산 증가율

자료 : 통계청 2020 가계금융조사 자료

　방법은 경공매를 이용하는 방법인데, 이는 초보자에게는 이런 물건을 찾기란 어려울 확률이 높다는 걸 미리 말하고 싶다. 여러 부동산 서적에서 500만 원으로 투자하는 법을 이야기 하고 있는데 출간일을 잘 들여다보면 최소 5~10년 전 이야기이다.

　지금은 경매시장 활성화로 이와 같은 물건에는 경쟁률이 매우 높고, 서울에서는 절대 나타날 수가 없다. 다만 500만 원의 투자금액만 있다면 지방 경공매 부동산에서는 기회가 있을 수 있으나 상당한 시간과 노력이 필요하다는 것을 미리 말해두겠다.

　빠르면 30대 초반에서 40대 쯤 되었을 때 생길 수 있는 여윳돈 1,000~3,000만 원의 투자금액이야 말로 진정한 초보투자자로서 소액투자의 시작이라고 볼 수 있다. 그러나 이 역시도 요즘 '뜬다!'고 하는 용인, 평택, 화성시 투자는 어렵다. 단, 시간을 길게 보고 장기적 관점에서 보는 것이 좋은데, 이때 어울리는 토지투자 지역이 새만금과 같은 국책사업지역이다. 국가전략첨단산업 사업부지 중에서도 안성지역 투자는 상당히 소액으로도 투자가 가능한 지역이라고 볼 수 있겠다.

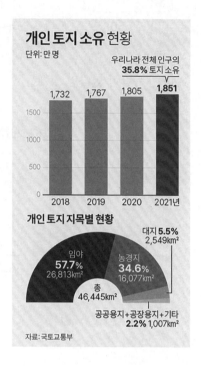

개인토지 소유 현황
단위: 만명

우리나라 전체 인구의 **35.8%** 토지소유

2018	2019	2020	2021년
1,732	1,767	1,805	**1,851**

개인토지 지목별 현황

대지 5.5%
2,549km²

임야
57.7%
26,813km²

농경지
34.6%
16,077km²

총
46,445km²

공공용지+공장용지+기타
2.2% 1,007km²

자료: 국토교통부

그러나 실제 답사를 가보면 용인 처인구 지역은 허허벌판, 시골도 그런 시골이 없다. 꿈에 부풀어 답사를 가더라도 "이게… 개발이 된다고?"라며 실망하는 경우가 대다수다. 토지투자는 나무가 아니라 숲을 봐야 한다. 특히나 이런 '대규모 면적, 장기간 사업일수록 숲을 봐야 한다'는 것을 명심해야 한다.

노후준비를 일찍이 시작하는 투자자의 경우 5,000만 원부터 1억 원 미만까지는 상당히 선택의 폭이 넓은 편이다. 소액투자에서는 그림의 떡처럼 느껴졌던 용인, 평택, 당진, 세종시 등 토지들이 눈에 들어오기 때문이다. 단기간 차익이나 빠른 개발속도 등으로 투자의 안정감을 느끼게 되는 지역이다 보니 실제로도 인기가 많다.

그러나 호재지역은 기획부동산이라는 함정과 알짜배기 토지에 대한 경쟁률이 크다. 지주의 마음이 변심하는 경우도 비일비재하다.

사실 1억 원 이상의 여유자금이 있는 사람이라면 비싸더라도 가치 있는 곳에 투자하는 것도 좋고, 소액 토지를 여러 개로 나누어 투자하는 방식도 좋다. 그러나 여의치 않은 사람들이 더 많기에 투자금액에 따른 지역 선정이 필요한 것이다. 화성, 용인, 당진, 평택 등 다양한 호재지역을 그동안 많은 세미나와 답사에서 소개해 왔지만, 그 안에서도 결국 땅값은 오르는 곳만 오른다는 사실을 명심하여야 하겠다.

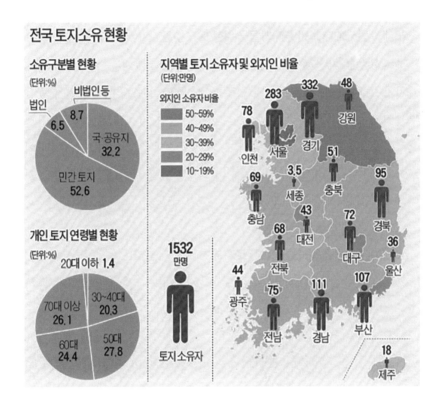

연령대별 토지 추천

토지에 투자하는 대부분의 사람들이 가지고 있는 특징은 '안정성'을 최우선으로 한다는 것이다. 당장 눈앞에 돈이 보이는 않더라도 확실한 수익을 원하는 이들이 토지 재테크를 시작하는 편이다. 그러나 현실적으로 자신이 투자할 수 있는 '자금'에 한계가 있고 따라서 자신이 동원할 수 있는 자금으로 어떤 토지에 투자해야 하는지 난감해 하는 사람들도 존재한다.

20대 후반~30대 후반 투자자들을 위한 토지 추천

상대적으로 자산에 여유가 없는 사회초년생들에게는 소액으로 미래가치가 높은 곳에 투자하는 것이 좋다. 사실 말이 쉽지 미래가치가 높은 투자처가 여기저기서 손을 흔들고 있지는 않을 것이다. 이때는 국가정책사업을 잘 활용하는 것이 답이다. 기간이 오래 걸리더라도 반드시 이루어지는 곳에 투자하면 40~50대 이상이 되었을 때는 큰 자산이 될 것이다.

40~50대 후반 투자자들을 위한 토지 추천

자녀들의 교육비, 생활비, 전세금 및 각종 세금 등으로 들어가는 돈이 많은 연령대다. 그러나 한편으로는 여윳돈을 어느 정도는 모을 수 있는 시기이기도 하다.

이때는 가장 전략적인 토지투자를 진행해야 한다. 지금 투자하는 것이 노후생활과 밀접한 연관이 생기기 때문이다. 귀농을 고려하는 사람들은 작은 농지에 투자해 귀농 준비를 해보는 것도 좋고, 추후 임대사업을 원한다면 3~5년 후 완공예정인 산업단지 인근 토지에 관심을 기울여 은퇴 후 임대사업을 준비하는 것도 좋은 방법이다. 대표적으로는 용인과 평택 등을 예로 들 수 있다.

60대 이후 투자자들을 위한 토지 추천

이 연령대에서는 조용하고 경치 좋은 귀촌지역과 전원주택지를 알아보면서 전원생활을 꿈꾸는 사람들이 많다. 투자 역시 수익형부동산과 토지투자를 함께 진행하는 것이 심리적인 면에서도 도움이 될 것이다. 단기투자로 큰 차익을 원하는 투자자들도 있기 때문에 자금 여력이 있다면 평택 지역처럼 수도권과 가깝고 빠르게 개발이 이루어지고 있는 지역에 관심을 기울여 보도록 추천한다.

재테크 투자에서 토지는 환금성이 느린 편에 속한다. 따라서 어느 정도의 여유자금에 적당한 수준의 대출을 이용하는 것이 바람직하다. 무리하게 대출을 일으켜 투자한다면 자칫 낭패로 이어질 수 있기 때문이다.

PART 3

토지 쇼핑을 위한
체크 포인트

토지도 상품이다

위치분석, 환경의 변화와 토지 수요에 대응하라

토지란 각기 다른 개성을 가지고 있어서 비슷한 규모의 인접해 있는 땅이라고 할지라도 가치가 다르다. 따라서 땅의 위치나 인접해 있는 땅이 어떻게 이용되고 있는지 등 제반 조건들도 그 땅의 성격을 결정하는 중요한 요소가 된다.

예컨대 도로에 접한 땅이라고 하더라도 상행선과 하행선의 어느 쪽에 위치했느냐에 따라 부지 성격이나 개발 방향이 달라질 수 있을 것이고, 이에 대상 토지가 가지고 있는 종합적인 성격의 규명, 곧 입지분석이 필요하게 된다.

'대상지의 환경 변화', 즉 입지분석이란 대상지가 위치한 용도지역 및 토지 현황 등의 기초적인 조건과 접근성, 주변 환경 등 제반여건을 조사하여 대상지의 특성을 도출하고 특정 용도로 개발하는 데 적합한지 그렇지 못한지 또는 적절한 활용 방안을 설정하는 데 필요한 자료를 평가하고 분석하는 것을 말한다. 따라서 입지분석은 부동산을 개발하거나 또는 신규로 취득할 때 가장 기본적인 검토 행위로 볼 수 있으며, 대략 다음과 같은 사항들에 대한 조사 연구로 이루어진다.

부지 현황 분석

무엇보다도 해당 부지에 대한 정확한 관찰이 필요하다. 즉 규모는 물론 부지 형상이나 표고, 경사, 향向 등의 지형지세 및 주변 경관과 현재의 이용 현황 그리고 임야의 경우라면 입목 현황 등의 조사가 필요하다.

이러한 분석은 용도 설정 및 시설 계획뿐만 아니라 농지전용, 산림형질변경 등 인허가 가능성에 대한 판단 자료가 된다. 이를 위해서는 여러 차례 현장답사가 필요하며, 비교적 규모가 큰 토지(특히 임야)일 경우 1/5,000 지형도면을 활용하면 개략적인 지형 등에 대한 파악이 가능하다.

이와 함께 지적공부와 실제 면적 및 경계를 확인해 보아야 한다. 도시 외 지역의 경우 지적도와 실제 현황이 불일치하는 경우가 많으므로 반드시 비교하고, 확인해 보아야 한다. 만약 오류가 있다면 측량 등을 통해 정정해야 할 것이다.

도로, 교통

접근성에 관한 문제이다. 주요 시장권역에서의 공간적 거리 외에도 시간적 거리의 중요성이 커지고 있으므로 소요시간 및 다양한 접근 방법이 있는지 확인한다. 또한 통과 교통량(유동인구)의 크기도 업종을 선정함에 있어서 주요한 고려 요소라고 할 수 있고, 경유지로서의 성격인지의 여부도 개발 방향을 설정하는 데 커다란 영향을 미친다.

이와 함께 시설 개발 시에는 진입도로의 확보가 필수적이다. 최소 2m 폭의 도로와 접해야 함은 물론이고 거의 대부분의 시설입지에는 폭 4m 이상의 도로가 있어야 한다. 따라서 해당 사업부지까지의 도로 연결 여부를 확인해야 하고, 만약 도로가 없다면 개설(사도개설허가 후)이 가능한지에 대한 확인이 필요하다. 이 경우 먼저 진입도로 부지의 확보가 필요하므로 도로 현황을 정확하게 파악하고 대책을 마련해야 한다. 진입도로 부지 매입에 애로가 큰 경우가 많기 때문이다.

〈도로법〉에서는 고속국도·일반국도·지방도·시·군도 등(일반적인 의미의 도로)에 관한 사항을 정하고 있고, 이외 농어촌 지역의 도로에 대하여는 〈농어촌도로정비법〉으로 정하고 있다. 농어촌지역의 마을 진입도로, 농로 등은 대부분 이 법에 의한 면도, 리도, 농도에 해당하며 이 도로는 시장·군수가 관리한다.

시장권역(배후권역)

개발 시설의 최대 이용 대상자(타깃)의 설정에 관한 사항이다. 크게 구분하면 동일 지역 주민을 대상으로 하는 근린형 시설이 있을 수 있고, 외지인(관광, 유동인구)을 대상으로 하는 광역형 시설이 있을 수 있다. 관광지 주변이라든지 대형 시설 주변은 후자에 해당한다. 주로 이용하는 사람들에 대한 연령별, 소득별 계층과 행동양식, 거주지(지역), 규모 등과 해당 사업부지까지의 접근성에 대한 분석이 요구되며, 이에 맞추어 업종 설정 및 영업 전략이 수립되어야 할 것이다.

비도시지역 입지분석

편익시설	읍·면 소재지	약 (4)㎞ 거리에 있으며, 차량으로 약 (5)분이 소요된다.
		▶읍·면 소재지는 비도시지역의 생활편의시설이 집중된 지역
	농수축협마트	약 (4)㎞ 거리에 있으며, 차량으로 약 (5)분이 소요된다.
		▶대형할인점·농협마트·수협마트·축협마트·편의점·대형슈퍼
	의료시설	약 (15)㎞ 거리에 있으며, 차량으로 약 (22)분이 소요된다.
		▶응급상황 발생 시 가장 중요한 생활편의시설이다.
	고속도로	■ 있음 ▶약 10㎞ 거리 이내, 차량으로 약 15분 이내
		□ 없음 ▶약 10㎞ 이내에는 고속도로 IC가 없다.
위험시설	옹벽 분석	경사도 30° 이상 ■경사도 30° 이하 □ 옹벽 없음
		▶경사도 30° 이상 옹벽은 토압으로 인해 비가 오면 위험하다.
	수재 위험	□ 계곡 주변 낮은 지대 □ 계곡 주변 안전 지대 ■ 계곡 없음
		▶계곡(개울)에 연접한 지대가 낮은 토지는 수재 위험이 있다.
	철탑 · 고압선	□ 50m 이내에 있음 □ 100m 이내에 있음 ■ 주변에 철탑 없음

❶ 지도판독에 의한 직선거리를 기준으로 분석
❷ 10㎞ = 차량거리 15분/ 20㎞ = 차량거리 30분을 기준으로 분석

주변 환경

대단위 시설이 아닌 대부분의 도시 외 지역시설 개발은 신규수요 창

출이 매우 어렵다. 즉 이미 형성되어 있는 시장 규모에 맞추어 시설 개발이 이루어져야 하므로 주변 환경 및 개발 현황은 매우 중요한 요소가 된다. 특히 주변 경관이나 인접 부지 이용 현황이 대상지의 성격에 많은 영향을 미치므로 주변의 개발 계획도 파악할 필요가 있다.

대규모 배후 또는 시장권역을 배경으로 하고, 자연경관이 수려하며, 교통이 편리한 지역이라면 투자에서 가장 우선시 할 것이나 실제로 이러한 부지는 매우 드물다. 업종에 따라서는 동일업종이 다수 입지해 있는 지역이 집적에 따른 이익을 얻을 수 있는 경우가 많다.

다만 시장이 한정되어 있고 독점적인 입지를 요하는 시설일 경우는 주변에 동일업종의 시설 개발이 추진되고 있는지의 여부를 확인한 후 시설 개발을 검토하는 것이 바람직하다. 또한 주변지역의 지가, 시설분양 및 임대료 현황 등에 대한 조사는 추후 사업수지를 추정하는 데 많은 참고가 될 수 있다.

상위계획

국토종합계획은 물론 도 건설종합계획, 군 건설종합계획, 권역별 관광개발 계획, 도로계획 등 상위의 개발 계획을 파악하여 사업부지와의 관련 여부를 체크한다. 즉 주변의 개발 계획이 사업부지의 성격에 어떤 영향을 줄 것인지에 대한 예측과 그 시기 등을 파악해야 한다. 특히, 최근에는 각종 사회간접자본시설의 건설로 많은 변화가 예상되므로 그 중요성이 커지고 있다. 개발 계획상의 인접 부지를 제외하고는 상위계획 자체가 대상지에 직접적인 영향을 미치는 경우는 매우 드물다고 할 수도 있으나 광역적, 장기적인 환경의 변화를 예측할 수 있다고 하겠다.

대단위의 장기간에 걸친 개발 계획은 국토종합계획도에 대부분 표시되어 있으며, 시·군의 도시기본계획에는 사업부지에 많은 영향을 주는 각종 도로계획의 경우도 군(건설과 등)에서 확장 및 포장 계획을 확인할 수 있다. 이밖에 해당 지역에 대한 각종 개발정보(관보, 시보, 시도의회의사결정록, 시·군세입세출결산보고서, 신문기사 등)에 지속적으로 관심을 기울여 자료를 정리해 두어야 할 것이다.

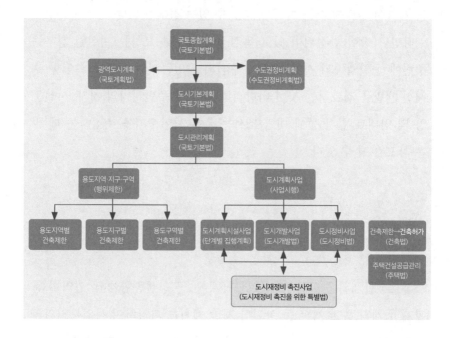

법적 규제사항의 확인

부지를 특정 목적으로 개발할 수 있는지 제반 법규에 따른 제한 여부를 확인해 보아야 한다. 이의 기초적인 사항은 〈토지이용계획확인서〉

로 확인할 수 있다. 〈국토계획법〉에 따른 용도지역 및 기타 사항의 확인이 가능하다.

용도지역이 확인되면 각각의 용도지역에서 허용되는 행위 등을 파악하면 된다. 일반적으로 농림지역인 경우(보전임지, 농업진흥지역) 농림·어업용 시설 이외의 대부분의 행위가 제한되며, 관리지역의 경우는 부지면적 30,000m²(9,075평) 미만의 개발은 허용되는 시설이 많으므로 비교적 활용도가 높다고 할 수 있다.

다만 용도지역과 별도로 다른 법률에 의한 제한이 있을 수 있는데, 예를 들어 상수원 보호구역은 대부분의 개발행위가 불가하며, 특별대책지역1권역의 경우도 일정 규모 이상(연면적 800m² 이상)인 대부분의 시설이 금지 또는 제한되므로 주의를 요한다.

그린벨트(개발제한구역) 및 공원인 경우도 허용행위가 극히 제한적이므로 수익성 있는 시설의 개발은 거의 불가능하다고 할 수 있다. 따라서 관리지역이라 하더라도 군사시설보호구역, 특별대책지역 등에 해당된다면 그에 따른 제한사항을 확인해 보아야 한다. 또한 행정지침(농어촌숙박시설 제한 등) 및 지방자치단체의 조례로 시설, 설치 및 규모 등을 제한하는 경우도 있으며, 특히 최근 비도시지역 내 식품접객업 및 숙박업소 설치 제한에 관한 조례를 제정 또는 개정 중에 있을 경우도 있으므로 해당 시·군에 확인해 보아야 한다. 이와 함께 농지·산림 등은 해당 법규에 따라야 한다.

도시외 지역인 경우 〈국토계획법〉에서의 용도지역(도시, 관리지역, 농림지역, 자연환경보전지구), 개발계획수립 여부 등이 표시되며 도시계획구역인 경우는 〈국토계획법〉에서의 용도지역(주거, 상업, 공업, 녹지지역) 및 용도지구(풍치, 주차장 정비, 미관, 고도지구 등)와 도로·공원 등 도시계획시설,

개발사업계획, 개발제한구역 여부 등이 표시된다.

국토이용 및 토지계획사항뿐만 아니라 군사시설보호구역 여부, 농업진흥지역 여부, 보전임지 여부, 공원구역 여부, 상수원보호구역 여부, 토지거래허가(신고)구역 여부 등의 확인이 가능하다.

도시계획구역은 도면이 첨부되어 발급되나 도시외 지역은 열람이 어려울 수도 있으므로 지적도 등의 내용을 고려하여 도면상 확인을 하는 것이 바람직하며(1필지에 용도지역이 2 이상인 경우가 있으므로), 인접 토지라도 용도지역이 다를 수 있으므로 전체 필지를 확인해 보아야 한다. 도시외 지역이라면 토지이용계획뿐 아니라 농지, 산림 등 해당사항 전체에 대해 열람하고 확인하는 것이 좋다.

리모델링으로 가치를 높일 수 있는지 확인하라

토지의 가치를 높이는 방법 중 하나로 '성형'이 있다. 토지 성형은 못생긴 토지를 다듬어 가치가 있는 토지로 만드는 기술이다. 대표적인 게 '토지합병'이다. 이는 지적공부서류(토지대장)에 등록된 2필지 이상의 토지를 1필지로 합치는 것을 말한다. 토지가 좁거나 모양이 나빠 활용 가치가 떨어지는 2필지 이상의 소규모 토지를 하나로 합쳐 활용 가치를 높이는 식이다. 이에 따르면 면적이 좁아 건물을 건축하기 어렵거나 최소 대지면적 규정에 맞지 않거나 토지 모양이 좋지 않아 건물 설계가 어렵고 공사비가 많이 들 것으로 예상되는 토지는 가급적 주변 토지와 합쳐서 쓰임새를 높여야 한다.

대상 토지는 일정 지역 안에 서로 붙어 있는 토지들이다. 이런 토지를 하나로 합치려면 지목이 같아야 한다. 한 필지는 대지인데, 그와 붙어 있는 다른 토지의 지목이 잡종지라면 합필이 어렵다.

그런데 이게 다가 아니다. 이런 토지로 합필을 추진하려면 조건이 충족돼야 한다. 가장 중요한 것이 지목, 소유주, 축척이 동일해야 한다는 점이다. 내가 가지고 있는 토지와 붙어 있는 토지의 소유권을 다른 사람이 가지고 있다면 그 소유권을 내 토지로 이전해야 한다.

이런 조건을 갖춘 뒤 합필신청을 하면 자치단체는 합필신청 토지가 1필지로 이용하고 있는지 여부, 토지의 합병금지사유 저촉 여부 등을 심사해 합필 여부를 최종 결정하게 된다.

성남시 정자동에서 IT업체를 운영하는 L씨는 부친의 유산을 정리하던 중 예상치 못했던 380m²의 땅을 찾아냈다. 그러나 기대를 가지고 현장을 둘러본 L씨는 이만저만 실망이 아니었다. 그 땅이라는 게 길이 20m, 폭 5m의 골목길이었기 때문이다. 경사지에 위치한 좁고 긴 모양의 토지로 건물 신축 자체가 아예 불가능해 쓸모없이 버려져 있는 상태였던 그 토지를 인근 부동산중개업소에 매물로 내놓았지만 거들떠보는 사람은 아무도 없었다.

토지의 활용 방법을 고민하던 L씨는 지적도를 면밀하게 살펴보다가 중요한 사실을 하나 찾아냈다. 지적경계선을 맞대고 있는 옆 토지 역시 자기 땅과 비슷한 모양이라서 활용 가치가 없다는 점이었다. 면적은 약 200m²이지만 폭이 6m밖에 되지 않은 장방형이었다. 도로와 접해 있어 그나마 사정이 좋았지만 폭이 좁아 건물 신축이 불가능한 것은 L씨의 땅과 마찬가지였다.

L씨는 그 토지소유주를 수소문해 만났는데, 마침 옆 토지 주인도 L씨

와 비슷한 고민을 하고 있었다. 몇 차례 협의 끝에 두 사람은 토지를 하나로 합쳐 공동으로 매각하기로 합의를 했다. 매각대금은 두 필지를 현 상태로 감정 평가해 감정가액 비율로 배분하기로 했다. L씨의 토지는 감정가액이 평당 80만 원 수준이었고, 도로변 토지는 평당 180만 원이었다.

두 토지를 하나로 합쳐 서로 약점을 보완했더니 땅값이 금방 평당 340만 원으로 뛰었다.

이처럼 못생긴 토지는 옆 토지나 앞 토지와 합쳐 잘 생긴 토지로 만들면 당장 몸값이 치솟는다. 못생기고 쓸모없는 토지만 골라 싸게 사서 약점을 보완한 뒤 비싸게 만드는 것은 현장 경험이 풍부한 고수들의 노하우다.

물리적 토지 리모델링	법률적 토지 리모델링	
• 맹지에 진입도로 내기 • 하천점용허가 • 도로점용허가, 도로 연결하기 • 구거점용허가 • 하천, 구거의 타목적 일시 사용허가 • 묘지 개설 및 이장 • 개간, 매립 • 폐교, 무인도 입찰 및 활용	• 토지분할 • 토지합병 • 형질변경 • 벌채, 수종갱신 • 토석채취, 골재채취, 채석허가 • 야적장 허가 • 사도개설 • 지목 변경	• 등록전환 • 용도 변경(토지, 건축물) • 용도지역 변경 • 농업진흥지역 및 보전산지 해제 • 그린벨트 해제 • 농지전용 • 산지전용

사실 시골지역 토지야말로 '리모델링'에 진짜 심혈을 기울여야 할 대상이다. 시골 토지를 왜 구입할까? 농사를 짓고 싶은 사람도 있겠지만 고객의 90% 이상이 주택 건축 등을 염두에 두고 토지를 물색하는 등 개발행위를 위해 토지를 물색하는 이들이다.

집을 지을 토지를 구입했을 때 모양 그대로 두고 실제 집짓기 착공을 하는 경우는 한 건도 보지 못했다. 기초 작업이 아니더라도 손을 보게 마련이다. 대지가 아닌 밭이나 산, 논 등을 사서 집을 짓는 경우는 100%

토지를 성형한다. 성토, 절토, 복토 등이 대표적인 과정이다. 이 경우 토지 모양이 바뀔 수밖에 없으니 토지 리모델링이라 해도 그다지 틀린 말은 아니다.

주택 리모델링에 비해 토지 리모델링에 훨씬 더 큰 신경을 써야 하는 이유는 두 가지다. 하나는 작업을 해야 하는 범위가 크다는 것이고, 다른 하나는 리모델링을 하게 되면 사실상 비가역적이기 때문이다.

집의 바닥 면적이 토지보다 클 수는 없을 것이다. 건폐율 40%라 하더라도 집이 앉는 자리, 즉 건축면적보다도 토지가 2배 이상 넓다. 넓은 범위에 걸쳐 있으므로 성토, 절토, 석축 쌓기 등을 어떻게 하느냐에 따라 같은 토지가 전혀 다른 느낌으로 변할 수 있다.

적절한 비유는 아니지만 얼굴을 전부 성형할 수도 있고, 눈이나 코 등 일부만 성형할 수도 있는 것처럼 토지 리모델링은 주택 리모델링에 비해 손대는 부분이 훨씬 크고, 또 범위가 넓은 만큼 해당 부지에 대한 인상을 크게 바꿔 놓을 수 있다.

다음으로 토지 성형은 사실상 비가역적, 즉 뜯어서 다시 원상으로 돌리기가 쉽지 않다는 것이다. 예를 들어 임야를 절토해 집을 짓는데, 건축이 되는 자리는 1미터쯤 높게 하면 마당은 집 바닥보다 1미터쯤 아래에 위치할 것이다. 이런 상태에서 집을 지어놓고 보니까, 마당과 집 바닥 높이를 비슷하게 하고 싶다든지 아니면 반대로 마당과 집 바닥 높이 차이를 더 크게 하고 싶다는 생각이 들었다고 가정해 보자. 집을 헐고 토목 공사를 다시 할 수 있을까?

토지 리모델링은 아파트나 주택 리모델링에 비해 디자인이 훨씬 다양할 수 있다. 디자인에 따라 토지의 가치가 천양지차가 될 수도 있다.

그러므로 주택 등을 신축할 부지를 찾는다면 토지 리모델링, 즉 토지 디자인에 대한 감각이 있어야 한다. 물론 구체적인 디자인 작업은 이른바 토목설계회사에 맡길 수 있지만, 옷을 입는 패션 감각처럼 저마다의 토지 디자인 감각에 따라 큰 틀이 정해지게 될 것이다.

토지를 구입할 때 가격 협상을 잘해서 시세보다 저렴하게 산다면 매입자 입장에서는 이득이 될 것이다. 그러나 디자인이 제대로 나오지 않는 토지라든지 리모델링을 할 수 있는 경우의 수가 제한된 토지라면 그 가치를 증진시키는 게 쉽지 않을 것이다.

부동산을 투자 혹은 투기의 대상으로 여기라는 뜻은 아니다. 거주하는 이의 마음에 들고, 찾아오는 사람들이 반하는 디자인이라면 그 자체로 엄청난 가치가 있는 게 아닐까? 토지를 구하는 이들이라면 토지 디자인에 대한 점을 꼭 염두에 두어야 한다.

토지의 최유효 활용 방안을 모색하라

토지소유주라면 무엇보다 토지를 계속 보유할 것인지, 매각할 것인지, 개발할 것인지부터 결정해야 한다. 그러나 개발하지 않고 보유하거나 매각한다 하더라도 소유 토지에 관한 '최유효 부지활용 방안'을 수립해야 한다는 점을 명심해야 한다.

자신이 소유하고 있는 땅이 어떤 가능성을 가지고 있는지 그렇지 않은지에 대해 아무것도 모르면서 무작정 보유하고만 있는 것처럼 어리석은 일은 없으며, 매각을 한다고 하더라도 자신도 무엇인지 모르는 물건을 어찌 남에게 팔 수 있겠는가? 무엇인지도 모르는 토지를 팔려고 들면 토지를 잘 아는 사람에게 헐값으로 넘어가거나 '눈먼 사람'에게 제 값으로 넘어가든지 할 텐데, 과거의 국내 부동산시장에서는 '눈먼 사람'이 많았지만 앞으로의 부동산시장에서는 '눈먼 사람'을 찾기가 매우 힘들 것이다.

그러므로 토지를 팔든, 보유하든, 개발하든 토지에 관한 '최유효 부지활용' 방안이 무엇인지를 분석해야 하며 그 활용 방안에 대한 계획서를 반드시 가지고 있어야 한다.

한편 본인의 토지를 개발한다고 전제할 때는 먼저 "개발 후 분양할 것인지? 임대를 주고 관리할 것인지? 직접 사업을 경영할 것인지?" 등 관련된 사업목적부터 설정해야 한다. 왜냐하면 사업목적에 따라 '최유효 부지활용 방안'이 달라질 수 있기 때문이다.

예를 들어 주택은 분양목적에 적합한 상품이며, 업무빌딩은 임대사업에 적합하고, 상업시설이나 상가는 분양이나 임대가 모두 가능하다. 원하면 특정 사업을 직접 경영하는 것도 가능하다.

사업목적 또한 중요한 첫 단계 의사결정이 되는데, 사업목적을 설정하는 데에 있어서 전문가의 도움이 필요한 것은 사실이지만 최종적으로는 투자자가 스스로 결정해야 한다. 사업목적은 본인의 자금 사정, 사업 의지, 성격, 취향 등과 관련하여 결정해야 하기 때문이다.

개발사업의 성패는 '최유효 부지활용계획'에 달려 있으므로 토지소유주는 반드시 이 단계에서 전문가로부터 조언을 듣고 판단하도록 한다. 이 단계에서 설계사무소, 공사업체의 조언을 참고할 필요는 있으나 이들에 너무 의존해서는 안 된다.

설계용역이나 시공업체는 용도나 규모에 관한 이해당사자이므로 왜곡된 자문을 할 경우도 있고, 또한 투자자로서의 견해나 의사결정과 배

치될 수도 있다는 점을 명심해야 한다. 따라서 이들의 자문은 수지분석 단계에 한정할 필요가 있다고 본다.

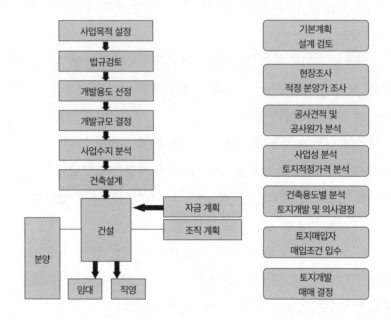

용도지역으로 본 토지 최유효 활용 방안

도시에 사는 직장인이나 자영업자가 전원주택을 지을 토지를 구할 때 망설여지는 것은 지역, 지목, 용도지역과 구입 면적이다.

우선 예산 범위 내에서 땅값을 고려하여, 너무 비싸지 않고 한적한 지역의 토지를 고른다. 농지나 임야 중 어느 것이 좋은가는 주변 환경에 따라 다를 것이다. 산 아래 위치한 아늑한 농지도 바로 텃밭을 이용할 수 있어 매우 좋다.

용도지역에 있어서는 조금 유의해서 판단해야 할 부분도 있다. 초보자는 대부분 계획관리지역의 토지를 선호하는 경향이 크다. 하지만 계획관리지역이란 것은 대개 어느 정도 개발이 되어 있거나 진행 중인 지역 혹은 국도, 지방도 등 도로변 등이어서 청정하고 조용한 분위기와는 좀 거리가 멀다. 또한 도시지역을 제외한 다른 용도지역에 비해 땅값이 30~50% 비싸다는 것이 더 크다. 나중에 음식점을 하려는 목적을 가지고 있거나 2종근생시설을 짓고자 하는 장기계획을 가지고 있다면 모르지만 집을 짓고 살기 위한 목적일 뿐이라면 과잉투자로 보인다.

용도지역의 배분은 미래가치를 결정한다

"용도지역은 토지의 팔자다."라는 말을 들어보았는가? "사람 팔자는 알겠는데, 토지에도 팔자가 있다고? 별 이상한 말을 다하네."라고 말한다면 당신은 토지에 대해 전혀 모르는 사람이라고 할 수 있다.

우선 용도지역이 '왜 토지의 팔자인지' 논하기 이전에 용도지역이란 무엇인지 그리고 그것이 무엇을 의미하는지 살펴보자.

용도지역은 〈국토계획법〉에서 규정된 용어로서 다음과 같이 정의되어 있다.

쉽게 표현을 하면 아무 토지에다 건물을 건축하고 집을 신축해서 살면 땅 주인이야 좋겠지만 토지에 대한 기준을 정해 놓지 않아 무분별하게 개발되는 일을 막기 위해 토지에 대한 주거, 상업지역 등 용도를 정하여 그 용도 이외로는 사용을 하지 못하게 하는 것이다. 토지의 쓰임새를 결정하는 용도지역의 정의에서 알 수 있듯이, 용도지역에 따라 각 토지의 행위제한(용도) 및 효율성(건폐율, 용적률, 높이)이 결정된다.

이를 간단히 살펴보면 다음과 같다.

▶ 용도 : 해당 용도지역에 허용되는 건축물 및 시설물

▶ 건폐율 : 건폐율 = (건축면적 ÷ 대지 면적) × 100

　건축물의 수평적 밀도 (바닥면적 결정 요인)

▶ 용적률 : 용적률 = (건축물의 지상층 연면적 ÷ 대지 면적) × 100

　용적률은 건축물의 수직적 밀도 (건축물 층수 결정 요인)

> '용도지역'이란 토지의 이용 및 건축물의 용도, 건폐율, 용적률, 높이 등을 제한함으로써 토지를 경제적·효율적으로 이용하고 공공복리의 증진을 도모하기 위하여 서로 중복되지 아니하게 도시·군관리계획으로 결정하는 지역을 말한다.

각 용도지역에 그 목적에 따라 허용 가능한 건축물 및 시설물이 제한된다. 만약 토지가 있는데, 어떤 토지에는 상업용도의 상가건물을 지을 수 있고, 반면에 어떤 토지에는 오직 농사만 지을 수 있다고 한다면 어느 토지의 가치가 더 높겠는가? 상가건물을 지을 수 있는 토지의 가치가 더 높을 것이라는 점은 자명하다. 건폐율, 용적률도 마찬가지라 할 수 있다.

같은 100평짜리 토지에 어느 토지는 바닥 면적이 60평에 연면적은 4층까지만 건축 가능한 반면에 어느 토지에는 바닥면적 90평에 10층 이상을 건축할 수 있다면 어느 토지가 더 높은 가치를 가질 것인지는 따져볼 필요도 없을 것이다.

이처럼 해당토지의 용도지역이 무엇이냐에 따라서 토지의 쓰임새는 결정되며, 그로 인해 토지로부터 창출될 수 있는 부가가치의 차이가 발

생한다. 이것이 바로 땅이 가지고 있는 근원적인 가치의 차이이며, 땅의 팔자를 결정하는 핵심 요인이다.

용도지역은 도시지역, 관리지역, 농림지역, 자연환경보전지역으로 구분

용도지역별 건폐율과 용적률 비교

구분	용도지역	세분 (시행령)	건폐율(% 이하)		용적률(% 이하)		비고
			법	시행령	법	시행령	
도시지역	주거지역	1종 전용	70	50	500	10~100	개발이 완료
		2종 전용		50		100~150	
		1종 일반		60		199~200	
		2종 일반		60		150~250	
		3종 일반		50		200~300	
		준주거		70		200~500	
	상업지역	근린	90	70	1,500	200~900	
		유통		80		200~1100	
		일반		80		300~1300	
		중심		90		400~1500	
	공업지역	전용	70	70	400	150~300	
		일반		70		200~350	
		준공업		70		200~400	
도시지역	녹지지역	자연	20	20	100	50~100	개발이 가능
		생산		20		50~100	
		보전		20		50~80	
관리지역	계획관리지역		40	40	100	50~100	보전목적
	생산관리지역		20	20	80	50~80	
	보전관리지역		20	20	80	50~80	
농림지역			20	20	80	50~80	
자연환경보전지역			20	20	80	50~80	

용도지역은 도시지역, 관리지역, 농림지역, 자연환경보전지역 등 총 4개의 용도지역으로 구분된다. 이는 또 보전관리지역, 생산관리지역, 계획관리지역, 농림지역, 자연환경보전지역 등 앞의 표와 같이 총 21개로 세분화 되어 있다.

용도지역 세분화 및 지정 목적

용도지역 따른 토지의 가치는 일반적으로 도시지역, 관리지역, 농림지역, 자연환경보전지역 순이지만 절대적인 사항은 아니다.

개발이 급격하게 진행되고 있는 지역에서는 이들이 지니고 있는 가치가 급변하기 때문에 뚜렷하게 어느 용도지역이 가치가 더 높다고 하기에는 무리가 따른다. 예를 들면 관리, 농림지역은 인근지역 개발이 진행되면서 도시지역으로 바뀔 수 있으며, 주거지나 상업지로 편입되기도 한다. 이때 기존 도시지역의 녹지지역보다 미래가치가 더 클 수도 있는 것이다.

용도지역은 도·시·군관리계획으로 결정

각 토지의 용도지역은 도·시·군관리계획으로 결정된다. 이때 결정된 용도지역은 강력한 규제사항으로서 지정되면 변경이 매우 어렵다.

용도지역을 지정(도시관리계획 수립)함에 있어 〈국토계획법〉 제22조에 따라 주민의견을 청취할 수는 있으나, 주민의견으로 인한 영향은 한정적이다. 결국 일개 개인으로서는 용도지역을 바꾸는 것이 불가능하다고 보는 게 타당하다.

　내가 소유하고 있는 땅의 용도지역이 무엇인지 알기 위해서는 〈토지이용계획확인서〉를 확인하면 된다. 모든 토지는 용도지역을 가지고 있으며, 한 개의 필지는 한 개의 용도지역을 가지고 있는 것이 원칙이다. 그러나 드물게는 〈토지이용계획확인서〉에서 용도지역이 2개가 표시되어 있는 경우가 있는데, 이는 지적도를 통해 추가적으로 용도지역을 확인해야 한다. 해당 필지의 지적도를 유심히 살펴보면 아래 그림처럼 반드시 필지가 선으로 구분되어 있을 것이다. 해당선이 용도지역을 구분하는 선이다.

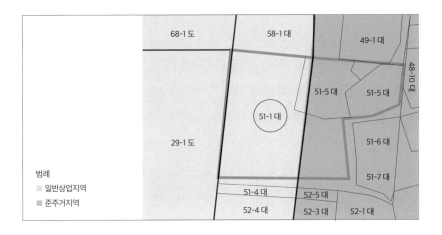

땅도 팔자가 바뀐다

　살다보면 계속해서 어려운 삶을 사는 사람도 많지만 팔자가 바뀌어 인생역전을 외치는 사람들도 꽤 많다. 우리는 이것을 "팔자가 핀다"고

비도시 지역에서
도시지역으로 용도변경

표현하기도 하는데, 좀 우스운 표현이기는 하지만 땅에 대해서도 "팔자가 핀다." 라고 말한다면 그리 틀린 이야기만은 아닐 것이다.

'땅의 팔자가 피었다'는 의미는 그동안 개발을 할 수 없거나 낮은 효율성 그리고 개발행위가 엄격히 규제되던 땅이 개발을 할 수 있게 되거나 용적률, 건폐율이 높아지거나, 행위제한이 완화되는 등 더 나은 용도를 가지게 되는 경우를 말한다.

우리는 이를 '종상향' 또는 '용도변경'이라고 말한다. 종상향이란, 〈국토계획법〉에 따라 세분화된 용도지역(1, 2종전용주거, 1,2,3종일반주거 등) 내에서 종 구분이 변경되는 것을 말한다.

예를 들면 기존 1종일반주거에서 2종일반주거로, 또는 2종일반주거에서 2종일반주거로 변경되는 것이다. 이렇게 종상향이 되는 경우에는 기존보다 용적률 및 층수를 높게 지을 수 있기 때문에 토지의 효율성이 개선된다. 토지의 효율성이 개선됨에 따라 토지 가치도 상승하는 것이다.

용도지역 변경 또한 땅의 팔자가 바뀌는 사건이다. 용도지역이 바뀐다는 것은 〈국토계획법〉 제30조에 정의된 각 호(주거, 상업, 공업, 녹지, 관리, 농림) 간의 변화라 할 수 있다. 일반적으로 보다 효율성이 높은 용도지역으로의 변경이 이루어진다. 예를 들면, 주거 → 상업, 녹지 → 주거 등으로 변경이 되는데, 이때 급격한 지가상승을 기대할 수 있다. 종상향과 용도변경으로 인한 토지 가치의 변화는 사회적 편익에 많은 관련성을 가지고 있다. 특히, 해당 변경으로 인한 토지의 가치상승은 특혜적 측면에서 많은 사회갈등 요소를 내포하고 있기 때문에 용도 변경을 위해서는 타당성과 당위성이 필요하다.

그런 면에서 즉흥적인 용도변경은 쉽지 않으며 국토개발계획 및 그 하위계획(광역도시계획, 도·시·군 기본계획 등) 그리고 국토정책을 시행하는 과정에서 발생되는 것이 일반적이다.

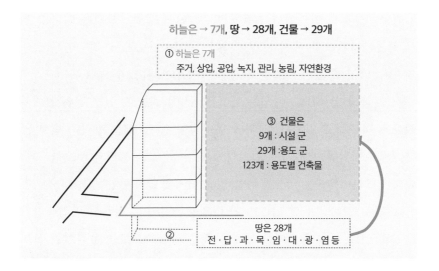

하늘은 → 7개, 땅 → 28개, 건물 → 29개

① 하늘은 7개
주거, 상업, 공업, 녹지, 관리, 농림, 자연환경

③ 건물은
9개 : 시설 군
29개 :용도 군
123개 : 용도별 건축물

②

땅은 28개
전·답·과·목·임·대·광·염 등

농림지역과 임업용산지

농지의 경우 농림지역 농지는 농업진흥지역(농업보호구역과 농업진흥구역)과 일반농지지역으로 나누어 볼 수 있는데, 이중 일반농지와 농업보호구역은 도시인도 전원주택이 가능하지만 농업진흥구역은 불가하다.

농업보호구역은 대개가 저수지 주변지역으로서 호수를 끼고 있어 분위기가 좋아 도시인이 즐겨 찾는다. 임야의 경우 도시지역에 속하는 녹지지역이나, 비도시지역인 관리지역이 선호된다.

임야 농림지역은 보전산지(공익용산지와 임업용산지)로 분류되기 때문에 도시인은 바로 집을 지을 수 없다. 그래서 찾는 임야가 관리지역인데, 관리지역 중에서는 가장 흔하고, 싸고, 주변 분위기도 좋은 마을 근처 산지가 바로 보전관리지역 임야다. 그래서 대부분의 전원주택이나 전원주택단지는 보전관리지역 임야를 사업부지로 하고 있다.

임업용산지는 임업인만 집을 지을 수 있어 임업용산지는 임야의 분류 중 〈산지관리법〉에서 보전산지에 속하는 것으로서, 일반인은 집을 지을 수 없고, 임업인 자격을 가진 자만이 집을 지을 수 있다.

〈산지관리법〉 제12조에서는 임업용산지에서 할 수 있는 행위를 제한적으로 나열하고 있는데, 이외에 일반인이 쓸 수 있는 범위는 별로 없다. 〈국토계획법〉에서의 농림지역에서 할 수 있는 범위와 비슷한 수준이다. 임업용산지는 〈국토계획법〉의 농림지역으로 편입된다.

국토의 전체 임야 중 약 51%가 임업용산지이다. 따라서 임업용산지는 일반인의 토지 활용이나 투자용 혹은 사업용으로는 부적합한 산지라는 점을 염두에 두고 있어야 한다.

보전관리지역 임야와 임업용산지

만일 누군가 전원주택지로서 임업용산지와 보전관리지역 임야를 동시에 추천한다면, 다음 사항에 대해 잘 이해하고 선택을 하도록 하자.

1. 공통점

임업용산지와 보전관리지역 임야 모두 비도시지역에 속하며, 개발을 하고자 하면 모두 경사도, 고도, 입목축적 제한, 〈등산지관리법〉의 규정이 적용된다.

건폐율과 용적률은 대체로 20%와 80% 수준으로 같다고 보면 된다. 활용이나 개발 가능성도 거의 동일하다. 초등학교, 종교시설, 병원, 사회복지시설, 제1종근린생활시설과 제한적 용도의 제2종근린생활시설, 태양광발전사업 등도 가능하다.

2. 차이점

임업용산지는 보전산지이며, 보전관리지역 임야는 준보전산지로 분류된다. 개발 범위에 있어서 임업용산지는 〈산지관리법〉 제12조의 적용을 받지만, 보전관리지역 임야는 〈산지관리법〉 상 범위 제한은 없고 〈도시계획조례〉에 위임하여 그에 따른다. 〈국토계획법〉과의 관계에서 보면 임업용산지는 농림지역에 속하고, 보전관리지역 임야는 관리지역에 속한다.

도시인이 전원주택을 짓고자 한다면 보전관리지역에서만 가능하고, 임업용산지는 농업인, 임업인만 주택 신축이 가능하다.

계획관리지역 토지의 효용성과 투자가치

용도지역 중 계획관리지역은 자연녹지지역과 더불어 토지투자를 하고자 할 경우나 토지를 개발하고자 할 때 일반인이 가장 선호하는 지역이다. 물론 도시지역 중 주거-상업-공업지역 등 시가화용지가 가장 좋지만 이들 지역은 일반적으로는 땅값이 비싸서 개발차익을 기대하기 어려운 경우가 많다. 따라서 수도권 경기도 지역이나 지방에서 음식점이나 숙박업소, 공장, 창고 등의 사업부지를 고를 때 가장 많이 찾는 것이 자연녹지지역과 계획관리지역이 된다.

계획관리지역은 비도시지역 중 여타의 용도지역에 비해 개발가능행위의 범위가 가장 넓어 창고나 물류센터, 공장, 주기장, 폐차장 등의 신축에 거의 제한이 없다. 같은 〈국토계획법〉에서의 '유보지역' 혹은 '시가화예정용지' 중에서도 계획관리지역은 건폐율이 40%에 달하고, 4층 이상의 건축도 가능하기 때문에 많은 개발사업자가 선호하는 것이다.

특히 계획관리지역 임야는 시가화용지나 농지에 비해 값이 싸고, 풍광이 뛰어난 경우가 많아 전원주택은 물론 연수원, 박물관, 모텔, 음식점, 창고, 2종근린생활시설 등으로 인기가 있다. 그러나 전원주택의 경우, 계획관리지역은 오히려 필요 이상의 땅값 부담이 있으므로 대신 보전관리지역 임야나 임업용산지로 대체하는 경향이 있다.

계획관리지역의 특징

1. 비도시지역 중 가장 높은 건폐율, 용적률

계획관리지역의 건폐율은 전국의 지자체가 예외 없이 40%이며, 용적률은 100%로 되어 있다. 비도시지역 용도지역 중에서 가장 높은 비율로, 그만큼 더 넓게 건축할 수 있어 토지를 효율적으로 쓸 수 있다. 다른 비도시지역 용도지역의 경우 건폐율, 용적률은 20~80%인 것이 대부분이다.

계획관리지역 건폐율은 경우에 따라 더 올라간다. 취락지구 내 계획관리지역인 경우에는 건폐율이 60%로 상향된다. 계획관리지역 중 성장관리 방안이 수립되는 지역에서는 건폐율 50%, 용적률 125%로 상향되기도 한다.

2. 건축 가능한 종류와 개발가능사업의 범위가 비도시지역 중 가장 넓다.

계획관리지역의 가장 큰 특징은 수익사업의 대표적인 2종근린생활시설, 음식점, 모텔, 영업용 창고, 공장 등을 비롯하여 연수원, 박물관, 자동차학원, 골프장, 골프연습장, 폐차장, 주기장, 주유소 등을 지을 수 있다는 것이다.(일부 제한사항이 있음) 〈농지법〉에 따른 농지전용면적 제한에서도 계획관리지역은 예외로 한다. 이것이 계획관리지역의 최대의 장점이자 매력이다.

정확한 지역별 계획관리지역에서의 개발가능 행위는 그 지역의 〈도시(군)계획조례〉를 참조하여야 할 것이다.

3. 4층 이상의 건축도 가능하다.

자연녹지지역의 경우 4층 이내의 제한이 있지만, 계획관리지역인 경우 용적률이 허용하는 한 그 이상으로 높이 지을 수 있다.

4. 비도시지역 지구단위계획구역을 수립할 수 있다.

비도시지역 중 지구단위계획을 수립할 수 있는 대표적인 용도지역이 계획관리지역이다. 생산관리지역과 보전관리지역도 가능하기는 하나, 편입면적에 따른 제한을 받는다.

지구단위계획구역은 유통형, 산업형, 관광형, 주거형 등으로 개발할수 있어 지구단위계획구역으로 지정되는 계획관리지역에서는 공단이나 아파트단지, 유원지도 가능하다. 이런 것들은 농림지역이나 보전관리지역 등 다른 비도시지역에서는 불가능하다.

계획관리지역의 투자가치

계획관리지역은 확실히 유용하고 투자가치가 있는 토지임에 분명하다. 그러나 그렇다고 투자 목적을 따지지 않고 무조건 계획관리지역을 구입해서는 안 된다. 모든 사람들이 계획관리지역이 유용하다는 것을 알고 있다. 그렇기 때문에 이런 토지는 주변의 농림지역이나 보전관리지역 등에 비해 이미 땅값이 많아 올라 있다.

먼저 내가 개발을 목적으로 토지를 구입한다면 그 개발에 꼭 계획관리지역이 필요한지 짚어볼 필요가 있다. 예컨대 요즈음 유행하는 태양광발전이나 수목장에는 농림지역(공익용산지 등)으로도 충분하다. 또 전원주택단지나 사회복지시설, 병원, 종교집회장 건축에는 보전-생산관리지역으로도 족하다. 잘하면 농림지역도 가능할 수 있다. 이런 사업에 계획관리지역은 과대 투자이며 사치다. 귀농歸農, 귀촌歸村, 귀산자歸山者들이라면 농림지역 농지나 임야로 족하다.

그럼에도 주위에서 권한다고 해서 비싼 계획관리지역 토지를 구입하는 경우도 많은데, 이는 토지의 기본체계에 대한 이해 부족에서 기인한 낭비인 것이다.

결론적으로 계획관리지역은 개발과 도시화가 예정된 토지로서, 장래의 활용과 수익을 기본으로 하는 것임을 알아야 할 것이다.

비도시지역에서도 토지의 가치 평가를 위한 계량화가 가능한가

현재 부동산시장은 아파트 투자에 대한 대출규제가 심해지면서 투자에 쉽게 나서기 어렵게 되었고, 실수요자로서도 더더욱 매수하기 어려워진 게 사실이다. 그래서 아파트 투자자들도 이제까지는 쳐다보지 않았던 토지에 관심을 갖기 시작했다.

아파트는 항상 수익이 돌아오는 시장이었다. 단지 내가 얼마나 더 싸게 사서 이득을 취했는지 그 수익을 차이가 있을 뿐이었다.

KB시세를 통해서 내가 찜한 아파트 시세를 확인하고, 주변 부동산에 문의도 하면서 저가 매수인지, 급매인지를 판단하면 비교적 쉽게 시세차익을 얻을 수 있는 시장이 아파트 투자시장이다. 우리가 살아왔고, 지금도 계속 살고 있는 부동산 유형이기 때문에 친숙하기도 하다. 대단지 아파트일 경우는 똑같은 타입의 아파트가 수십 채, 수백 채이기 때문에 내가 얼마나 싸게 샀고, 비싸게 샀는지를 〈국토교통부 실거래가〉를 통해서 일반인도 확인이 가능하다. 비교적 투명한 시장이 아파트 시장이다.

그러나 토지는 세상에 딱 하나밖에 없는 'only one' 상품이다. 이 세상에 똑같은 번지수를 가진 땅은 없다. 아파트라면 옆집이 얼마에 샀는지, 얼마에 팔았는지를 비교해 가며 팔고 싶을 때 가격을 책정하고 중개사에게 매도 의뢰를 할 수 있다. 또는 "어느 정도 가격에 나온 매물이 있으면 연락 주세요." 라고 내가 사고 싶은 가격을 중개사에게 알려, 그 가격의 급매가 나오면 연락을 받을 수도 있다.

하지만 토지투자에서는 땅값을 계량화 할 수 없다!

2019년 1분기의 땅값 상승률은 용인 처인구가 1등이었다. SK하이닉스 반도체 클러스터가 용인 처인구 원삼면에 사업부지를 확정했기 때문이다. 10년에 걸쳐 120조 원을 투자하는 것으로 발표되면서 용인 원삼면과 그 이웃 동네인 백암면 땅값은 하이닉스 호재가 있기 전보다 두 배 이상 가격이 올랐다. 1~3억 원대로 용인 처인구 원삼면, 백암면 일대에 소액 토지투자 하던 시장은 벌써 지나갔고, 이제 남은 건 덩치가 좀 있는 우량물건들이 거래를 기다리고 있을 뿐이다. 그나마 매물로 나온 땅도 별로 없다. 호재가 확실한 상황에서는 경제 상황이 급하지 않은 한, 엉덩이의 힘으로 기다리고 나면 그 가치가 크게 상승할 것이라는 걸 토지소유주도 알고 있기 때문이다.

그리고 같은 지역의 토지라도 어떤 도로에 접해 있느냐에 따라 이웃인 용인 땅값과 내 땅값이 다르다.

가격이 오른 토지를 산다고 해서, 내가 매수하기 이전 가격을 생각하면 안 된다. 그만큼 시장이 받쳐주기 때문에 형성된 가격이다. 그 가격은 1년 사이에 천천히 상승할 수도 있고, 호재가 있는 경우 1~3개월 사이에 두 배 이상이 오르기도 한다. 용인 처인구 토지가 그렇다. 입지별로 편차가 심하다.

아파트도 마찬가지다. 2018년 분당의 소형 아파트는 1년 동안 2배로 가격이 올랐다. 그동안 가격이 두 배로 올랐기 때문에 앞으로 그 분당

소형 아파트를 사는 수요가 없을까?

용인 땅값도 마찬가지다. 이전에 많이 올랐다고 해서 앞으로 그 땅의 가격이 덜 오를까? 그럴 수는 없다. 오히려 가격이 오르는 땅을 사야 한다. 살 때는 싼 토지를 산다면 기분이 좋을 수도 있겠지만, 그만큼 가격이 상승하는 구간도 낮다고 보아야 한다.

요즘은 누구나 〈국토교통부 실거래가〉를 확인할 수 있기 때문에 내가 사려는 땅의 현재 소유자가 언제 그 땅을 샀으며 또 언제 팔았는지 확인할 수 있다. 등기부등본을 떼어서 확인할 수 있는 경우도 있다.

'땅을 팔려고 하는 사람이 이렇게 싼 가격에 사서 이렇게 비싸게 파는 거야?'라고 생각한다면 안 된다. 이런 토지를 사면, 앞으로의 내 투자이익이 줄어드는 걸까? 그렇지 않다. 예를 들어 가격이 100까지 오를 토지인데, 나보다 앞서 땅을 샀던 사람이 짧은 기간에 40의 이득을 보았다고 해서 내가 그 땅을 불리하게 사는 걸까? 나의 토지투자 이익은 40에 사는 그 순간부터 100까지이다. 즉 매수하는 순간부터 나에게 발생할 이익을 생각해야 한다.

토지도 투명하게 팔 수 있다

토지투자로 나서는 첫걸음은 쉽지 않다. 왜일까? 이제까지 해보지 않은 투자이기 때문이다.

토지투자 과정이 아파트처럼 규격화되어 있지 않기 때문에, 내가 사려는 토지의 가격이 적당한지, 나의 판단이 맞는지 검증을 하려 해도 그

검증할 수 있는 시스템이 아파트보다는 왠지 명확해 보이지 않는다.

대신 토지는 활용도가 높은 투자 수단이다. 농지를 사면 농사도 지을 수 있고, 임대도 줄 수 있고, 여차하면 집도 지을 수 있고, 나중에 철거해서 상가를 짓고 임대수익을 가져갈 수도 있다. 내가 그 토지를 가지고 이것저것 해보는 동안 땅값은 계속 올라간다.

토지투자 = 지가상승 + 활용 이익(임대, 거주 등)

만약 용인과 같은 곳의 토지투자를 처음 결심했다면 가장 우려하는 건 무엇일까?

가치 상승 여력이 높은 토지를 제대로 사는 것이다. 이왕이면 싸게 사는 게 금상첨화다. 하지만 내가 원하는 조건을 다 만족할 수는 없다고 해도 용인과 같은 곳의 토지에 투자해 큰 수익을 올리고 싶다면, 그래도 중개사의 말에 귀를 기울이고 신뢰해야 한다.

부동산의 가치는 무엇으로 판단해야 할까?

부동산이 가지고 있는 가치에는 내재적인 가치, 미래 가치, 희소성의 가치가 있다. 물론 그 외에도 다양한 가치를 가지고 존재감을 나타낼 것이다.

그렇다면 부동산이 가지고 있는 가치를 어떻게 평가할 것인가. 그 평가에 대한 결과가 가격으로 나타날 것이다.

하지만 가격은 쉴 새 없이 움직인다. 오르기도 하고 내리기도 한다.

매우 변덕스럽게 작용한다. 시장에서 가격이 변동이 없다면 가치만 존재할 따름이다.

"가격은 지불하는 것이고 가치는 얻은 것이다." 워렌 버핏의 말이다. 그러니 가치가 없는 물건을 돈을 주고 얻었다면 후회하게 될 것이다.

부동산에 내재해 있는 가치를 보고 투자를 결정하는 사람들은 시장의 흐름보다 부동산 자체가 가지고 있는 가치에 초점을 두는 사람이라고 할 수 있다. 이들은 시장에서 정해진 가격과 부동산에 내재해 있는 가치가 서로 일치하지 않는 데서 기회를 찾는다. 즉 가치(Value)가 가격(Price)보다 크다고 느낄 때만 매입한다. 예를 들어 1억 원짜리 주택을 살 때 집의 구석구석을 세심하게 살펴보는 것은 물론이고 학군, 지역, 주거환경, 생활편리성 등 다양한 가치에 대해 평가할 것이다. 그 결과 충분히 1억 원 이상의 가치가 있다고 판단이 서야 매입에 나선다.

부동산의 매입에 있어서 전문가가 아니라면 해당 부동산의 가치를 종합적으로 평가하고 계량화 하는 것은 결코 쉽지 않다. 하지만 방법이 있다.

어떤 아파트를 매입하고자 한다고 하고 가치투자를 적용해 보자.

아파트에 내재되어 가치의 핵심은 토지로 결정된다. 부동산의 가치에서 가장 중요한 핵심 중의 하나는 '어디에 있느냐?'이다. 즉 토지는 위치가 중요한 입지 상품이다. 토지의 가치는 토지의 활용도에 의해 결정되고, 같은 땅이라도 활용도가 달라지면 가치도 달라진다.

한 예로 상업용지가 주거용지보다 비싼 이유는 주거용지보다 상업용지가 건물을 더 높이 올릴 수도 있고, 더 넓게 건축을 할 수 있기 때문이다. 여기서 토지의 활용도를 결정짓는 개념이 바로 건폐율과 용적률이다. 용적률은 건물을 얼마나 높이 올릴 수 있는가를 나타내는 지표로,

같은 크기의 땅이라도 용적률이 높은 곳의 값이 비싼 법이다. 그래서 같은 아파트라도 가지고 있는 토지의 크기, 즉 대지지분이 다르다. 낡은 저층 재건축아파트가 고층아파트보다 더 비싼 것은 그 아파트가 가지고 있는 토지의 크기, 대지지분이 다르기 때문이다.

다만 아파트의 가격을 결정하는 요인이 대지지분의 크기에만 있는 것은 아니다. 주변 환경, 조망권, 주민들의 소득 수준, 주거의 질 등 가치를 결정하는 요소는 수없이 많다. 그래서 부동산의 가치를 분석한다는 게 쉽지 않은 것이다. 어느 정도 식견이 필요하다. 스스로 공부해서 자신만의 기준을 만드는 것 외엔 달리 길이 없다. 남이 보지 못하는 것을 보면서 저평가 되어 있는 내재 가치를 찾아야 하고, 남과 다른 시각으로 빠르게 정보를 획득해 미래에 발생될 가치를 찾아내는 실력을 갖춰야 한다.

노련한 투자자들은 늘 가치에 비해 저평가된 부동산을 산다. 시장에 형성된 가격에 그대로 끌려가지 않는다. 일단 가치에 대한 감정이 끝나고 충분히 가치에 비해 저평가되었다고 판단된 후에야 매입에 나선다. 이것은 무엇을 말하는가. 시장의 흐름에 너무 흥분하지 말라는 것이다.

부동산이 가지고 있는 전체적인 가치를 살피는 것은 나 자신을 살피고 내 가치를 찾는 것과도 같다. 그 '누군가'는 오늘도 내일도, 자신의 말이 무시되더라도 매일매일 씩씩하게 굴하지 않고 부동산업소에 가격을 제시하고 있다. 문제는 우리가 그 '누군가'의 말이나 분위기에 휘말려든다면 큰 손해를 볼 것이라는 것이다. 부동산시장에도 알고 보면 시장판처럼 싸게 사고 비싸게 파는 수백 수천 가지 전술과 전략이 있다.

부동산이란 다듬고 연구하고 활용하는 방법과 요령에 따라 그 가치가 얼마든지 변할 수 있고 배가될 수도 있는 상품이다. 움직이지 않는 물건임에도 늘었다 줄었다 하고, 고정되어 있음에도 날개가 달린 것, 그것이 부동산이다. 그래서 부동산에는 '정해진 가격'이 없다.

토지란 상황에 따라 합병을 해서 수익을 키우고, 분할을 해서도 수익을 올릴 수 있는 부동산이다. 고정되어 있지만 커지기도 하고 작아지기도 하면서 가치가 달라지는 유일한 상품이다.

예를 들어 토지의 51%는 상업용지이고, 49%는 일반주거지역의 토지를 샀다고 하자. 상업용지 51%와 일반주거지역용지 49%가 섞인 경우, 일반주거용지도 상업용지의 용적률을 적용 받는다. 약 900%까지 건축할 수 있다. 또한 일반주거지역(용적률 300%)과 전용주거지역(용적률 100%)이 섞여 있었으나 일반주거지역 면적이 60%를 차지해 용적률 298%로 건축할 수 있다. 앞의 상업용지는 정가에 사고, 뒤 토지인 일반주거지역 용지를 싸게 사서 합병을 한다면 많은 수익을 올릴 수 있을 것이다.

이토록 토지는 그 지역에 맞는 활용성과 평수가 있는 것이다. 일례로 고급주택가에서 50여 평짜리 땅은 인기가 없다. 적어도 100평 이상이 되어야 제대로 그 가치를 인정받는다. 또 큰 도로변의 토지는 300평 이상이 되어야 그 가치를 인정받는다. 이렇듯 지역 상황에 맞게 토지를 가공하면 현재 가치보다 더 좋은 효과를 얻을 수 있는 것이다.

반대로 토지가 너무 크면 금액이 커서 매매가 쉽지 않다. 그때는 필지를 분할해서 팔아야 하는 것처럼 땅은 상황에 따라서 합치거나 쪼개 활용함으로써 가치를 증대시킬 수 있는 상품이라는 점을 인식하고 판단한다면 해당 토지가 가지고 있는 잠재된 가치를 알아차리는 눈을 갖출 수 있을 것이다.

매수하려는 토지의 진짜 땅값 찾기

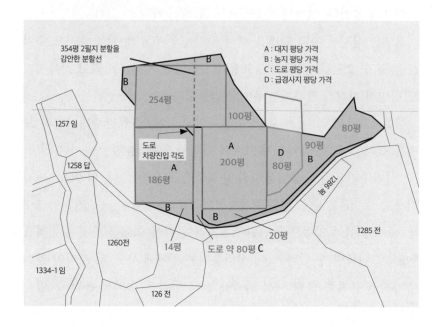

354평 2필지 분할을 감안한 분할선

A : 대지 평당 가격
B : 농지 평당 가격
C : 도로 평당 가격
D : 급경사지 평당 가격

B
254평
100평

B

1257 임

80평

도로
차량진입 각도

A
200평

D
80평

90평

B

1258 답

A
186평

1286 임

B

1285 전

1260전

14평

B

20평

도로 약 80평 C

1334-1 임

126 전

▶ 위 지적도 상에 임의로 표기한 내용은 땅값을 찾는 방법을 설명할 때 활용하는 그림이다.

▶ 토지는 같은 평수일지라도 지적도상 모양이 택지처럼 네모반듯한 토지와 못생긴 토지는 가치평가가 다르다는 것은 잘 알고 있을 것이다. 그래서 주변시세를 감안하여 택지모양의 토지 평가금액을 주변시세 기준 100%라고 정하고 지적상 토지 모양은 못생겼지만 텃밭으로 쓸 수 있는 토지는 농지가격으로 50%, 도로로 편입되는 면적은 20%, 급경사지로 등기상 면적일 뿐 활용도가 낮은 면적은 10%로 책정하고, 각 필지별 배분금액을 정했다.

요즘은 밸류맵, 디스코 홈페이지에서 그동안 매매됐던 부동산 매매가격을 확인할 수 있다. 현행법에 따르면 부동산 거래 후 실거래가 신고를 하게 되어 있기 때문이다. 물론, 사람이 하는 일인지라 가끔 누락 또는 오타가 있기도 하지만 현장답사를 하거나 매수하고자 하는 땅의 과거 주변시세를 확인하는 데 좋은 홈페이지인 것은 맞다. 다만 밸류맵과 같은 홈페이지에서 제공하는 주변지역의 과거 거래시세도 현장답사를 하기 전에 참고해야 하는 사항에 지나지 않는다는 것만은 인식하고 있어야 한다. 이유는 간단하다. 밸류맵 홈페이지에서 제공하는 '부동산 실거래가 신고금액'을 확인하고자 할 때, 항공사진과 지적도 합성사진만 가지고는 해당 토지의 거래가격이 적정한 수준인지 판단하기가 어렵기 때문이다. 다행히 차량으로 찍은 로드뷰가 있는 토지라면 좋겠지만 도로변에 있는 토지는 한정되어 있기 때문에 해당되지 않는 경우가 훨씬 많다. 또한 바로 옆에 붙어 있는 비슷한 크기의 토지일지라도 지적도상의 토지 모양과 현황조건, 예를 들어 성토한 토지와 성토하기 전 도로보다 낮은 토지는 가치가 다르다.

예를 들어 아래 표에서 보이는 매물의 부동산 가치를 평가한 금액이 평당 22.73만 원일 때, 이 금액보다 매도자가 내놓은 매물 평당 가격이 낮다면 주변시세 대비 저렴한 매물이 될 것이며, 높다면 피해야 할 매물이 될 것이다.

주변의 비슷한 환경조건인 택지용 농지 / 평균시세 30만 원 / 평당 기준

구분	면적	용도별 소계		평당금액	소계	비고
A	대지 면적	254 + 186 + 200	640VUD	30만 원	19,200만 원	
B	농지 면적	100+ 14 + 20 + 90	224VUD	15만 원	3,360만 원	A의 1/2
C	도로 면적	80	80VUD	6만 원	480만 원	A의 1/5
D	급경사지 면적	80	80VUD	3만 원	240만 원	A의 1/10
	소계		1,024평		2억 3,280만 원	

※ 2억 3,280만 원 / 1,024평 = 227,340원 / 평당

평수만 같은 땅이라고 해서 저렴하다는 착각에 빠지지 않고, 부동산의 가치평가를 할 줄 아는 기준을 세우는 것이 부동산 초보자를 벗어나는 첫 단추다. 내가 매입하려는 토지의 부동산가치 평가기준의 기초는 지적도에서의 모양과 현황조건을 반영하여야 한다는 점을 명심하고 현장답사를 해야 한다.

이 평가 방식에 예상 토목공사 비용 그리고 주변 환경을 부동산 가치로 평가해서 반영해야 한다는 것을 명심하자.

토지 분양 마케팅과 그 진실

조성돼 있는 전원주택부지 평단가의 비밀

전원주택 부지를 구하는 방법 중엔 전원주택단지 분양업체 또는 일정 면적 이상의 토지를 소유한 개인이 부지에 내부도로를 개설하면서 주택단지로 분양하는 토지를 매수하거나 분양받는 방법도 있다. 도로에 접한 땅을 사서 집을 지을 대지로 만드는 게 가장 비용이 적게 드는 방법이라는 것은 알고 있으나 해당 지역에 인맥도 없고, 믿을 만한 토목공사업체를 찾을 자신이 없으니 돈이 더 들더라도 토지분양업자를 찾는 것이다.

그렇다면 이때 토지 분양업체가 제시하는 땅값은 어떻게 판단해야 할까? 일반적인 전원단지 평당 분양가격은 주변시세를 기준으로 토지매입부터 분양완료 또는 개발이 완료되기까지 분양업체(개인)의 자금력에 따라 결정되곤 한다.

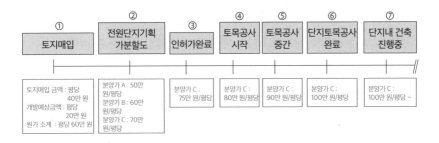

① 토지매입	② 전원단지기획 가분할도	③ 인허가완료	④ 토목공사 시작	⑤ 토목공사 중간	⑥ 단지토목공사 완료	⑦ 단지내 건축 진행중
토지매입 금액 : 평당 40만 원 개발예상금액 : 평당 20만 원 원가 소계 : 평당 60만 원	분양가 A : 50만 원/평당 분양가 B : 60만 원/평당 분양가 C : 70만 원/평당	분양가 C : 75만 원/평당	분양가 C : 80만 원/평당	분양가 C : 90만 원/평당	분양가 C : 100만 원/평당	분양가 C : 100만 원/평당 ~

위 그림을 보면, 토지매입 금액이 평당 40만 원이고 토목공사를 완료하기까지의 개발비용으로 평당 20만 원을 예상했을 때, 분양업체의 토지원가는 평당 40만 원 또는 평당 60만 원(개발완료 후)이다. 여기에 업체가 얼마의 이익을 붙일 것인지에 따라 평당 분양가격으로 결정되게 된다.

일정 규모의 토지를 매수하거나 소유한 분양업체나 개인은 전원단지 방식으로 토지 분양을 결정한다. 이때 개발 진행과정에서 언제 분양을 할 것인가를 정해야 하는데, 분양업체 사장 마음 같아서는 ② 단계 시점에서 ⑥단계인 토목공사가 완료되었을 때의 분양가격을 받고 싶을 것이다.

그러나 현실은 개발이 진행되는 절차에 따라 분양가격을 합리적으로 결정해야 순조롭게 분양될 확률이 높아진다. 분양을 받는 고객들의 믿음과 계약은 분양업체의 사장이 아닌 부지 현장의 진행 상황에 따라 높아지기 때문이다. 그래서 전원단지 분양업체에선1차 토목측량설계사무소를 통해 먼저 가분할도를 준비한다. 자금력이 부족한 업체일수록 원형지 토지 상태에서(임야의 경우 벌목도 하지 않은 상태) 토목측량설계사무소의 가분할도와 조감도만 가지고 분양을 시도한다. 대신 평당 분양가격은 다음과 같이 결정된다.

분양가 A : 토지분할을 해 주고, 토목공사는 분양자의 책임

분양가 B : 공용도로, 우수/오폐수 배관은 공사. 개별필지 토목공사는
　　　　　분양자 책임

분양가 C : 택지조성 토목공사 모두 완료해서 분양

셋 중 하나를 선택해서 평당 분양가격을 정하는데, 이런 전원단지의 분양 장점은 주변시세에 비해 가격이 저렴하다는 것이다. 그래서 분양 업체 영업직원의 유혹(?)에 넘어가는 이들이 있기 마련이다. 기왕이면 남들보다 싼값에 부지를 분양받고 싶으니까. 선택이 빠를수록 먼저 좋은 필지를 선택할 수 있는 권한이 생긴다고 하니 마음도 급해진다.

그러나 현실은 인허가 절차에도 들어가지 않은 주지 분양이기 때문에 분양받는 사람 입장에서는 공사가 시작도 안 되거나 중단될 수 있다는 위험을 감수해야 한다. 뉴스에 등장하곤 하는 '아파트를 저렴하게 분양한다며 조합원을 모집하는' 분양 방식에서 감수해야 할 위험 확률과 비슷하다. 분양가 A 방식은 더욱 어렵다.

해당 필지뿐만 아니라 공용도로 등 생활기반시설공사를 개인에게 하라는 방식이기 때문이다. 이런 분양은 대개 단지 내 도로가 아닌 기존의 현황도로에 길게 접한 토지를 분할해서 매도하는 경우가 많다. 내부도로에 접한 필지 가분할도인데, "공용도로 공사까지 개인이 알아서 하라." 라고 분양한다면 분양계약을 해서는 안 되는 단지이다.

분양가 B 방식은 분양가 A 방식과 달리 업체에서 공동 공사 부분은 맡겠다는 얘기다. 이런 업체는 계약 후 2~3개월 이내 공유지분으로 소유권을 이전해 준다고 하면서 분양대금 모두를 토목공사 전에 완납해야 한다고 하는 경우가 있다. 분양면적에 대한 소유권을 이전해 줬으니

분양대금을 완납하고 토목공사는 믿고 맡기면 된다는 식이다. 허가도 받지 않은 단지임에도 마치 3~6개월 이내에 단지 개발이 완료되어 집을 지을 수 있게 해 주겠다는 식의 거짓말(?)도 불사한다. "평당 분양가격이 주변시세에 비해 현저히 낮다. 단지 내 좋은 필지를 선점하려면 지금 계약해야 한다"는 식으로 설득한다.

분양가 C 방식은 공사는커녕 인허가도 받지 않았으면서 토목공사까지 전부 해 줄 것처럼 얘기하며 분양하는 경우다. 이런 업체 중에는 기획부동산업체가 정상적인 분양업체로 위장해 분양을 하는 경우도 있으므로 주의해야 한다. 특히 주변의 개발호재를 강조하며 땅값이 몇 배는 오를 것처럼 기만하며 분양을 한다.

아무튼 '전원단지 기획 가분할도'만 가지고 분양하는 업체는 부동산 초보자에겐 아주 위험한 분양계약 방식이 된다. 업체만 믿고 진행해야 하므로 위험하다. "신뢰한다"는 말은 좋은 말이지만 기획부동산은 지인을 내세우는 영업을 마케팅의 기본으로 한다는 점을 알아두자. 전원주택단지 분양은 기획부동산과 무관하다고 착각하는 부동산 초보자들이 있다면 조심해야 한다.

③은 전원단지 인허가를 완료한 후에 토목공사는 시작하기 전에 분양을 하는 업체다. 역시 자금력이 부족한 업체라고 할 수 있다.

이런 단지의 분양은 반드시 등기부등본상에 금융권 대출이 과다하게 설정되어 있지는 않은지, 근저당으로 과도한 사채가 설정되어 있는지를 확인해 봐야 한다. 자금력이 부족한 업체는 순조롭게 분양이 진행되지 않으면 공사가 중단되고 분양 초창기에 분양을 받은 사람들만 낙동강 오리알처럼 낭패를 겪을 수 있기 때문이다. 이 경우 역시 부동산 초보자에겐 위험한 단지에 속한다.

④는 일단 토목공사가 시작된 단지다. 공사가 시작되었으므로 어느 정도 안심이 되는 전원단지지만 평당 분양가격도 단지 공사가 완료되었을 때보다 조금은 저렴한 것이 보통이다. 아직 분양 초기이기 때문이다. 그리고 전원단지 분양업체가 기획부동산이 아닐 확률이 높아졌다.

⑤는 토목공사 중반에 이른 곳인데, 이런 업체라면 조금 더 안심이 된다. 이때부터는 정상 업체일 확률이 무척 높다. 아직 포장이 되어 있지는 않아도 공용도로가 개설되거나 어느 정도 절토 또는 성토를 해서 택지 모양을 만들어놓은 상태이므로 내가 분양받고자 하는 토지의 모양과 조망권 등을 확인하고 계약 여부를 결정할 수 있기 때문이다.

대신 평당 가격은 ④ 단계보다 조금 더 높아진다. 이쯤 되면 분양업체가 공사를 중단하고 엎어질 확률이 낮아졌다는 안심 단계가 된다.

⑥은 토목공사를 완료한 후 분양하는 업체다. 이와 같은 단지는 둘 중 하나다. 아파트 후분양 방식과 비슷하기에 가장 안심이 되는 분양이거나(평당 분양가격이 주변시세) 아니면 부동산시장에서 피하고자 하는 혐오시설이 인근에 있거나 북향 등 전원단지의 입지조건이 좋지 않아서 분양이 안·되고 있는 단지일 수 있다.

후자의 경우엔 평당 가격이 주변시세보다 낮아도 단점을 반영한 분양가격이기 때문에 싸다고만 할 수 없다.

⑦은 분양 중에도 건축이 진행되는 단지다. 이런 단지는 ⑥ 단지보다 좋을 수도 있다. 토지 분양을 받은 고객들 중에 일단 분양을 받고 나중에 집을 짓겠다는 이들이 적을수록 단지가 빨리 완성되기 때문이다. 이런 단지는 분양가도 ⑥ 단지 이상으로 책정되는 것이 보통이다.

전원단지 분양은 개발이 진행될수록 평당 분양가격이 높아지는 것이

합리적이고 객관적인 상식임을 이해하게 되었을 것이다. 분양업체의 자금력과 분양되는 속도에 따라 분양업체는 더 높은 이윤을 추구한다. 결국 분양받는 사람의 입장에선 '어떤 시점에 분양을 받을 것인가?' 하는 타이밍의 문제가 된다. 타이밍을 '운에 맡긴다'고 하는 것은 너무 큰 돈이 걸린 문제인지라 권할 수 없다. 분양계약을 하게 될 때 실수할 확률을 줄이는 것과 돈 절약 방법이기 때문이다.

전원생활을 위한 토지 매입은 결국 아는 만큼 보이는 법이다. 토지를 매입 또는 보유하고 있는 업체 또는 개인이 자금력이 있다면 주변시세를 기준으로 되도록이면 ⑤ 토목공사가 어느 정도 진행된 상황에서 분양을 한다. 그래야 분양할 때 신뢰를 담보해 토지를 보러온 매수자들에게 "어떤 필지 선택하실래요?"라고 무리 없이 마케팅을 할 수 있기 때문이다. 물론 드물지만 ③ 인허가를 완료한 후 가분할도만 가지고 분양 시작하는 업체도 있다. 아주 당당하게 분양한다. 인근 지역에 분양을 완료한 단지가 최소 1곳 이상 있는 업체들이다. 모델하우스나 분양 단지가 있으니 가서 확인을 해보고 우리 업체를 믿으라는 식이다. 평당 분양가격은 시세에 비해 저렴하지도 않다. 이런 업체의 분양단지일지라도 역시 등기부등본 '을구' 근저당 내용 확인해 보는 것은 필수다. 지금까지 잘해왔다고 앞으로도 잘할 것이라고 쉽게 믿어서는 안 된다. 신뢰는 서류를 확인한 후 판단해도 늦지 않다.

여기서 꼭 잊지 말아야 할 두 가지 주의사항이 있다.

첫째, 분양가격이 주변시세보다 낮다면 주변 환경이 나쁘거나 토지의 모양이 나쁜 경우가 있으므로 매물의 조건을 확인해 보아야 한다. 분양업체에서는 이유 없이 가격을 낮게 책정하지 않는다. 드물게 분양이 순조롭지 못한 외부 요인이 있어 자금유동성 확보를 위해 일부 필지만 선착순으로 싸게 분양하는 경우를 제외하고는 대개가 그렇다.

둘째, 단지 내 가장 안쪽 필지를 분양받고자 한다면 업체의 단지 분양이 완료되기 전에 최소한 건축허가를 받고 건축을 진행할 수 있어야 한다. 단지 내 공용도로 초입의 필지들은 뒤쪽으로 집들이 건축허가를 받고 건축 준공이 된다면 내 필지 앞의 도로로 지자체 조례상 별도의 〈토지사용승낙서〉 없이 건축허가를 받을 수 있지만 가장 안쪽 필지는 내 토지 뒤로 집이 없기 때문에 건축허가를 받을 때 〈토지사용승낙서〉가 필요한 단지가 대부분이기 때문이다.

지금 당장 건축허가를 받고 집을 짓지 않을 것이라면 단지 내 가장 안쪽의 필지를 분양받게 되면 건축허가에 필요한 도로가 지목변경이 되지 못 해 몇 년 뒤 건축허가를 받고자 할 때 도로용 필지 공유지분자들에게 〈토지사용승낙서〉를 받아야 한다. 분양업체는 분양을 끝내고 떠났으므로 책임을 회피할 수도 있다. 재수가 없는 경우, 내 토지 뒤로 집들이 들어오는 게 싫다면서 앞집 소유자가 〈토지사용승낙서〉를 써 주지 않을 수도 있다. 따라서 전원주택단지 부지를 분양받을 때, 뭔가 찝찝한 구석이 있거나 건축허가를 받기에 어려움이 발생할 확률이 있다고 판단된다면 건축허가를 조건으로 분양계약을 하는 것이 좋다.

"나는 분양을 받고 몇 년 후에나 건축이 가능한데 어떻게 하나요?" 이런 의문이 든다면, 두말하면 잔소리다. "가장 뒤쪽 필지는 피하고 내 집 뒤로 최소 한 집은 있어야 한다는 것이다. '도로공유지분'을 받았다고 해도 내 토지에 접한 도로용 필지 지목이 '도로'라고 바뀌지 않는 한 도로공유지분을 가진 전원에게 〈토지사용승낙서〉를 받아야 한다.

전원주택단지의 선택 조건

▶ 대도시 생활권역에서 1~2시간대의 거리에 조성되어야 한다.

▶ 개발업자가 믿을 만 해야 한다.

▶ 택지의 분양이 뒤로 길어야 한다.

▶ 주위에 초등학교가 근거리에 있어야 한다.

▶ 약간의 경사진 곳에 있어야 한다.

▶ 뒤로는 산이며 앞으로는 조그마한 개천이 흘러야 한다.

▶ 근린생활권과의 거리가 가까워야 한다.

▶ 유원지나 놀이터 등이 가까워야 한다.

▶ 농촌에 거부감을 주지 않아야 한다.

구분	개별입지	대지조성사업 분양(주택법)
분양면적	1,650~10,000m² 미만 분양	10,000m² 이상 분양
지목변경(대지)	건축공사 준공 후	대지조성공사 준공 즉시
건축허가	건축허가 필수	건축허가 의무 없음
소유권 이전 시기	건축공사 완료 후	대지조성공사 준공 즉시
부담금	농지 전용비, 산림자원조성비. 개발부담금 등 각종부담금 납부의무	납부면제(대지조성자가 납부 완료)
기반시설	건축허가 시 전기, 수도, 오수 등 개별 설치	가스, 전기, 수도, 오수 등 각종기반시설 인입 완료
도로여건	도로 폭 4~6m 콘크리트 포장	도로 폭 6~8m, 콘크리트 + 아스팔트 포장
세대수	30세대 미만	30세대 이상
효율성	무분별한 난개발로 인한 토지 효율성 하락	계획적 개발계획으로 토지가치 극대화
기타	미분양 택지 발생시 소유권 이전 불가	각 필지 별 소유권 이전 가능

경제 성장으로 소득이 증대하고, 교통의 발달, 정보통신의 발달, 개인 사업자 증가, 문화 예술적인 개성 등도 전원주택을 선호하는 흐름을 만든 요인이다. 한편으로 땅값이 비싼 수도권이나 대도시에서는 외곽으로 계속 밀려나 도시로부터 40km 내외는 전원주택지로서의 개발이 가능한 토지로 보아도 무방할 정도이다.

전원주택단지를 고려할 때는 위에서 들고 있는 조건을 참고로 150~200평 정도의 대지가 가장 적절하다고 볼 수 있다.

토지의 수요와
투자수익률 분석

토지의 수요와 공급의 법칙

시장경제를 이야기할 때 우리는 수요와 공급을 빼놓을 수 없다. 수요는 일정한 시점에 사람들이 재화나 서비스를 '구매'하고자 하는 욕구를 말한다. 이 욕구에 따라 결국 행동으로 옮기게 되면 소비가 된다.

재화나 서비스의 가격이 하락하거나 상승함에 따라 수요량이 변화한다. 보통 재화나 서비스의 가격이 하락하는 경우 수요량은 증가하며, 이뿐만 아니라 수요자의 소득이 증가하면 수요량도 증가한다. 물론 반대의 경우도 있다. 소득이 증가하면서 수요가 감소하는 경우도 있다.

이처럼 소득증가가 일어날 때, 수요가 증가하는 재화와 서비스는 '정상재'라고 하며, 소득증가에 따라 감소하는 재화와 서비스를 '열등재'라고 한다. 예를 들어 미국의 경우 소득이 낮을수록 인스턴트 등의 수요가 많고, 소득이 높을수록 자연주의 음식들에 대한 수요가 높다고 한다. 이유는 살고 있는 지역 환경에 따라 한 번에 많은 음식을 구입해야 하는 저소득층은 보관기간이 긴 통조림이나 인스턴트식품의 구매율이 높고, 어디서든 신선식품을 살 수 있는 부유층의 동네에서는 야채류 등을 구입하기 때문이라고 한다.

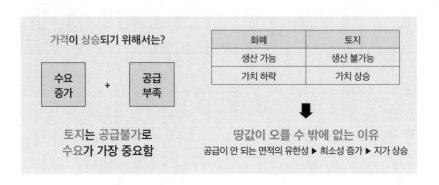

이번에는 공급에 대해 생각해 보자. 공급은 일정기간에 사람들이 재화와 서비스를 '판매'하고자 하는 욕구다. 공급량은 재화와 서비스의 가격이 상승하거나 하락함에 따라 공급량이 변화한다.

대표적으로는 생산요소의 가격 변화를 들 수 있고, 기술 수준의 변화, 공급자의 예상에 따라 이 공급량의 변화가 일어난다. 예를 들어 과거 휴대폰은 특정 부유층에서만 사용할 수 있던 부의 상징이었으나 기술 수준의 변화로 현재 대부분의 사람들이 사용하는 필수품이 된 것처럼 말이다.

그렇다면 부동산의 수요와 공급은 어떠한가?

우리는 부동산을 구분할 때 크게 토지와 토지 외 부동산으로 구분한다. 이유는 토지는 그 자체를 이용하여 재화와 서비스를 창출할 수 있기 때문이다.

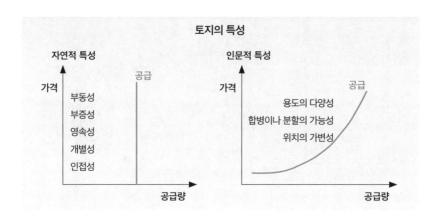

토지의 특성

자연적 특성

가격

공급

부동성
부증성
영속성
개별성
인접성

공급량

인문적 특성

가격

공급

용도의 다양성
합병이나 분할의 가능성
위치의 가변성

공급량

최근 부동산정책이 규제를 강화하고 있는 것은 국민의 주거환경을 안정시키기 위함이다. "일반 직장인의 소득으로는 내 집 마련을 꿈도 못 꾼다"고 하는 것처럼 서울이라는 한정된 공간에서 내 집을 찾을 없다다는 데 그 요인이 있다. 주택은 공급이 안정되면 가격도 안정을 찾는다. 또 서울이 아닌 지방에서는 미분양 아파트가 늘어나는 것처럼 수요량이 낮음에도 공급이 과다하여 주택 가격이 낮다.

토지는 이러한 수요와 공급적인 측면에서 수량이 고정되어 있고, 면적이 정해져 있다는 희소성과 함께 물리적으로 이용 가능한 토지의 양은 같지만 용도 전환을 통해서 공급이 달라질 수가 있다는 특이점이 있다. 필자가 토지를 매력적으로 보는 데에는 이런 이유가 있는 것이다.

현재의 부동산시장은 대개 '주택시장 및 상업용 부동산'을 중심으로 수요와 공급이 이루어지고 있다. 토지의 경우 위에서 설명한 희소성과 용도의 다양성 덕분에 그려나갈 수 있는 바가 높다. 오히려 시장 상황에 민감하지 않은 곳의 토지가 장래성이 높기도 하다.

언론에서 자주 언급되는 지역일수록 수요가 급상승하고, 공급은 정해져 있다. 또 기획부동산 등의 문제에 엮일 가능성도 높다. 따라서 적

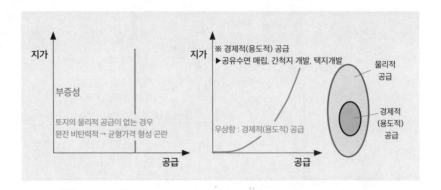

지가

부증성

토지의 물리적 공급이 없는 경우
완전 비탄력적 → 균형가격 형성 곤란

공급

지가

※ 경제적(용도적) 공급
▶공유수면 매립, 간척지 개발, 택지개발

물리적
공급

경제적
(용도적)
공급

우상향 : 경제적(용도적) 공급

공급

정선, 땅값의 상승 주기에 따라 사업(가능하면 국가사업)의 '계획발표 – 공사시작 – 공사완료 – 사업활성화' 중에서 계획발표와 공사완료 그 사이 어디쯤을 찾는 것을 추천한다. 적어도 투자용으로서 차익을 고려한다면 말이다.

장기간 보유를 목적으로 토지투자를 할 때 반드시 고려해야 할 요인은 해당 지역의 인구 및 소득 수준의 변화이다. 최근 토지시장이 회복되면서 땅값이 오르고 있지만 지방의 농촌지역은 회복세가 미미한 반면 서울 수도권 지역의 땅값 상승세가 두드러진 것도 이런 측면을 반영하고 있기 때문이다.

부증성

▶ 부증성 = 비생산성 = 면적의 유한성 = 희소성

• 토지의 절대량이 한정되어 있으므로 도심 중심 쪽으로 갈수록 단위면적당 자본의 투입비율을 높이는 집약적 이용을 필연화시킨다.

• 토지가격이 상승하여도 물리적 공급을 늘릴 수 없기 때문에 가격이 수요·공급 조절을 곤란하게 하며, 균형가격 성립을 저해한다.

• 독점 소유 욕구를 증대시켜 지대 발생 및 지가 상승의 원인이 된다.

어떤 지역이 개발호재로 땅값이 오르더라도 좋은 가격에 팔 수 있으려면 토지 수요가 지속적으로 뒷받침돼야 한다. 일단 해당 지역 내 경제활동이 활발하면 소득증가가 가시화 되고 토지 수요도 늘어나게 된다. 경제활동이 활발해지면 지역 인구가 늘어나게 되고, 이런 인구증가 또한 지가상승의 중요한 요인이 될 수밖에 없다. 특히 투자대상지역의 지역소득GRDP과 인구의 변화는 매우 기본적이고 핵심적인 고려 사항이다.

지역 내 총생산

서울, 경기, 인천 등 수도권 인구가 전체 인구의 50%를 초과했다. 서울, 경기, 인천의 면적은 1만 1,825.5㎢로 전체 국토면적의 11.8%에 불과하다. 강원도(16,825.6㎢)의 3분의 2 수준이다. 전체 국토의 10% 남짓한 수도권에 자본과 인력, 교육, 문화, 경제까지 국가의 대부분이 넘어가 있다. 지방은 인구유출과 산업체 급감으로 소멸위기에 빠졌고 수도권은 넘쳐나는 자원과 인구로 몸살을 앓고 있다.

2017년 기준 전국 시·도별 지역내 총생산(GRDP) 중 수도권 3개 시·도가 870조 5,000억 원으로 전국 1,731조 6,000억 원 중 50.3%를 차지, 절반을 넘어섰다. 경기도가 414조 3,000억 원으로 가장 많았고, 서울이 372조 1,000억 원으로 두 번째다. 이들 2곳만 합해도 45.4%에 달한다.

경기도 지역내 총생산(2015~2018 GRDP 현황)

구분	2015	2016	전년대비 상승률 (단위 : %)	2017	전년대비 상승률 (단위 : %)	2018	전년대비 상승률 (단위 : %)	2015년 대비 상승률 (단위 : %)
이천시	14,418,388	14,513,375	1	18,083,762	24	24,518,118	36	70
화성시	47,545,964	52,930,086	11	68,085,358	29	77,734,006	15	63
평택시	24,535,672	26,501,831	8	30,872,853	16	33,792,725	9	38
하남시	4,828,260	5,178,589	7	5,602,795	8	6,491,728	16	34
의정부시	5,560,895	6,218,546	12	6,930,126	11	7,350,069	6	32
남양주시	8,400,958	9,327,965	11	10,154,496	9	10,974,908	8	31
김포시	10,288,273	11,420,305	11	12,273,913	7	13,296,398	8	29
경기도	381,978,306	407,437,529	7	451,426,420	11	479,822,189	6	26
고양시	17,085,215	18,551,297	9	20,124,858	8	21,542,187	7	26
오산시	4,475,187	1,887,579	9	5,406,400	11	5,649,896	5	26
의왕시	3,048,257	2,979,250	-2	3,487,412	17	3,823,873	10	25
구리시	3,029,305	3,256,155	7	3,491,071	7	3,722,338	7	23
군포시	6,089,813	6,686,773	10	7,259,215	9	7,487,177	3	23
광주시	7,841,731	8,962,932	14	9,395,522	5	9,658,391	3	23
가평군	1,494,257	1,601,945	7	1,698,550	6	1,831,625	8	23
양평군	1,605,688	1,778,738	11	1,837,712	3	1,971,375	7	23
안성시	7,774,317	8,109,327	5	8,891,671	10	9,363,646	5	20
양주시	5,548,441	5,976,217	8	6,259,954	5	6,614,566	6	19
안양시	15,525,029	16,244,293	5	17,272,844	6	18,138,376	5	17
파주시	17,980,175	18,985,266	8	20,970,593	10	20,964,078	0	17
광명시	7,011,796	7,366,541	5	7,569,890	3	8,116,318	7	16
시흥시	13,915,814	14,930,840	7	15,841,674	7	16,210,910	2	16
연천군	1,313,318	1,285,750	-2	1,311,552	2	1,525,901	16	16
여주시	3,388,116	3,579,950	6	3,557,251	-1	3,880,745	9	15
수원시	30,963,276	31,802,827	3	33,949,983	7	35,441,134	4	14
성남시	37,687,633	39,561,196	5	40,981,113	4	42,307,526	3	12
부천시	15,833,160	16,514,511	4	16,957,907	3	17,462,247	3	10

안산시	23,708,345	24,371,695	3	26,394,538	8	26,110,913	-1	10
과천시	4,378,579	47,33,242	8	4,701,605	-1	4,783,175	2	9
포천시	6,164,944	6,422,729	5	6,651,014	3	6,705,276	1	9
용인시	28,667,356	30,792,811	7	33,425,175	9	30,520,652	-9	6
동두천시	1,870,134	1,908,968	2	1,885,613	-1	1,768,912	-6	-5

토지의 가치 분석과 가격 결정

부동산은 고유한 특성으로 인하여 합리적 시장이 형성되지 않고, 이에 따라 그 시장에서 형성되는 가격 또한 균형가격이 될 수 없다.

부동산 가격의 특징

① 토지의 자연적, 인문적 특성으로 인하여 부동산시장은 일반재화 시장과 다르다.

② 따라서 균형가격이 성립되지 못한다.

③ 일물일가 법칙 또한 성립할 수 없다.

경제 기반 분석

그 지역의 수출 활동(다른 지역으로부터 자금을 유입하는 산업)이 그 지역의 고용, 인구, 소득, 부동산 가치에 미치는 영향을 분석한다.

타당성 분석

① 계획한 개발사업에 대한 투자자의 "요구수익률"을 확보할 수 있는 가를 분석하는 것을 말한다. 이때 주어진 개관적 시장자료, 경험적

사실을 바탕으로 지지될 수 있는 것을 근거로 하여야 한다.

② 요구 수익률 : 투자자가 다른 투자 대안에 투자하더라도 얻을 수
있는 수익률이다. 투하 자본에 대한 기회비용이며, 시간 비용, 위
험을 고려한다.

③ 타당성 분석 : 객관적 시장자료에 의한 경험적 사실로 지지되어야
하며, 경제/물리/법적 측면에서 판단한다.

부동산 가격의 형성

부동산의 영속성, 용도의 다양성, 사회, 경제, 행정적 위치의 가변성
으로 인하여 부동산의 가격은 항상 변화하므로 장기적 배려 하의 동태
적 가격 분석이 필요하다.

① 국지성 : 국지적 시장 차원의 부동산 가격

② 수요의 가격 결정성 : 비탄력적 공급으로 인하여 수요에 의하여 가
격이 결정되는 경향

③ 부동산 가격의 이중성 : 가격형성요인 → 가격발생요인 → 수요 공
급 → 가격 → 가격형성요인 → 가격발생요인 → 수요 공급
부동산시장의 불완전성으로 인하여 부동산 가격은 균형가격으로
서 성립되지 못하며, 따라서 효율적 자원분배의 기능을 하지 못하
게 된다. (기회비용을 올바르게 반영 못 하는 가격)

④ 부동산시장 : 부증성, 비탄력적 공급곡선 → 자동조절을 통한 균형
가격 성립되지 않는다. (수요 가격의 결정성)

⑤ 정상가격 : 통상적인 시장에서 충분한 기간 전시된 후 대상물건의
내용에 정통한 거래 당사자 간에 통상 성립된다고 인정되는 적정
가격을 말한다.

⑥ 적정가격 : 통상적인 시장에서 정상적인 거래가 이루어지는 경우 성립될 가능성이 가장 높다고 인정되는 가격.

땅값은 누가 결정하는가

토지 특성을 알아야 땅값이 보이고, 땅값이 보여야 구매를 결정할 수 있다.

토지마다 가격이 다른 이유는 무엇일까? 바로 '부동성' 그리고 '개별성'이라고 하는 토지의 특성 때문이다. 토지의 부동성이라고 하는 것은 움직이지 않고, 한 곳에 고정되어 있는 성질을 말한다. 이 때문에 각 토지마다 지형, 지세, 면적 등이 달라지고 행정, 사회, 문화적인 가치가 상이하여 상당한 가격 차이가 발생한다.

예를 들어 같은 단지에 있는 토지일지라도 대로에 접한 앞부분의 토지와 뒷부분의 외진 토지는 서로 다른 쓰임새와 가격을 가질 수밖에 없다. 이런 토지의 특성을 일컬어 개별성이라고 한다.

이런 특성 때문에 토지는 거래를 위한 가격정보를 구축하는 데 상당한 노력이 필요하다. 또 땅값은 매우 유동적이기 때문에 가격정보의 지속적인 업데이트도 필요하다. 반면, 부동산 상품 중에서도 아파트와 같은 경우에는 쉽게 가격을 확인할 수 있다. 이미 규격화되어 제반 정보가 잘 갖춰진 상품이기 때문이다. 어느 정도 노력을 들여야 알 수 있는 땅값 관련 정보와는 확실히 다르다고 할 수 있다.

지방 외진 곳에 있는 논, 밭, 임야와 같은 토지의 경우에는 가격정보를 얻을 수 있는 곳이 한층 더 제한적이다. 관심을 두는 시장 참여자의 수가 적기 때문이다. 이럴 때는 토지를 용도지역으로 분류하는 방법을 사용하면 대략적인 토지의 가격을 가늠하는 일이 조금 더 쉬워진다.

땅값이 궁금하다면 먼저 토지의 용도를 확인하자.

일반적으로 토지는 용도지역으로 분류된다. 토지의 경제적, 효율적 이용과 공공의 이익을 위해서는 토지의 쓰임새와 건축물의 건폐율, 용적률, 높이 등을 제한해야 하는데, 그 제한의 기준이 되는 것 중 하나가 바로 용도지역이다. 이런 지역 구분은 도시개발 계획을 통하여 결정된다.

용도지역별 토지가격 비교

용도지역			가격
도시지역	주거지역		100%
	상업지역	상업지 형성 초기	300%
		상업지 활성화 시	600%
	공업지역	전용공업지역	20~25%
		일반공업지역	30~40%
		준공업지역	80~90%
	녹지지역	보전녹지지역	15%
		생산녹지지역	25%
		자연녹지지역	40%
관리지역	보전관리지역		15% 정도
	생산관리지역		25%
	계획관리지역		40%
농림지역	-		20%

자료: 〈토지투자 입문서〉 자료 재구성

용도지역은 크게 도시지역, 관리지역, 농림지역, 자연환경보전지역으로 나뉜다. 여기서 도시지역은 다시 주거지역, 상업지역, 공업지역, 녹지지역 등으로 나뉘어 세분화 되고, 이 중 주거지역이 일반적인 지역의 토지시장 가격을 가늠하는 일종의 기준이라고 할 수 있다. 주거지역의 가격은 주변 공인중개사 사무실 또는 인터넷 부동산 정보사이트를 통해 비교적 쉽게 파악할 수 있다는 사실은 아마 다들 경험해 보았을 것이다.

그렇다면 이 '주거지역'이라는 기준을 통해 각기 다른 용도지역들의 토지시장가격을 가늠해 보도록 하자.

토지 적정가격을 판단하는 방법

① 인근 토지의 실거래가를 확인한다.
② 표준지 공시지가를 참고한다.
③ 현지 중개업소에 토지가격을 문의한다.
④ 현장을 방문해 토지의 활용 가능성을 확인한다.
⑤ 개발호재 발생 시 토지 적정가격은 다소 높게 형성된다.

첫째, 그 지역 토지시장에서 주거지역의 가격을 100%로 하여 기준을 잡는다면, 인근의 허름한 상가의 가격은 그 세 배인 300% 정도의 가격으로 예상이 가능하다. 그리고 이 상가지역이 활성화되어 권리금이 붙을 정도로 활기를 띠면 주거지역의 6배인 600%까지도 가격 상승을 예상할 수 있다.

둘째, 임야가 있는 녹지지역은 어떨까? 주거지역 대비 15~40% 정도의 가격 수준으로 생각할 수 있다.

녹지지역은 성격에 따라 보전녹지지역, 생산녹지지역, 자연녹지지역으로 나뉜다. 보전녹지지역은 주거지역 가격의 15%, 농업생산을 위해 개발이 유보된 생산녹지지역은 주거지역 가격의 약 25%, 자연녹지지역의 경우 주거지의 약 40% 정도로 반영한다.

셋째, 농림지역의 가격은 보통 주거지역의 20% 정도 수준으로 본다. 그러나 농지정리가 안 된 지역이라면 주거지역의 40% 정도까지 가는 곳도 있다. 이럴 경우 향후 변화를 꼼꼼하게 살펴봐야 할 것이다.

넷째, 쓰임새가 모호하여 구분하기에 애매한 곳을 지정해놓은 토지도 있다. 바로 관리지역이다. 이 지역은 후에 개발이 될 수도, 안 될 수도 있는 지역이다.

이 관리지역은 보전, 생산, 계획관리지역으로 나뉘는데, 이중 가장 인기 있는 지역은 바로 계획관리지역이다. 정부가 개발에 대한 규제를 완화하면 계획관리지역의 가격은 2배 이상으로 껑충 뛰어오를 가능성이 있고, 땅값은 주거지역 대비 40% 정도이기 때문에 토지투자자들이 선호할 수밖에 없는 지역이다.

마지막으로 공업지역은 어떨까? 공업지역은 전용공업, 일반공업, 준공업지역으로 나뉜다. 전용공업지역은 통상적으로 중화학공업 및 공해성 공업단지 조성 등을 위해 필요한 지역이다. 일반공업지역의 경우는 환경을 저해하지 않는 공업단지의 수용을 위해 필요하다. 또 준공업지역은 경공업 등을 위한 지역이다.

이런 공업지역의 가격은 전용공업, 일반공업지역보다 준공업지역으로 갈수록 높아진다. 그 이유는 바로 용적률 때문이다. 경공업을 배치하는 준공업지역일수록 용적률이 높기 때문에 가격 또한 높아진다. 공업지역의 땅값을 주거지역 기준으로 가늠해 본다면 준공업지역은 주거지역의 80~90%, 일반공업지역은 30~40%, 전용공업지역은 20~25% 정도로 볼 수 있다.

물론 이러한 계산법으로 시세를 알아보려고 한다면 아주 정확한 가격을 찾기는 힘들다. 그러나 대략적인 판단 기준으로 활용한다면 아주 유용한 계산법이 될 것이다. 눈여겨본 지역의 땅값이 궁금하다면 잊지 말고 활용해 보도록 하자.

그렇다면 정확하고 빠르게 토지의 가치를 판단할 수 있는 방법은 없을까? 지금부터 그 요령을 알아보도록 하자.

첫째, 그 토지 주변에 최근에 지은 건물이 있는가를 본다. 그 건물이 몇 층으로 지어졌고 각 층에는 누가 무엇을 하며 살고 있는지를 본다. 대체로 신축건물의 모습을 보면 어떤 건물을 짓는 것이 최선책인가를 대략 알 수 있다.

둘째, 신축건물 1층의 분양가격과 임대 가격을 알아본다.

물론 분양이나 임대가 잘 되는지도 점검한다. 1층의 분양가격 또는 임대 가격을 알면 다른 층들의 가격은 쉽게 추산할 수 있다. 2층은 1층 가격의 80%, 지하 1층은 70%, 중간층은 50%를 반영하면 된다.

임대 가격은 분양가격으로 환산할 수 있다. 전체를 더해 보면 총 분양가격이 나온다. 다음으로 공사비를 생각해 본다. 공사비는 평당 250만 원에서 3백만 원을 기준으로 한다. 신축건물의 용적률과 건폐율을 기준으로 그 토지의 연건평과 총 공사비를 계산해 본다. 위의 세 가지 과정이 끝났다면 자연스럽게 땅값이 나온다. 즉 땅값을 X, 공사비 등을 Y, 총 분양가격을 Z라고 한다면, X(땅값)는 Z(총 분양가격)에서 Y(공사비 등)를 뺀 값보다 작거나 같아야 한다.

이러한 요령이 숙달되면 거리를 지나가다가도 빈 토지를 보고 그 땅값이 얼마인지를 물어보았을 때 과연 이 토지가 어느 정도의 가치가 있는지 쉽게 판단할 수 있다.

이렇게 부동산은 활용에 따라 여러 가지 요인에 의해 투자가치가 결정되는 것이다.

토지투자에서의 수익률 계산

투자자라면 당연히 자신이 보유하고 있는 자산의 수익률을 따져볼 것이다. 수익률은 재투자의 근거가 되기 때문이다.

수익률을 분석하는 건 그리 어렵지 않다. 예를 들어 3년 전 5,000만 원으로 매입한 300평의 논이 있다고 가정해 보자. 투자금 3,000만 원에 대출 2,000만 원을 받아서 매입했다면 대출이자가 발생한다. 취득세와 보유하며 낸 재산세 그리고 양도세 등 세금을 낸 금액도 있을 것이다. 여기에 등기비용 등 취득 관련 비용과 매수 매각하면서 내는 부동산중개수수료 등의 비용도 있다. 이를 모두 합산해 분모로 둔다.

그리고 매각대금과 매년 경작 임대를 주어 얻은 수입을 분자로 나누면 수익률이 나온다. 만일 아직 매각을 하지 않았다면 매각대금에 현 시세를 적용하면 현재 수익률이 나올 것이다. 이러한 토지투자 수익률을 꾸준히 계산하는 건 시간과 비용을 아낄 수 있어서다.

투자 수익률을 계산한 후 유형별로 분류하면 막연히 감으로 투자할 때는 보이지 않던 실제 수익률이 나온다. 숫자는 막연한 감이나 착시현상을 바로잡아 준다. 예를 들어 고수익을 노리고 지목변경을 하는 경우가 있다. 토지투자 전문가들이 흔히 말하는 고수익 창출 노하우가 지목변경이다. 그래서 너도나도 논밭을 사서 대지로 지목변경을 하고자 한다. 하지만 실제로 지목변경은 '인·허가'라는 관문을 넘어야 하고 비용도 든다.

그렇게 시간과 비용을 들여 지목변경을 한 후 매각을 한 것과 그대로 보유하고 있다가 매각을 한 경우, 투자수익률을 보면 얼마나 차이가 있을까? 투자 수익률을 분석하다 보면 그대로 두어도 되는 경우와 적극적으로 토지를 성형해야 하는 경우의 수익률 차이를 알 수 있다.

그대로 두어도 된다면 굳이 시간과 비용을 들일 필요가 없다. 반대로 어떤 경우에는 적극적으로 행동했을 때 수익률이 높게 나온다는 것을 알려주기도 한다. 이러한 투자 수익률의 분석은 재투자의 근거가 된다. 토지투자자의 보유 토지는 대부분 수익이 아직 실현되지 않은 상태일 것이다.

매입 후 바로 매각해 시세차익을 얻기는 쉽지 않다. 그러므로 보유하고 있는 토지의 현 시세를 입력하여 수익률을 산정한다. 이렇게 수익률을 추산하면 어느 지역, 어떤 땅이 내게 얼마나 수익을 가져 오고 있는지 알 수 있다. 그러면 다음 투자를 할 때 이에 근거해 투자 판단을 할 수 있다. 수익률이 높은 지역이나 비슷한 토지에 투자하게 될 것이다.

얼마에 팔아야 원하는 수익을 얻을까?

특정 지역 안에서 부동산 중개를 하다 보면 정말 수많은 매물을 접하게 된다. 농지, 임야, 원룸, 농가주택, 전원주택 또는 부지, 별장부지, 공장 및 공장부지, 나대지 등 무수히 많은 매물이 있지만 매물의 수에 비례해서 정작 거래되는 매물은 많지 않다. 중개업을 하는 사람은 매도인과 매수인의 중간 입장에서 양쪽의 희망사항을 다 듣고 있으니 매매가 되는 것과 안 되는 것의 차이를 정확히 알고 있다.

그 이유를 나열하자면 먼저 토지의 용도(용도지역)와 입지여건, 면적, 도로, 개발허용범위, 주변 환경 등등 여러 가지 요소가 있지만 가장 중요한 것은 역시 매도가(가격)이다. 파는 사람은 최대한 많이 받으려 하고, 사는 사람은 최대한 싸게 사려고 흥정을 하는 게 당연하다. 중간 매개자의 입장에서 보면 팔릴 물건과 그렇지 않은 물건은 명확하게 구분된다.

현 시장의 투자 수요의 니즈를 잘 알고 있기 때문이다. 굳이 팔지 않아도 되는 사람이라면 모르겠지만 꼭 팔아야 되는 소유주라면 보다 쉽게 매매될 수 있는 조건을 제시해야 하는데, 많은 매도인들은 그렇지 않다.

만약 비거주지에 평당 시세로 20만 원을 하는 1,000평의 임야를 매도한다고 하자. 토지소유주는 평당 1만 원을 깎아 주면 1천만 원, 2만 원을 깎아주면 2,000만 원을 손해 본다고 눈앞의 이익만 생각한다.

과연 그럴까? 평당 20만 원에 1천 평이면 2억 원이다. 이 매매가 2억 원이 다 내 돈인가? 세금을 계산해 보아야 한다. 과중한 양도소득세 말이다. 내가 매입한 금액이 1억 원이라면 필요 경비를 제외하고 남은 양도차익과 보유기간을 적용해 세율이 적용된다.

2년이 경과된 임야가 필요경비를 제외하고 남은 차액이 8,800만 원이 넘는다면 현행 세율은 35%이다. 다시 여기에 주민세 10%가 추가되므로 총 양도소득세율은 38.5%가 된다. 즉 양도가액 - 취득가액 - 필요경비 × 세율 = 양도소득세이다.

계산을 해보면 2억 원 - 1억 원 - 500만 원(취득세 4.6% + 등기비 약 40만 원) × 38.5% = 36,575,000 원이 양도소득세이다. 9,500만 원의 차익이 발생했는데, 양도세를 내고나면 5,840만 원이 소득으로 남는다.

만 2년이 경과되었다면 투자금(1억 5백만) 대비 약 55.6%의 순수익이 발생해서 연간 27.8% 수익률이다. 토지투자에서 썩 만족스런 결과라고 할 수는 없지만 어쨌든 다른 종목에 비하면 안정된 성적을 올렸다고 위안을 삼을 만하다. 그러나 문제는 이 가격에 팔린다면 다행이지만 매도가를 고집하다가 오랫동안 묶이는 상황이 발생한다면 오히려 손실을 불러올 수 있다는 것이다.

그런데, 만약 2만 원이 낮은 평당 18만 원으로 쉽게 매도했다고 가정해 보자. 양도차익은 7,500만 원이 되므로 양도소득세율은 24%로 떨어진다. 주민세 포함 28%로 계산하면 2,100만 원이 양도소득세가 된다. 7,500만 원 - 2,100만 원 = 5,400만 원이 순수익이 되는 것이다. 수익률은 51.4%(년 25.7%)이다.

20만 원으로 매도했을 경우의 양도세 3,657만 원과의 차이는 1,557만 원이며 이는 평 당 2만 원의 78%에 해당하는 금액이고 수익률의 차이는 2.1%(220만 원)에 불과하다. 어떤 방법이 더 나은가.

2만 원을 더 받겠다고 고집을 부리다 시기를 놓쳐 양도세를 과중하게 두들겨 맞겠는가, 아니면 적기에 매도해 현금을 쥐고 더 낳은 투자를 모색하겠는가. 더구나 비사업용 토지에 대한 중과세가 없는 현 시점일 때나 가능한 것이며, 만일 다시 중과제도가 부활한다면 도저히 팔 수 없는 상황이 올 수도 있다는 점을 염두에 둬야 한다.

위에 들었던 예는 이러한 가격과 면적일 때 적용되는 하나의 사례지만 호재가 많은 지역은 땅값이 올라 동일 면적에 가격 차이가 상당하다면 적용될 수 없는 것이긴 하다.

그러나 중요한 건 세후 수익을 따져보고 매도호가를 정하는 사람이

거의 없다는 것이다. 매물로 내놓았다가 계약 직전에 세금을 따져보고 화들짝 놀라서 매물을 회수하는 사례도 심심찮게 본다.

내 땅과 유사한 토지의 시세를 파악한 뒤 양도세를 지역세무사에 약식으로 의뢰하라. 그리고 해당지역의 중개업자의 조언을 참고해 매도희망가를 결정해야 한다. 현금이 필요한 시기에 손쉽게 매도하고 싶다면 세무 상식은 필수가 아닌가 한다.

구분	아파트 구입(2채)	비사업용 토지구입	비고
구입시기	2015년 1월 1일	2015년 1월 1일	
양도시기	2017년 9월 1일	2017년 9월 1일	편의상 아파트의 경우 양도세 합산과세를 피해 양도하였다고 가정
양도가액 ①	390,000,000	700,000,000	➡ 아파트(2채, 7.8억)
취득가액 ②	160,000,000	320,000,000	아파트(2채, 3.2억)
필요경비 ③	0	0	취, 등록세, 소유권 이전 비용 등은 편의상 0원으로 계산함
양도차액 ④ = ① - ② - ③	230,000	380,000,000	
장기보유특별공제 ⑤ = ④×공제율	69,000,000	114,000,000	10년(30%)
양도소득금액 ⑥ = ④ - ⑤	161,000,000	266,000,000	
양도소득 기본공제 ⑦	2,500,000	2,500,000	1인 기준
과세표준 ⑧ = ⑥ - ⑦	158,500,000	263,500,000	
세율 ⑨	➡ × 38%	➡ × 48%	비사업용토지. 10% 추가과세
누진공제액 ⑩	19,400,000	19,400,000	
산출세액 ⑪ = (⑧ - ⑨ - ⑩)	40,830,000	107,080,000	
지방소득세 ⑫ = ⑪ × ⑫	4,083,000	10,708,000	
통세액 ⑬ = ⑪ - ⑫	44,913,000	117,788,000	
양도세금 총액	89,826,000	147,356,000	아파트 2채
투자 대비 수익 (양도금액 - 취득가액 - 세금)	➡ 370,174,000	➡ 232,644,000	

토지감정평가에 있어서의 문제 분석

토지특성조사표 : 토지 특성에 대한 현장조사

토지특성조사란 땅값 형성에 중요한 요인으로 작용하고, 토지 관련 자료의 정보 요인으로 가치가 있는 것 중 〈토지특성조사표〉에 기재된 항목을 조사하는 것을 말한다. 토지특성조사는 〈토지특성조사표(현장양식)〉를 기준으로 하며 〈표준지조사평가보고서〉, 〈표준지조사사항 및 가격평가의견서〉, 〈표준지가격조사표〉 등의 작성 요령 또한 이러한 기준에 따른다.

업무요령 〈표준지 토지특성 조사요령〉에서 소개하고 있는 토지특성 관련 실제 조사사항으로는 다음의 34가지를 들고 있다.

(1)일련번호 (2)소재지 (3)토지(임야)대장번호 (4)지목 (5)면적 (6)용도지역 (7)용도지구 (8)기타 제한(구역 등): 기타 (8-1)기타 제한(지역 등): 제주특별자치도 지역 (9)기타 제한(구역 등): 도시계획시설 (10)농지: 구분 (11)농지: 비옥도 (12)농지: 경지정리 (13)임야 (14)토지이용상황 (15)지형지세: 고저 (16)지형지세: 형상 (17)지형지세: 방위 (18)도로조건: 도로접면 (19)도로조건: 간선도로거리 (20)유해시설 접근성: 철도, 고속국도 등과의 거리 (21)유해시설 접근성: 폐기물처리시설 및 수질오염방지시설 등과의 거리 (22)개발사업: 사업 방식 (23)개발사업: 사업 단계 (24)지리적 위치 (25)주위 환경 (26)거래 사례 (27)평가 선례 (28)전년 지가 (29)세평 가격 (30)(31)평가 가격 (32)실제 용도지대 (33)평가의견 (34)저촉률

토지특성 조사의 사례 : 도로접면

도로 접면 구분 (기재 방법 ; 구분 : 내용)

광대로

광대 한 면 : 광대로 한 면 : 폭 25m 이상의 도로에 한 면이 접하고 있는 토지.

광대 소각 : 광대로-광대로, 광대로-중로, 광대로-소로 : 광대로에 한 면이 접하면서 자동차 통행이 가능한 소로(폭8m~12m)에 한 면 이상 접하고 있는 토지.

광대 세각 : 광대로-세로(가) : 광대로에 한 면이 접하면서 자동차 통행이 가능한 세로(가)에 한 면 이상 접하고 있는 토지.

중로

중로 한 면 : 폭 12m 이상 25m 미만 도로에 한 면이 접하고 있는 토지.

중로 각지 : 중로-중로, 중로-소로, 중로-세로(가) : 중로에 한 면이 접하면서 중로, 소로, 자동차 통행이 가능한 세로(가)에 한 면 이상 접하고 있는 토지.

소로

소로 한 면 : 소로 한 면 : 폭 8m 이상 12m 미만의 도로에 한 면이 접하고 있는 토지.

소로 각지 : 소로-소로, 소로-세로(가) : 소로에 한 면이 접하면서 소로, 자동차통행이 가능한 세로(가)에 한 면 이상 접하고 있는 토지.

세로

세로(가) : 세로 한 면(가) : 자동차 통행이 가능한 폭 8m 미만의 도로에 한 면이 접하고 있는 토지.

세각(가) : 세로(가)-세로(가) : 자동차 통행이 가능한 세로에 두 면 이상이 접하고 있는 토지.

세로(불) : 세로 한 면(불) : 자동차 통행이 불가능하나 이륜자동차의 통행이 가능한 세로에 한 면이 접하고 있는 토지.

세각(불) : 세로(불)-세로(불) : 자동차 통행이 불가능하나 이륜자동차의 통행이 가능한 세로에 두 면 이상 접하고 있는 토지.

맹지 : 이륜자동차의 통행이 불가능한 도로에 접한 토지와 도로에 접하지 아니한 토지.

도로 조건 : 도로 접면

표준지가 접한 도로를 위와 같이 구분하여 기재하되 표준지가 각지 또는 2면 이상에 접한 경우에는 넓은 도로를 기준으로 기재함을 원칙으로 한다. 다만 넓은 도로가 주된 역할을 하지 못하는 경우에는 주된 역할을 하는 도로를 기준으로 기재한다.

한 단지 중에서 대표성이 있는 1필지가 표준지로 선정될 때에는 그 단지 전체를 1필지의 토지로 보고 토지특성을 조사하여 기재한다.

도로의 분류기준

① 도로의 분류는 인도를 포함한 도로의 폭을 기준으로 하되 비탈면

(법면) 부분은 제외한다.

② 도로는 관계법령의 규정에 불구하고 사실상 이용되는 도로와 건설공사중인 도로(조사시점 현재 공사가 진행 중인 구간)만을 "도로"로 간주하고, 고속국도와 자동차전용도로 등 차량 진출입이 불가능한 도로와 이용되지 않는 폐도는 "도로"로 보지 아니한다. 다만, 개발행위허가(건축물의 건축, 공작물의 설치, 토지의 형질변경)를 받고 건축물의 부지 등으로 이용 중인 표준지와 접한 고속국도와 자동차전용도로의 경우는 "도로"로 간주한다.

③ 도로는 현황도로를 기준으로 하되, 개발사업부지의 경우 토지수용 및 환지 방식의 개발사업부지는 확정예정지번(블록롯트 포함)의 부여 시점과 관리처분방식의 개발사업부지는 착공신고 후 실제로 공사를 착공한 시점을 기준으로 그 이후에는 도면상의 도로를 기준으로 조사한다.

단, 토지수용 및 환지 방식의 개발사업부지의 경우 확정예정지번(블록롯트 포함) 부여 시점을 기준으로 하는 것이 불합리한 때에는 해당 시·군구와 협의하여 현황 도로를 기준으로 조사할 수 있다.

도로접면 조사 주의사항 (현장조사 실무 사항)

① 동일노선의 도로 폭이 일정하지 않은 경우에 대상필지와 접하는 부분의 도로 폭에 집착하여 잘못 조사하는 사례가 있다. 이 경우 동일노선의 주된(많은 부분을 차지하는) 도로 폭을 기준으로 판단한다.

② 당해지역의 일반적인 면적으로 형성된 획지에 다양한 도로가 접하고 있는 경우에는 접한 도로 중 가장 넓은 도로를 기준(도로의 폭 기준)으로 조사함을 원칙으로 한다. 다만, 당해지역의 일반적인 획

지보다 매우 큰 면적으로 형성된 획지에 다양한 도로가 접하고 있는 경우에는 도로의 특성 및 획지의 가치 기여도 등을 고려하여 주된 역할을 하는 도로를 판단하여 조사한다.

③ 지방도나 군도의 경우에는 지역에 따라 왕복 2차선의 아스팔트포장도로가 현실적으로 폭 8m 미만인 경우가 있음. 단순히 도로 폭만을 기준으로 세로로 분류하는 경우에는 지가균형상 불균형을 초래할 수 있으므로 이 경우에는 조사·평가자와 시·군·구 간에 협의하여 지방도나 군도에 접한 토지 전체를 "소로"로 구분할 수 있다.

④ 세로에 대한 구분기준은 자동차 통행의 여부이며, 이 경우 승용차를 기준으로 구분한다.

행정상 도로 분류

광로

1류 – 폭 70미터 이상인 도로, 2류 – 폭 50미터 이상 70미터 미만인 도로, 3류 – 폭 40미터 이상 50미터 미만인 도로

대로

1류 – 폭 35미터 이상 40미터 미만인 도로, 2류 – 폭 30미터 이상 35미터 미만인 도로, 3류 – 폭 25미터 이상 30미터 미만인 도로

중로

1류 - 폭 20미터 이상 25미터 미만인 도로, 2류 - 폭 15미터 이상 20미터 미만인 도로, 3류 - 폭 12미터 이상 15미터 미만인 도로

소로

1류 - 폭 10미터 이상 12미터 미만인 도로, 2류 - 폭 8미터 이상 10미터 미만인 도로, 3류 - 폭 8미터 미만인 도로

※ '소로 3류'(폭 8m 미만 도로)는 감정평가에서 도로 분류 중 '세로'에 해당한다.

〈땅값 비준표〉 작성

이렇게 토지특성 조사를 하여, 〈땅값 비준표〉에 반영할 기초자료를 수집한다. 〈땅값 비준표〉는 표준지(地)와 개별지(地)의 비교를 위한 일종의 '환산표'라고 생각하면 쉽다. 즉 선택한 비교표준지 공시지가를 바탕으로, 〈땅값 비준표〉를 활용하여 '가격배율'을 산정한 후, 표준지 지가에 이를 곱하여 개별지(대상 토지)의 지가(공시지가)를 산정하는 것이다.

한국감정원은 〈땅값 비준표〉의 개념을 〈부동산 가격공시 및 감정평가에 관한 법률〉에 근거하여, 대량의 토지에 대한 가격을 간편하게 산정할 수 있도록 고안된 〈간이 지표 산정표〉라고 소개하고 있다.

〈토지특성 조사표〉를 활용하여 해당 지역을 현장 조사한 이후에는, 권역별로 지가 형성 유인을 추출하여, 여러 요인별로 상관성을 분석하고, 자동차 통행의 여부에 대해서는 승용차를 기준으로 구분한다.

이를 바탕으로 평가 모형을 개발한 후, 이를 실례에 적용(통계모형)하

는 과정을 거쳐, 현재 한국감정원은 지가에 영향력이 검증된 '땅값 비준표 작성항목'으로 18개 항목을 소개하고 있다. (한국감정원 홈페이지)

이를 열거하면 지목, 면적, 용도지역, 용도지구, 기타 제한(구역등), 도시계획시설, 농지구분, 비옥도, 경지정리, 임야, 토지이용상황, 고저, 형상, 방위, 도로접면, 도로거리, 철도/고속도로 등, 폐기물/수질오염 등이다.

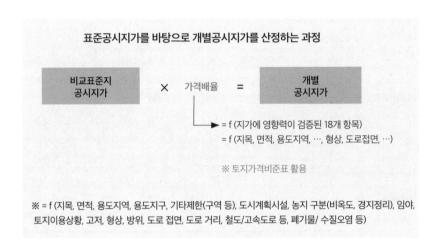

표준공시지가를 바탕으로 개별공시지가를 산정하는 과정

※ = f (지목, 면적, 용도지역, 용도지구, 기타제한(구역 등), 도시계획시설, 농지 구분(비옥도, 경지정리), 임야, 토지이용상황, 고저, 형상, 방위, 도로 접면, 도로 거리, 철도/고속도로 등, 폐기물/ 수질오염 등)

〈땅값 비준표〉를 보는 방법과
〈땅값 비준표〉를 활용한 개별공시지가 산정

개별 항목별로 〈땅값 비준표〉를 보는 방법, 개별 항목을 적용하는 방법을 살펴보겠다.

한국감정원 홈페이지로 들어가, '토지·주택가격비준표 열람 서비스' 메뉴를 선택한다.

토지에 관한 비준표를 열람하려고 하므로, '땅값 비준표 열람'을 선택하고, 열람하려는 해당 지역을 검색한다.

예를 들어, '2016년-서울-서초구-방배동-주거지역'을 골라 여기서, '토지특성 전체'에서 '도로접면'을 선택해 본다.

토지가격 비준표

도로접면 (17)	광대 한면	광대 소각	광대 세각	중로 한면	중로 각지	소로 한면	소로 각지	세로 (가)	세각 (가)	세로 (불)	세각 (불)	맹지
광대한면	1.00	1.11	1.06	0.94	0.99	0.85	0.88	0.79	0.84	0.71	0.73	0.69
광대소각	0.90	1.00	0.95	0.85	0.89	1.77	0.79	0.71	0.76	0.64	0.66	0.62
광대세각	0.94	1.05	1.00	0.89	0.93	0.80	0.83	0.75	0.79	0.67	0.69	0.65
종로한면	1.06	1.18	1.13	1.00	1.05	0.90	0.94	0.84	0.89	0.76	0.78	0.73
중로각지	1.01	1.12	1.07	0.95	1.00	0.86	0.89	0.80	0.85	0.72	0.74	0.70
소로한면	1.18	1.31	1.25	1.11	1.16	1.00	1.04	0.93	0.99	0.84	0.86	0.81
소로각지	1.14	1.26	1.20	1.07	1.13	0.97	1.00	0.90	0.95	0.81	0.83	0.78
세로(가)	1.27	1.41	1.34	1.19	1.25	1.08	1.11	1.00	1.06	0.90	0.92	0.87
세각(가)	1.19	1.32	1.26	1.12	1.18	1.01	1.05	0.94	1.00	0.85	0.87	0.82
세로(불)	1.41	1.56	1.49	1.32	1.39	1.20	1.24	1.11	1.18	1.00	1.03	0.97
세각(불)	1.37	1.52	1.45	1.29	1.36	1.16	1.21	1.08	1.15	0.97	1.00	0.95
맹지	1.45	1.61	1.54	1.36	1.43	1.23	1.28	1.14	1.22	1.03	1.06	1.00

대상토지(내 토지의 특성)

비교표준지(기준이 되는 표준지의 토지 특성)

(계산사례)
- 내 토지(A)는 '맹지'이고,
- 비교표준지(B)는 '광대한면'일 경우,
A의 공시지가 = B의 공시지가 × 0.69
('도로접면' 요인만을 반영할 경우)

그러면 토지 특성에서 '도로 접면'을 선택했으므로, 가로축으로는 내가 확인하려는 대상 토지(개별토지, 개별지)의 도로 접면 특성이 나오고, 세로축으로는 해당지역의 비교표준지의 도로 접면 특성이 나온다.

만약 해당지역에서 나의 토지는 '맹지'(A)이고, 비교표준지는 '광대한 면'이라고 하면, 가로축과 세로축이 일치하는 값을 찾아주면 된다.

위 표에서는 '0.69'가 나오므로, 해당지역의 비교표준지 공시지가 ×
0.69 = 나의 토지 공시지가가 산출된다. 물론, 이러한 결과는 '도로접면'
요인만을 반영했을 경우이고, 실제로는 18개의 토지 특성을 모두 반영
하므로, 표준지공시지가에 이러한 요인들의 개별치들을 모두 곱해서
개별공시지가를 산정한다.

예) 가격배율 = { 지목 요인 비교치 × 면적 요인 비교치 × … × 용도지역 요인
    비교치 × 도로접면 비교치 × … } 가격

이렇게 하면, 비교표준지 표준지공시지가를 바탕으로, 해당 지역의
개별공시지가를 대량으로 빠르게 산정할 수 있다.

주의할 점

〈땅값 비준표〉를 활용한 개별공시지가 산정은 통계적 방법을 활용하
여 편리성을 높였고, 우선 〈땅값 비준표〉를 작성하여 산정하므로 객관
적이라는 장점은 있다. 그러나 〈땅값 비준표〉를 활용한 개별공시지가
는 개별지마다의 정확한 토지 성격을 완벽하게 읽어내지는 못하는 함
정이 있을 수도 있다. 왜냐하면, 비교 표준지는 한정되어 있고, 지리적
으로 근접해 있어서, 비교 표준지의 토지 특성에 '가격배율'을 곱하여
개별공시지가를 산정했다고 하더라도, 현장에 가보면, 쉽게 수긍할 수
없는 상황인 경우가 많기 때문이다.

특히, 토지 보상, 토지수용 감정평가 과정에서도 위와 같은 개별공시
지가 산정에 이의를 제기할 수 있는 가능성도 충분히 있으므로, 관련 토
지 보상 대상자는 전문 토지보상 행정사에게 의뢰해 보기 바란다.

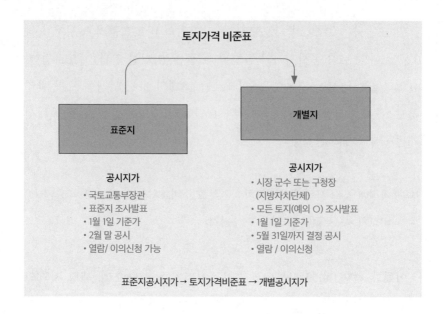

토지가격 비준표

표준지

공시지가
• 국토교통부장관
• 표준지 조사발표
• 1월 1일 기준가
• 2월 말 공시
• 열람/ 이의신청 가능

개별지

공시지가
• 시장 군수 또는 구청장
 (지방자치단체)
• 모든 토지(예외 O) 조사발표
• 1월 1일 기준가
• 5월 31일까지 결정 공시
• 열람 / 이의신청

표준지공시지가 → 토지가격비준표 → 개별공시지가

대지화에 따른 원가적산과 전원주택 건축

5년 이상 토지에 대해 공부를 하고도 선뜻 투자전선에 진입하지 못하는 사람이 의외로 많다. 그 이유가 토지투자의 핵심을 파악하지 못했기 때문이다.

현장답사 전에 일단 반드시 숙고할 것은 공부(공적서류) 파악이다. 허투루 파악한다면 하나 마나, 소모전이 된다. 지적도의 중요성을 다시 한 번 강조하고자 한다.

지적도를 가지고 확인이 가능한 사항은 내가 보아야 할 토지를 비롯해 인근의 지목의 분포도와 길의 유무를 통한 현장감을 개괄적으로 알아보는 것이다. 〈토지이용계획확인서〉에 딸린 인터넷 지적도로 알아볼 수 있다. 내가 알아볼 토지와 동떨어진 지역까지도 알아 볼 수 있기 때문이다. 도로, 용도, 지목, 개별공시지가 등을 참고할 수 있어 인근의 현장감을 인지할 수 있다. 인근 토지까지도 지번이 공개된 터라 가능한 일이다.

물론, 길의 정확한 파악은 현장에서 해야 한다. 만약 지목이 온통 거대한 임야로 뒤덮인 상태라면 현장감이 떨어질 뿐더러 맹지가 다량 분포되어 있을 터이다. 악산에 주의해야 한다. 〈토지이용계획확인서〉 하나로 토지 점검 작업을 하는 이들이 있는데, 이는 잘못된 방법이다. 지적도에 집중할 필요가 있다. 용도지역과 규제사항은 현장감과 확연한 차이점을 드러내고 있기 때문이다.

지목에 지나치게 집착하는 사람이 있다. 무조건 건부지나 대지를 원한다. 대지의 위치를 감안해야 하건만 도로와 대지에 집착한다. 외부와 단절된 대지와 길은 무용지물인데도 말이다. 차후, 지역의 애물단지로 전락할 수 있다. 접근 및 인접성이 떨어진 상태의 대지를 살 바엔 차라리 대지 인근 농지나 임야가 낫다. 대지라는 이유 하나로 개별공시지가 높게 평가받아 세금 더 내고 평단가가 높아지는 일이 생기기 때문이다.

농업진흥구역 땅이 싸게 나왔다고 성급하게 계약을 하는 사람도 보았다. 문제는 매입 목적이다. 투자 목적으로 그런 토지를 샀다면 낭패를 불러온다. 100% 실수요(영농) 목적의 토지를 투자 목적으로 샀으니 말이다.

투자 목적의 토지는 활용도가 다양해야 하건만 농업진흥구역에 예속된 토지들은 활용도가 지극히 단순하기 때문에 투자 목적의 토지가 될 수 없다. 잠재성이 전무한 상태에서 최소 비용으로 최대 효과를 노릴 수 있는 여건은 찾아오지 않는다. 토지의 활용도가 다양하다는 것은, 변수에 능수능란하게 대처할 수 있다는 의미를 담고 있다.

토지 활용도가 단순하다면 판로에 길이 막힌다

주거, 업무, 상업, 공업용(주택, 상가, 사무실, 공장)으로 적용이 가능하다면 변수에 대처가 가능하나, 농업용(절대농지)처럼 활용 가치가 낮다면 변수가 발생하게 될 때 휴경지(묵전)로 전락할 수도 있다. 경지정리가 잘되어 있는 토지의 용도가 제한되어 있다 보니 잠재력을 상실한 현상이 벌어지는 것이다.

농업보호구역이 생산관리지역으로 용도변환을 하는 사례는 있으나 농업진흥구역은 그대로 잔류한다. 그 고유의 생명력이 강한 편이다. 귀농귀촌시대가 도래하다보니 농업용 토지를 찾는 사람들이 늘고 있다. 그러나 농어가주택 수위의 전원주택이 난발하고 있어 매입을 할 때 주의가 필요하다. 외부와 단절된 상태의 농어가주택 수준의 전원주택이 오지지역에서 많이 발견되는데, 거의 비어 있다. 건축 상태나 건축양식은 전원주택 모형을 유지하고 있으나 접근성이나 변수를 보면 농어가주택 수준에 머물러 있는 경우가 태반이다

토지가 가지고 있는 스펙 분석해 보기

전원주택을 건축하려는 사람들과 상담을 하다 보면 대부분 결론적으로 물어보는 말은 딱 한마디로 집약된다.

토지의 스펙이란 집을 짓는 데 있어서 언급한 '입지', 즉 토지가 갖고 있는 원천적 가치라고 볼 수 있다. 그건 자신의 노력과 힘만으로 되는게 아니다. 주변의 환경이 받쳐 주어야 하는 것이다. 다만 그것을 볼 수

있는 안목과 정당한 대가를 지불할 능력만 있으면 그냥 굴러 들어오는 복이다. 그조차도 쉬운 일은 아니지만 그건 각자의 몫이다.

발품도 중요하지만 그보다 중요한 것은 토지를 보는 안목이다. 안목은 땅을 많이 보러 다닌다고 해서 길러지는 것도 아니다. 개인의 심성, 그 속에 들어 있는 건전한 상식의 질량, 땅을 보는 주관이 복합적으로 작용한다. 그 정도에 따라서 낫 놓고 기역 자도 모르는 질곡에 빠질 수도 있고, 진흙 속의 진주를 찾을 수도 있다. 무턱대고 발품만 팔지 말고 땅을 보는 눈을 맑게 해야 하는 이유다.

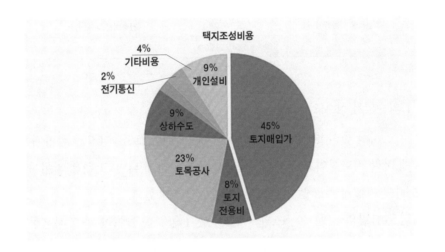

목표 토지를 점찍었으면 땅과 집에 대한 '스펙'을 점검할 차례다. 이 대목에서 나는 항상 한숨이 나온다. 토지에 대한 점찍기는 그래도 사람마다 어느 정도 공을 들이는데, 땅과 집에 대한 '스펙'에 대해서는 신경 쓰지 않고 시작하는 사람들이 대부분이기 때문이다.

구조체에 대한 것이 집의 스펙이고 설비 시스템에 대한 것이 토지의 스펙이다. 그게 기본이다.

농지 100평, 건평 40평일 때의 소요 비용 예시

토지매입비용	70,000,000	100 × 70만 원
토지 취득세, 등록세	2,380,000	농지비용 3.4% 수준
토목설계 및 인허가	3,000,000	평당 3만 원 산정
건축인허가	2,500,000	
농지전용부담금	9,900,000	공시지가 10만 원.m² × 30%
건축비(410만 원)	164,000,000	VAT 포함, 평당 공사비
전기, 수도, 가스, 통신 인입비	2,000,000	지하수 천공시 별도
정화조 설치	1,800,000	
경계측량, 지적현황 측량	800,000	
우수관로 공사	3,000,000	
건축물 취등록세	5,379,200	건축비용의 3.28%
합계	264,759,200	

집의 순환기, 상수도 시스템

기반시설 공사 중인 전원주택단지 현장. 땅속으로 들어가는 설비 수준에 따라 기능성이 좌우된다. 일단 토지를 구하게 되면 그 위에 지어지는 집이 어떻게 기능할 것인지를 먼저 생각해야 한다.

집은 사람의 순환기 구조와 똑같다. 물과 공기를 들여야 하고 사용한 것은 배출해야 한다. 그걸 운용하는 것이 설비 시스템이다.

설비 시스템은 대부분 땅속으로 들어간다. 그래서 더욱 신경을 써야 한다.

들이는 물(상수도)과 버리는 물(하수도)을 어떻게 처리할 것인지를 제일 먼저 봐야 한다. 아무리 풍광 좋은 토지를 낙점했다고 하더라도 식수 공급이 되지 않으면 집을 지을 수 없다. 지하수를 식수로 사용할 경우는 음용수 기준에 엄격하게 맞추어야 한다.

제목	예상비용	비고
대형관정	최소 600만~	물의 양, 깊이, 상황에 따라 다르다.
신고비	65만	
대형관정 관 150mm		
모터 비용	100만	모터마다 가격 상이
검사비	약 20만	음용수 26만, 생활수 16만
합계		

※ 예상 소요기간 : 총 20일 (신고 3일, 작업 2일, 공사 15일),
※ 지하수 개발비용은 지역에 따라, 상황에 따라 다르다.

　상수도 공급지역이 아니면 토지를 계약하기 전에 지주의 양해를 얻어서 지하수개발업체에 기초지질조사를 의뢰하든지, 계약조건에 이를 명시하여 지하수 매장 여부를 확인해야 한다. 지하수 개발 비용도 업체에 따라 천차만별이다.

주거시설 오수 발생량 및 정화조 처리 대상 인원 산정 기준

건축물 용도		오수량 발생			정화조 처리 대상 인원	
		1일 오수 발생량	BOD농도 (mg/L)	비고	인원 산정식	비고
주거 시설	단독주택, 농업인 주택, 공관	200리터/인	200	-	N=2.0+(R-2)×0.5	-
	공동 주택: 아파트, 연립주택, 다세대주택, 다가구주택	200리터/인	200	-	N=2.0+(R-2)×0.5	1호가 1거실로 구성되어 있을 때는 2인으로 한다.
	기숙사, 다중주택(원룸), 고시원	7.5리터/m²	200	농업인 주택과 읍/면 지역의 1일 오수 발생량은 170리터/인을 적용한다.	N=0.038A, 연면적 N=P(정원이 명확한 경우)	-

　엄격한 음용수 기준을 적용해서 제대로 설비를 하려면 상당한 비용이 들어간다. 정수를 하지 않고도 마음 놓고 마실 수 있는 지하수 관정을 개발, 유지하려면 매번 최소 1천만 원 이상이 들어간다. 관정 깊이와 수중 모터, 저수조, 가압펌프, 배관의 종류에 따라서 가격은 천차만별이다.

　상수도 공급지역은 대개 하수도까지 같이 공급되지만 마을 상수도의 경우는 예외다. 상하수도 공급지역이라면 일정 금액의 분담금이 있다. 사전에 비용을 체크해야 한다. 하수종말처리장이 연결되지 않는 지역은 개별 정화조를 설치해야 한다.

전기인입비용(신청 : 한국전력공사)

▶ 200m까지 무료 / 1m 당 약 5만 원
  ※ 사유지에 전신주를 세워할 땐 소유자 동의 필요
  예) 기존 전신주에서 집까지 400m 거리에 있을 때
  ※ 계산 방법 : (400-200)× 5만원 = 1천만 원

전화 설치비용(신청 : KT, LG, SKT 홈페이지)

▶ 기존 통신주에서 80m(통신주 두 개)까지 무료
▶ 80~200m : 통신주 한 개당 약 10만 원 (통신주 한 개당 거리 40m)
▶ 200m 이상 : 통신주 한 개당 약 40~50만 원
  예)기존 통신주에서 집까지 400m 거리에 있을 때
  ※ 계산 방법 : 400/40 = 통신주 10개
  (5개 X 10만 원)+((5개 기본 2개) X 40만원)=170만 원

임시계량기 보증금, 돌려 받으세요.

주택 공사를 위해 임시로 전기를 신청해 사용하면 임시계량기를 설치해야 하는데, 이때 임시계량기 설치를 위해 보증금을 내게 된다. 나중에 본 계량기를 받으면 이 보증금을 돌려받을 수 있다. 보증금에서 미납 전기 요금 및 계기 변상금 등을 대체한 잔액을 환불해준다. 전기 사용 해지 신청 시 보증금 납부 영수증을 함께 제출하면 된다. 최초 신규 사용신청 시 계좌 이체 약정서를 제출한 건축주에게 자동 입금한다. 잊지 말고 꼭 환급받도록 하자.

우리나라 환경 관련 법령은 정화조의 최소 용량이 5세대용이다. 인접한 필지끼리 연합하여 공동정화조를 설치할 수는 있지만 유지, 관리 비용과 소유권 변경에 따른 이용권 문제까지 얽혀서 쉽지 않다. 결국 단독 정화조를 설치할 수밖에 없어서 비용이 과하게 들어간다.

운용도 쉽지 않다. 기계 소음이 상당하고 별도의 전기료 부담, 여름철 악취도 어느 정도 각오해야 한다. 대략 5평 정도의 설치 공간이 필요해서 마당이 좁아지는 것도 감수해야 한다.

빗물 배수와 가스도 체크하자. 도시가스가 공급되는 지역과 그렇지 않은 지역은 편리성과 주택 유지비용이 크게 차이가 난다. 마당에 쏟아지는 빗물을 배수할 우수관로도 확인해야 한다. 특히 여름철에 집중호우가 내릴 경우 우수관로의 기능은 매우 중요하다.

적절한 위치에 집수장을 만들어야 하고 관경을 강우량에 맞춰서 제대로 설계해야 한다. 전기, 가스 인입이 어떻게 되는지도 필수적인 확인 사항이다. 전원주택지는 대부분 도시가스가 공급되지 않아서 LPG를 사용한다. 따라서 인접한 가스판매업소를 찾아서 가스탱크 설치비용과 공급가격(지역마다 다름)을 확인해야 하고, 전기·통신은 기존 전신주를 이용할 수 있는지, 지중화 여부는 가능한지, 추가 비용이나 분담금은 얼마나 들어가는지 관할 한전지사, 통신사를 찾아 문의해야 한다.

진입로를 꼼꼼히 따지자

진입로는 별도로 개설하지 않아도 이용할 수 있는지 권리관계를 꼼꼼히 체크해야 한다. 토지의 경사도가 얼마나 되느냐에 따라서 옹벽을 설치하는 비용도 만만치 않게 들어간다. 이런 모든 것을 해결하는 데 들어가는 비용은 모두 땅값에 포함해야 한다. 그래야 정직한 땅값이다.

도로 형태		도로폭
일반도로	통과, 연결도로	4m 이상
막다른 도로	10m 미만	2m 이상
	10~35m 미만	3m 이상
	35m 미만	6m 이상(도시지역 / 비 도시지역 : 지자체 문의)

원형지 토지를 아무리 싸게 구입했다고 하더라도 이 모든 비용을 포함한 금액은 주변 나대지 시세에 비해 평당 최소 50만 원 이상 올라간다. 제대로 설치한다면 말이다.

이 대목이 정말 중요하다. '제대로' 설치해야 한다는 것이다. 대개는 토목공사를 너무 우습게 보는 경향이 있다. 심지어 상수관과 하수관을 같은 재질로 사용하는 경우도 비일비재하다. 눈에 보이지 않는 것에 투자를 제대로 하지 않고, 그걸 확인하지도 않고, 제대로 값을 쳐 주지도 않는 풍조가 만연하다.

건축 시기별 예산 체크리스트

자료 : (집짓기 전 꼭 알아야 할 모든 것)

시기	내역	비고
토지구입	토지구입 잔금 토지구입 수수료 토지등록세, 취득세, 지방교육세 등 소유권 이전 구옥 취득세	부동산 수수료 법무사 수수료 등 구옥이 있을 경우
측량	대지 경계 측량	대한지적공사
건설 설계 및 감리	설계 계약(30~50%) 설계 잔금(70~50%) 감리비(100%)	건축허가 완료 시 사용승인 완료 시
개발행위허가 토목측량 용역	계약금(50%) 잔금(50%)	허가 신청 시 허가 신청 시
허가 수수료	건축허가 수수료 개발행위허가 면허세 국민주택채권 매도 지역개발공채 매도	보증보험료, 면허세
철거	기존 건물 철거	기존 건축물이 있을 시
건축 시공비	계약금 기성금(1~#차) 잔금 씽크대. 신발장 및 붙박이장 공사기간 중 이웃에 인사	잔금 터파기, 상량식 등
보험료	공용, 산재보험료	
각종 인입비	임시전기 신청 전기 인입비 상수도 인입비 가스 인입비	
경계 복구 측량		사용 승인에 필요
조경	나무 식재 잔디 식재 데크 설치 울타리 및 조경 등 설치	
가구	냉장고, 가구 등 구입	
블라인드	블라인드, 커튼 등 구입	
이사	입주청소 보관이사 또는 공사기간 월세 이사	공사기간 중 컨테이너 등에 보관
CCTV	보안설비 설치	
보험	화재보험 등	
세금	주택취득세. 등록세	

땅은 정직하다. 뿌린 대로 거두는 것은 농사에만 해당하는 이치가 아니다. 집을 짓는 데도 한 치의 오차가 없다. 토지는 건물로만 평가되는 것은 아니다. 땅속을 잘 다져 놓는 정도에 따라 집의 품격이 달라진다. 그것이 진정한 토지의 스펙이다.

세후 수익률을 계산하라

수익의 절반은 세금이다

세금과 부대비용까지 감안하여 실익을 따져야 한다. 세후수익률이다. 세금 문제는 참 어렵다. 10여 년 전에는 그리 복잡하지 않아, 세금부터 시작하여 재개발 및 재건축, 경매, 소규모개발 등등 혼자서도 상담이 가능했다. 하지만 지금은 불가능하다. 오죽하면, AI도 어렵다고 할까.

아무리 좋은 토지가 있어도, 현금화가 어렵고 부재지주까지 적용받는다면 실제 손에 쥘 수 있는 돈이 많지 않아 허탈감마저 들기 마련이다. 2005년 8.31대책으로 인해 부재지주와 비사업용 토지에 대해 세금이 중과됨에 따라 땅값이 올랐어도 체감 수익률은 그리 높지 않음을 알수 있다. 따라서 다른 부동산투자와는 달리 각종 제세금이 많이 들기 때문에 세후 수익률까지 고려해야 할 것이다.

안산에서 공장을 운영하는 C씨는 2006년 집값 폭등기와 수출 호조로 인해 목돈 마련에 성공하여 사세 확장을 목적으로 평택의 관리지역 임야 850평을 구입하였다. 평당 50만 원을 주고 모두 4억 2,500만 원을 투자한 셈이다.

	토지투자금 내역			토지투자 수익률 분석(투자기간 : 3년)	
	투자금 내역			수익률 분석	
1	토지대금(매입가)	30,000,000	1	토지매수가	300,000,000
2	취등록세, 등기비 (농지 3.4%, 외 4.6%) 농지 4%. 외 5%	15,000,000	2	토지매도가	500,000,000
3	중개수수료	2,700,000	3	양도차익	200,000,000
4	개발비용	20,000,000	4	대출금 증액	210,000,000
5	대출금(30~70%)	210,000,000	5	대출금 중도상환수수료 (1.5~2%)	4,200,000
6	실투자금(1+2+3+4-5)	127,700,000	6	중개수수료(0.9% + a)	4,500,000
7	금리(%)	0.045	7	양도세	20,000,000
8	연이자 (5. 대출금 × 7. 금리)	9,450,000	8	투자금 (토지투자금 내역 14번 항목)	156,050,000
9	월이자 (8. 연이자 / 12개월)	787,500	9	순수익금	105,250,000
10	2년 이자 (8. 연이자 × 2)	18,900,000	10	수익률 (7. 순수익금/ 6. 투자금 × 100)	67%
11	3년 이자 (8. 연이자 × 3)	28,350,000			
12	총투자금 (실투자금 + 1년간 총이자)	137,150,000			
13	총투자금 (실투자금 + 2년간 총이자)	146,600,000		※ 토지매매시 양도세율은 매수 후 1년 내 매도시 50%, 2년 내 매도시 40%, 2년 초과 후 매도시 10%이다. 상세한 계산은 양도세 계산기를 이용.	
14	총투자금 (실투자금 + 3년간 총이자)	156,050,000			

안산에서 임대로 공장 운영을 하다 보니 자기만의 공장이 필요하다고 느낀 C씨는 2~3년 뒤에는 공장을 직접 짓기로 하였다. 그러

나 2007년부터 이어진 경기불황으로 인해 운영자금 마련 목적으로 2008년 봄에 처분할 수밖에 없었다. 경제자유구역 지정으로 땅값이 호가 기준 평당 80만 원선에 거래되고 있어 어느 정도 수익을 만족하고 처분하기로 한 것이다.

흥정을 거듭한 끝에 평당 76만 원, 6억 4천만 원에 매도하였으니 단순계산으로 2억 1,500만 원의 이익을 본 것이다. 투자에 성공한 것처럼 보였다. 그러나 이것은 부대비용을 감안하지 않는 단순계산에 불과하다.

평택은 토지투기지역으로 실거래가로 취득비용을 납부하여야 한다. 실거래가액의 4%, 즉 1,700만 원을 납부해야 했다. 사업용으로 전환하지 않은 비사업용 토지로 양도를 하게 되면 주민세 포함한 세금은 양도차익의 66%다. 양도 차익이 2억 1,500만 원으로 양도소득세(주민세포함) 1억 4,190만 원을 납부하고, 보유세, 중개수수료와 법무사 대행료 등 각종 비용을 제하고 나니 손에 쥐게 된 것은 3천여만 원에 불과한 것이다. 여기에 금리와 기회비용까지 고려한다면 손실이나 마찬가지다.

장기보유 특별공제

	보유기간	1세대 1주택	토지 건물 2주택
1	3년 이상 4년 이하	24%	10%
2	4년 이상 5년 이하	32%	12%
3	5년 이상 6년 이하	40%	15%
4	6년 이상 7년 이하	48%	18%
5	7년 이상 8년 이하	56%	21%
6	8년 이상 9년 이하	64%	24%
7	9년 이상 10년 이하	72%	27%
8	10년 이상	80%	30%

※ 1세대 1주택자의 경우 9억 원까지 비과세
 • 단기매도중과세 : 1년 미만 50%, 2년 미만 40%
 • 미등기전매 : 70% 과세

한 가지 아쉬운 점은 건축허가를 득하지 않아 비사업용 토지로 매도하였다는 점이다. 사업은 어려워지고 시간적인 여유가 없다보니 방치한 결과 세금 폭탄을 맞게 된 것이다. 토지투자는 많은 세금과 부대비용이 많기 때문에 이런 비용까지 감안하여 실익을 따져야 한다.

세금이 점차 강화되고 있어 앞으로는 남고 뒤로는 밑지는 경우가 있을 수가 있다는 점에 유의하여 세후수익률까지 고려하여 투자하여야 한다. 지목변경이 돈이 된다고 하여 무조건적으로 지목을 변경하는 것이 아니라 지목변경 전후의 수익을 비교해야 하고, 비사업용 토지는 사업용 토지로 전환하여 양도세 부담을 덜어야 한다.

농지나 임야 전용 역시 타이밍이 중요하고 건축허가를 득할 때에는 2년 이내에 착공하여야 부대비용이 발생하지 않는다. 세금을 줄일 수 있는 방안은 모두 줄인다는 자세로 절세와 친하게(?) 지내는 것이 좋다.

초보 투자자들은 자신이 얼마의 수익을 올렸는지 자랑하는 걸 좋아한다. 예를 들어 어느 지역에 투자하였는데, 얼마가 올랐다면서 성공 무용담을 늘어놓는다. 주위 사람들의 축하의 말을 들을 때면 우쭐해져 금방 부자가 될 것 같은 기분이 들기 마련이다.

그러나 고수는 투자를 자랑하지 않고 조용히 투자 수익률을 극대화하기 위해 최선의 노력을 한다. 그들은 투자수익률을 극대화하는 노하우를 쌓기까지 무수한 시행착오를 경험하였다. 그런 이유로 그들은 조용히 계산기를 두드리며 또 다른 투자를 준비하고 있는 것이다.

1년 동안 얼마를 벌었다, 현재 기준으로 얼마 벌었다는 등 매도를 하기 전에 희희낙락하기보다는 미리미리 준비하여 매도하고 제2의 투자도 생각하는 여유를 가져야 한다. 동일한 물건이라도, 세테크에 따라 체감수익률이 확 달라진다. 때문에 매도 등 소유권이전 문제가 발생하면 반드시, 세무사를 포함한 전문가 상담이 필요하다.

세후 수익률이 리얼 세테크이다. 거듭 당부하지만 '절세 컨설팅 비용'은 진짜 아끼지 말라고 조언하고 싶다. 소중한 돈을 불릴 수 있는 키워드가 그 안에 들어 있다. 또한 세금과 관련된 자문을 받을 때는 꼭 크로스 체크를 하는 것도 간과하면 안 된다.

순번	수익률 분석	
1	토지 판매가	720,000,000
2	대출 상환금	350,000,000
3	(대출) 중도상환수수료 : 1.5~2%	7,000,000
4	(컨설팅) 중개수수료 : 0.9% + @	6,480,000
5	양도세 (부동산계산기 어플)	31,819,956
6	투자금	227,750,000
7	순수익금(1-2-3-4-5-6)	96,950,044
8	수익률 (7. 순수익금 ÷ 6. 투자금 × 100)	42.57%

순번	수익률 분석	
1	토지대금 (매입가)	500,000,000
2	취등록세, 등기비 (농지 3.4%, 외 4.6%) - 농지 4%, 외 5%	25,000,000
3	중개수수료 0.9% (컨설팅 수수료)	4,500,000
4	개발비용 (경비처리 ○, ✕) - 분필 100만 원 이하	1,000,000
5	대출금 (30~70%)	350,000,000
6	실투자금(1+2+3+4 총합 - 5. 대출금)	180,500,000
7	금리	4.5%
8	년 이자 (5. 대출금 × 7. 금리)	15,750,000
9	월 이자 (8. 년 이자 ÷ 12개월)	1,312,500
10	2년 이자 (8. 년 이자 × 2)	31,500,000
11	3년 이자 (8. 년 이자 × 3)	47,250,000
12	총 투자금 (실투자금 + 총 이자)	227,750,000

농지법과 조특법의 차이

〈조특법〉과 〈농지법〉에서의 재촌 규정은 어떻게 다를까?

농지투자에서 가장 중요한 것이 재촌자경在村自耕이다. 재촌자경을 해야만 세금을 감면 받거나 사업용으로 절세할 수 있기 때문이다. 재촌자경을 하지 않는다고 반드시 소유와 경작을 제한 받지는 않는다.

여기서는 이 재촌자경 중에서 30km 등에 대해서 좀 더 알아보고자 한다.

농지투자에서 거리 제한이 나오는 것은 세법에서 적용하는 재촌 규정으로 토지소재지에 거주하거나 토지소재지와 연접하고 있는 시, 군, 구에 거주하거나 그도 저도 아닌 토지소재지 시, 군, 구도 아니고 토지소재지와 연접하지도 않은 시, 군, 구도 아니지만 토지소재지로부터 30km 안에 살고 있다면 재촌이라는 것이다.

이때의 거리는 도상거리, 즉 지도상에서의 직선거리를 말한다. 이전 법 조항에서 20km라는 경우에는 동력 농기계가 이동할 수 있는 최단거리를 말하고, 또 그 이전에는 8km 규정이 있었는데, 이때에는 농사를 짓기 위해 걸어서 가는 최단거리를 말한다. 이렇게 보니 법규도 그때그때 사회상에 따라 변한다는 것을 알 수 있다.

재촌의 법 규정은 세법, 즉 세금의 경우에만 적용된다. 〈농지법〉에는 재촌의 규정이 없다. 따라서 법상으로는 전국 어디에 농지라도 구입이 가능하다. 그렇다고 이 조항만 믿으면 안 된다. 〈농지법〉과 〈농지취득자격증명 발급심사요령〉에서 영농 능력이나 의지 등을 심사하는 항목이 있어서 농작물등에 따라서 또는 구입자의 상태나 영농 능력에 따라서 거리가 멀어 경작이 불가능한 경우 반려될 수도 있다. 즉 1,000m²의 농지에서 벼농사나 채소농사를 서울에서 짓겠다고 한다면 요즘 말로 가 떨어지고, 출퇴근이나 관리 그리고 비용을 따져보면 현실적으로 어렵다.

농지투자를 위한 재촌 거리는 〈농지법〉에서는 정하고 있지 않다고 했다. 30km규정은 세법에서 적용을 받는다고 했다.

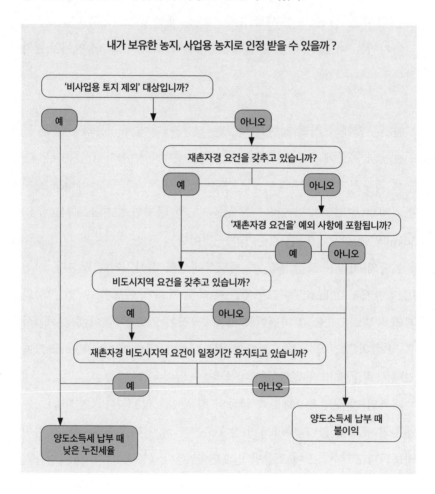

취득할 때 농업인인 경우 취득세 50%를 감면 받는데, 이때에는 현재

보유하고 있는 농지가 어디에 있든지 2년 이상 농지원부나 농업경영체에 등록되어 있고 구입하는 농지가 재촌자경이 가능하다면 세금을 감면 받을 수 있다. 농지를 소유하고 있는데, 농지원부나 농업경영체에 등록되어 있지 않으면 이는 농업인이 아닌 토지소유주이므로 세금 감면 혜택을 받을 수 없다.

그럼 양도세는 어떨까? 양도세에서는 농지를 매입할 때와 달리 양도하는 농지를 '재촌자경을 하였느냐'를 판단한다. 다른 농지들은 전혀 상관하지 않고 양도하는 농지가 재촌 지역에 있었느냐, 그 농지를 자경을 하였느냐, 즉 재촌+자경을 한 기간이 법 규정에서 정한 기간인 8년 이상 또는 4년 이상 재촌자경 대토 등 충족을 하였느냐를 가지고 판단한다. 이러한 기간 합산은 일자 기준으로 판단한다.

사업용 토지와 비사업용 토지 비교

사업용 토지	구분	비사업용 토지
*임야 = 재촌 (보안림, 채종림, 시험림 등) *농지 = 재촌, 자경 (도시지역 제외)	요건	*비거주, 비자경 *도시지역
기본세율 6~38%)	양도소득세 세율	중과세 16~48%
8년 재촌자경 요건을 갖춘 농지	비과세	없음
적용 (전체 보유기간 인정)	장기보유 특별공제	단, 2016년 1월 1일부터 보유기간 산정

조특법에서 말하는 농지의 취득세율은?

농지와 농업인의 조건은 다음과 같다.

농지는 매매, 증여, 상속일 현재 작물 등을 재배하고 있는 농지여야 한다. 농업인이란 농지원부, 농업경영체에 2년 이상 등록되어 있고 농사를 짓고 있어야 한다. 구입, 증여, 상속하는 대상 농지가 재촌자경 가능한 지역의 농지라야 한다. 또 농업인의 농업 외 소득이 3,700만 원 미만이라야 한다.

농지 투자를 하면서 많이 헷갈리는 부분이 재촌자경이나 감면에 대한 규정이다. 재촌이란, 토지소재지에 거주하거나, 토지소재지와 연접한 시·군·구에 거주하거나 토지소재지로부터 30킬로미터 이내에 거주하는 것을 말한다.

세 가지 조건을 충족해야 하는 게 아니라 한 가지만 해당하면 된다. 자경이란 소유자가 자기의 농지에서 농사를 짓고 있으면 된다.

재촌자경에 대하여 세금을 감면 받을 때 적용기준을 다시 살펴보면 취득세 감면받을 때에는 기존에 어디에 있는 농지로 농업인이 되었든지 상관없이 새로이 취득하는 농지가 재촌자경이 가능한지에 대하여만 판단하며 양도세를 감면받을 때에는 수많은 농지가 있더라도 양도하는 농지가 재촌자경을 하였느냐만 가지고 판단을 한다.

그러면 지목은 농지인데, 농지로 사용하지 않는 농지라면 취득세는 어떻게 될까?

농지로 사용을 하는 경우에는 사업용으로 보고 또 영세한 농민들을 배려하는 차원에서 세율이 다소 낮은 편이라 할 수 있다. 그런데 농지로 사용을 하지 않고 있다면? 이는 일반 나대지 형태로 보아서 취득세 일반세율인 4.6%(취득세 4.0%, 지방교육세 0.2%, 농어촌특별세 0.4%)가 적용된다. 즉 지목은 농지이나 다른 건물부지든, 잡종지로 야적을 하든, 화원 판매를 하거나 하면 이때에는 농지로 보지 않고 취득세를 일반세율로 부과한다는 것이다. 〈농지법〉 등 개별법에 의한 인허가 여부와는 상관이 없이 사실대로 과세한다.

여기서 하나 꼭 기억할 것은 우리의 모든 세금은 사실 과세, 즉 현재 이용하는 그 자체로 판단 과세한다는 것이다. 예로서 농지에 무허가로 건물을 지었다면 〈농지법〉, 〈건축법〉 등에서는 불법전용으로 불법행위로 처벌을 하지만 세무서에서는 취득세를 부과 고지하여 세금을 받아들인다. 즉 세무부서는 사실 과세이고 다른 부서는 개별법에 의한 법 적용을 하는데, 우리가 볼 때에는 같은 시장, 군수가 한쪽에서는 세금을 납부하라고 하고 한쪽에서는 불법이니 원상복구를 하라고 하니 헷갈리기도 한다.

구분			세율 합계	취득세	농특세	교육세
토지	농지 외 (임야, 대지 등)	매매	4.6%	4%	0.2%	0.4%
		상속	3.16%	2.8%	0.2%	0.16%
		증여	4%	3.5%	0.2%	0.3%
	농지 (전, 답, 과수원, 목장용지)	매매 신규	3.4%	3.0%	0.2%	0.2%
		매매 2년 이상 자경	1.6%	1.5%		0.1%
		매매 도시지역 농지	4.4%			
		상속	2.56%	2.3%	0.2%	0.06%
		증여	4%	3.5%	0.2%	0.3%
		영농후계자 증여	2%	1.75%	0.1%	0.15%

조특법에서 말하는 자경과 재촌 개념은?

농지투자에 있어, 세금을 논하다 보면 자경과 재촌이라는 용어가 자주 나온다. 특히, 8년 자경농지 감면에서는 명확히 알아야 할 것이다.

8년 자경농지 양도소득세 면제 조건

재촌여건	① 농지 소재 시군구 내에 거주
	② ①의 지역과 연접한 시·군·구 내에 거주
	③ 농지로부터 직선거리 30㎞ 이내 지역에 거주
자경요건	① 직접 농작물을 경작하거나 책임 하에 경작
	② 농작물 절반 이상의 경작에 직접 노동력 투입
	③ 생계나 세대를 같이 하는 가족이 경작
자경기간	① 농지 취득일로부터 양도일까지 자경기간이 8년 이상
	② 사업소득 + 근로소득이 3700만 원 이상인 기간은 제외

자경이란?

예전에는 자경에 대해 느슨한 면이 있었지만, 이제는 많이 까다로워
졌다. 온라인 전산망의 위력이 대단한 것이겠다.

거주지역	직접 자경		농지요건
	대상농지	경작기간	
1. 농지소재지인 시 군구에서 8년 거주 2. 그 지역과 인접 한 시·군·구에서 8년 거주 3. 농지로부터 30㎞ 이내 8년 거주	농업기반 공사와 농업법 인에게 양도하는 경우	3년 이상	양도일 현재의 농지로서 농 업소득세 과세대상이 되는 토지 (주거지역 등 편입일로부터 3년 이내 양도하는 토지)
	그 외의 농지	8년 이상	

자경은 직접 경작을 의미하는데, 거주자가 그 소유농지에서 농작물
의 경작 또는 다년생식물의 재배에 상시 종사하거나 농작업의 2분의
1이상을 자기의 노동력에 의하여 경작 또는 재배하는 것을 말한다.

여기서, 자기책임과 계산 아래 다른 사람을 고용하여 경작하는 것은

인정하는데, 위탁경영을 하거나 대리경작, 임대차한 농지는 제외하고 있다. 심지어 동일 세대원이 경작한 것도 인정되지 않는 분위기다. 즉 본인은 다른 곳에 가서 경제활동을 하고 가족이 대신 경작하여도 안 된다는 것이다. 그동안 자경에 대해 민원이 자주 발생하다 보니 소득에 대해서도 명확히 법으로 명시하고 있다.

피상속인(배우자 포함) 또는 거주자 총급여액과 사업소득금액(농업·임업에서 발생하는 소득, 부동산임대소득, 비과세 농가부업소득은 제외)이 3,700만 원 이상인 과세기간이 있는 경우는 경작기간에서 제외한다. 여기서 사업소득이 결손이 나는 경우는 금액을 0(제로)으로 간주한다. 한마디로 제대로 직접 농사를 지으라는 것이다.

자경사실 확인서에 필요한 서류

면제요건	검토할 내용	첨부해야 할 서류	구비서류 발급기관
8년 이상 소유 여부	취득일, 양도일 보유기간	토지대장 등기부등본	구청 및 등기소
8년 이상 농지소재지 거주 여부	전입일, 전출일 거주기간	주민등록초본	동사무소
8년 이상 자경 여부	실제 자경 여부	농지원부 인우보증서 등	농지소재지 읍·면사무소 관할 시청, 구청
양도일 현재 농지 여부	양도 당시 농지 여부	토지특성조사표 항공사진	농지소재지 읍·면사무소 관할 시청, 구청
면제 제외 농지 여부	주거, 상업, 공업지역 안에 있는지 여부	토지이용계획확인서	시청, 구청
기타의 검토할 사항	실제 자경 여부	농약 및 종자 구입 영수증 자경확인서 재산세 과세 내역	농협, 소매점 농지위원장 관할 시·군·구청

양도소득세를 감면받기 위해서는 8년 자경을 유지하는 처절한(?) 노력이 필요하다. 여기서 총급여액과 사업소득금액의 합산이 3,700만 원 미

만이면 인정된다는 점을 기억해야 한다. 그리고 농가소득과 부동산임대소득이 제외되는 것도 알고 있어야 한다. 수익형부동산으로 임대소득이 발생하여도 소득으로 잡지 않는다는 이야기다. 때로는 이장을 통해 '자경사실확인서'를 받아서 제출해야 할 수도 있다. 특별한 양식은 없고 농지 소재지, 경작자 인적사항, 경작기간, 이장 인적사항이 들어가면 된다.

왜 이것일 필요할까? 자경에 대한 증빙서류가 준비되지 않으면 이것이라도 준비해야 한다. 자경농지의 양도세 감면 한도는 1년 1억 원, 5년 2억 원이다.

자경사실 확인서에 필요한 서류

구분	판단 기준	비사업용으로 보는 경우
공통기준 (기간기준)	본래 용도로 사용한 기간이 다음의 기간 중 하나를 충족하여야 사업용 토지로 본다. ① 양도일 전 3년 중 2년 사용 ② 양도일 전 5년 중 3년 사용 ③ 보유기간 중 80% 사용	
주택	원칙적으로 사업용으로 봄	주택정착 면적이 기준면적 초과시 초과 부분은 중과함
별장	원칙적으로 비사업용으로 봄	읍면지역 소재한 1억 원 미만의 소규모 별장은 중과 제외
기타토지 (상가, 공장, 나대지 등)	원칙적으로 재산세 종합합산과세토지만 비사업용으로 봄	사업과 거주지가 관련 있는 토지는 중과 제외사업 영위를 가장할 우려가 있으므로 지가 대비 연간 수입 금액을 비교해 판단한다. (주차장 운영업 3% 기준)
농지	다음의 경우 사업용으로 봄 ① 재촌, 자경 ② 도시지역 외 소재	무조건 사업용 토지로 보는 경우 ① 상속으로 취득한 농지 ② 06. 12. 31일 현재 20년 이상 보유한 농지 1,000㎡ 이내의 주말농장으로 8년 이상 농지은행에 임대위탁한 경우 재촌 자경한 것으로 봄
임야	재촌하면 원칙적으로 사업용으로 봄	무조건 사업용 토지로 보는 경우 ① 상속으로 취득한 임야 ② 06. 12. 31일 현재 20년 이상 보유한 임야 공익상 또는 산림보호를 위해 필요한 임야와 거주 또는 사업과 관련 있는 임야는 사업용으로 사용한 것으로 본다.
목장용지	다음의 경우 사업용으로 봄 ① 축산업 직접 영위 ② 도시지역 외 소재 ③ 일정 규모 이내이어야 함	무조건 사업용 토지로 보는 경우 ① 상속으로 취득한 목장용지 ② 06. 12. 31일 현재 20년 이상 보유한 목장 용지

이번에는 거주 개념을 살펴보도록 하겠다.

① 농지가 소재하는 시, 군, 구나 그와 연접한 시, 군, 구 지역에 거주하여야 한다.

② 해당 농지로부터, 직선거리 30km이내의 지역에 거주하여야 한다.

③ 양도 당시에 거주하지 않더라도, 취득한 때부터 양도할 때까지 통산하여 8년 이상 재촌자경한 사실이 있어야 한다.

위에서 우리는 연접에 주목하여야 한다. 연접이란, 행정구역상 동일한 경계선을 사이에 두고 서로 붙어 있는 시, 군, 구를 말한다. 즉 지도상으로 붙어 있어야 한다는 것이다. 시, 군, 구에서 '구'는 '행정구'가 아닌 '자치구'를 의미한다.

행정구는 행정사무의 처리상 편의를 위하여 설치되는 행정구획에 불과하다. 서울시, 광역시가 아닌 인구 50만 이상의 시에 둘 수 있다. 한마디로, 행정구의 구청장은 투표에 의해 선출되는 것이 아닌 시장의 임명직이다. 예를 들면, 용인시의 경우 수지구, 기흥구, 처인구가 있는데 이게 행정구이다. 반면, 자치구는 지방자치단체로서 법인격으로 일정한 한도 내에서 자치권이 인정되고 주민들의 투표로 선출된다.

수원시의 경우, 구는 자치구가 아닌 행정구이기에 수원시와 용인시는 연접한 것이다.

2023년 토지 양도세제

3년 이상 보유시 양도차익의 6~80% 공제 = 양도소득금액 − 기본공제(양도자산 종류(4종)별로 연간 250만 원, 연간 1회 = 과세표준 × 세율(기본세율(6~45%, 16~55% 또는 26~65%, 36~76%), (보유기간에 따른 세율) = 산출세액.

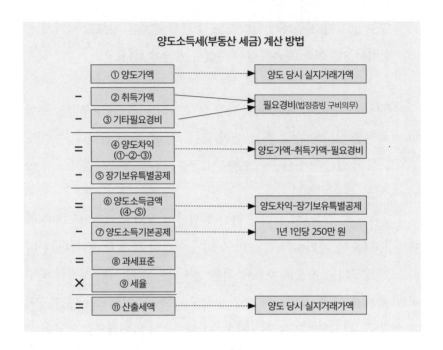

양도소득세(부동산 세금) 계산 방법

① 양도가액	--->	양도 당시 실지거래가액
- ② 취득가액	--->	필요경비(법정증빙 구비의무)
- ③ 기타필요경비		
= ④ 양도차익 (①-②-③)	--->	양도가액-취득가액-필요경비
- ⑤ 장기보유특별공제		
= ⑥ 양도소득금액 (④-⑤)	--->	양도차익-장기보유특별공제
- ⑦ 양도소득기본공제	--->	1년 1인당 250만 원
= ⑧ 과세표준		
× ⑨ 세율		
= ⑪ 산출세액	--->	양도 당시 실지거래가액

비사업용 토지 양도세율

구분	보유 기간	세율
지정지역	1년 미만	① 50%와 ② 비사업용토지세율 + 10% 중 큰 것
	2년 미만	① 40%와 ② 비사업용토지세율 + 10% 중 큰 것
일반 지역	1년 미만	50%
	2년 미만	40%

※ 2021년 6월 1일 이후

세금의 과세표준별 누진세율

1,400만 원 이하	6%	과세표준 × 6%
1,400만 원 초과~5,000만 원 이하	15%	과세표준 × 15% - 126만 원
5,000만 원 초과 ~ 8,800만 원 이하	24%	과세표준 × 24% - 576만 원
8,800만 원 초과 ~ 1억 5,000만 원 이하	35%	과세표준 × 35% - 1,544만 원
1억 5,000만 원 초과 ~ 3억 원 이하	38%	과세표준 × 38% - 1,994만 원
3억 원 이하 ~ 5억 원 이하	40%	과세표준 × 40% - 2,594만 원
5억 초과 ~ 10억 원 이하	42%	과세표준 × 42% - 3,594만 원
10억 원 초과	45%	과세표준 × 45% - 6,594만 원

*취득 당시 취득가액을 모를 경우

환산취득가액 = 양도 당시의 실거래가격(매매 거래가액 또는 감정가격) × (취득 당시 기준시가 ÷ 양도 기준시가)

장기보유 특별공제율

구분	1세대 1주택 보유 (연 2%, 15년)	1세대 1주택(연 8%, 10년)		기타 토지, 건물 (연 2%, 15년)
		보유기간 4%	거주기간 4%	
2년 이상 ~ 3년 미만	-	-	8%	-
3년 이상 ~ 4년 미만	6%	12%	12%	6%
4년 이상 ~ 5년 미만	8%	16%	16%	8%
5년 이상 ~ 6년 미만	10%	20%	20%	10%
6년 이상 ~ 7년 미만	12%	24%	24%	12%
7년 이상 ~ 8년 미만	14%	28%	28%	14%
8년 이상 ~ 9년 미만	16%	32%	32%	16%
9년 이상 ~ 10년 미만	18%	36%	36%	18%
10년 이상 ~ 11년 미만	20%	40%	40%	20%
11년 이상 ~ 12년 미만	22%			22%
12년 이상 ~ 13년 미만	24%	보유기간 중 2년 이상 거주한 주택은 2011년 이후 양도분부터 적용	거주기간 2년 이상 보유기간 3년 미만은 보유기간 3년 이상에 한정	24%
13년 이상 ~ 14년 미만	26%			26%
14년 이상 ~ 15년 미만	28%			28%
15년 이상	30%			30%

* 21. 1. 1 이후 양도분부터 적용

기본공제 250만 원은 구간을 나눠서 적용

① 토지 건물, 부동산에 관한 권리, 기타 자산(미등기 양도자산은 제외)의 양도소득금액
② 주식, 출자지분의 양도소득금액
③ 파생상품 등 거래의 양도소득금액

필요경비

필요경비는 부동산을 취득할 때의 매입금액과 취득 부대비용, 자본적 지출 및 기타 양도비용으로 구분한다.

부동산 양도시 세금 재무 테크니션

양도소득세란 등기·등록 여부와 관계없이 자산을 매도·교환하거나 법인에 현물출자 등을 함으로써 사실상 그 자산이 유상으로 이전되는 것을 말한다. 그리고 양도소득세는 부동산 등을 양도함에 따라 해당 자산의 보유기간 동안 발생한 차익, 즉 양도소득에 부과되는 세금을 말한다.

양도소득세 세율

보유기간	세율				
	주택등기	미등기(중과세율)	분양권	입주권	토지
1년 미만	70%		70%	70%	50%(비+10%)
1년 이상~2년 미만	60%	70%	60%	60%	40%(비+10%)
2년 이상	6~45%			6~45%	6~45%(비+10%)

*중과세 별도 적용

양도소득세의 기준이 되는 양도·취득 시기

구분	양도·취득 시기
원칙	대금청산일(잔금지급일)
잔금지급일이 불분명한 경우	등기부, 등록부, 명부 등에 기재된 등기접수일 또는 명의 개시일
잔금지급 전 소유권이전등기 등을 한 경우	
장기할부조건 양도일 경우	소유권이전등기일, 인도일 사용수익일 중 빠른 날
자가 건설한 건축물 취득	사용검사필증 교부일 또는 사실상의 사용일 중 빠른 날 또는 소유권 소송으로 수용보상금이 공탁된 경우 소유권 소송 판결확정일
상속 증여에 의한 취득	상속이 개시된 날(사망일 등) 또는 증여를 받는 날
여러 차례에 걸쳐 양도하는 특정 (부동산법인, 과점법인) 주식	주주 1인과 특수관계자가 양도하는 주식의 합계액이 50% 이상 양도되는 날

부동산 종류와 보유기간에 따른 기본세율

구분			보유기간에 따른 세율
등기 부동산	토지, 건물	2년 이상	누진세율
		1년 이상~2년 미만	40%
		1년 미만	50%
	비사업용토지		누진세율 + 10%(16~55%)
	분양권	2년 이상	60%
		1년 이상~2년 미만	60%
		1년 미만	70%
	주택 및 조합원 입주권	2년 이상	누진세율
		1년 이상~2년 미만	60%
		1년 미만	70%
미등기부동산 등			70%

* 비사업용토지 : 2009. 3. 16~2012. 12. 31에 취득한 비사업용토지는 기본세율
  (보유기간 2년 미만 40% 또는 50%) 적용

양도소득세 계산식

양도가액(실거래가액) - 필요경비(취득가액 환산가액 + 기타 필요경지) = 양도차액 - 장기보유특별공제(토지건물 3년 이상 보유시 양도차익의 6~80% 공제) = 양도소득금액 - 기본공제(양도자산 종류(4종)별로 연간 250만 원 연간 1회) = 과세표준 × 세율(기본세율(6~45%, 16~55% 또는 26~65%, 36~75%), 보유기간에 따른 세율) = 산출세액

토지양도시 절세법

① 개인이 토지 소재지나 그 바로 옆 시·군·구 또는 농지로부터 직선거리 30㎞ 이내 살면서(주민등록 등재 무관) 농사를 짓는 농지. 농업을 주업으로 하는 법인 농지

② 개인 소유자가 임야 소재지에 살거나 임업 또는 축산업이 주업인 법인이 소유한 임야와 목장용지

③ 양도일까지 토지 보유기간 중 60% 이상(또는 5년 중 3년 이상, 3년 중 2년 이상) 직접 사업에 사용 한 토지

④ 위 사업용토지 기준에 부합하지 않으면 비사업용토지다.

사업용토지와 조정대상지역 내 비사업용토지의 양도세율

구분	세율	조정대상지역 내 보유기간별 중과세율		
		1년 미만	1년 이상~2년 미만	2년 이상
비사업용토지	16~55%	50%	40~65%	26~65%
사업용토지	6~45%			

※ 모든 세율은 누진세율 기준
※ 2009. 3. 16. ~ 2012. 12. 31.에 취득한 비상업용토지를 양도시 기본세율 적용

사업용토지로 보는 비사업용토지

① 직계존속이 8년 이상 토지 소재지에 거주하면서 경작한 농지·임야·목장용지로 직계존속으로부터 상속 받거나 증여 받은 토지. 단, 양도 당시 도시지역(녹지지역, 개발제한구역은 제외) 안의 토지는 제외

② 주말 체험농장으로 소유하는 세대별 1,000m² 이내 용지

③ 2005년 12월 31일 이전에 종중명의로 취득한 토지

④ 상속받은 농지로서 상속개시일로부터 3년이 경과하지 않은 농지

⑤ 공익사업을 위해 법률에 따라 협의매수 또는 수용되는 토지로서 사업인정일 2006년 12월 31일 이전인 토지 또는 취득일, 상속일이 사업인정고지로부터 5년 이전인 토지

⑥ 기타 공익기업의 구조조정 또는 불가피한 사유로 인한 법령상 제한, 토지의 현황 취득 사유 또는 이용 상황 등을 감안하여 기획재정부령으로 정하는 부득이한 사유에 해당되는 토지

⑦ 별장(건물)과 그 부속토지

⑧ 농지 등 시 이상의 지역 내 주거 상업 공업지역(녹지 및 개발제한구역 제외) 편입일로부터 3년 이내인 토지

자영 농업, 어업, 산림업용도지역에대한 양도소득세 감면

① 농업용토지의 양도소득세 감면 : 8년 이상 자경한 농지(축산용토지 포함)를 양도하는 경우 양도소득세를 100% 감면하는데, 요건을 충족시 가능

② 어업용지의 양도소득세 감면 : 8년 이상 직접 어업에 사용한 어업용토지 등을 양도한 경우 양도소세를 100% 감면하는데, 요건을 충족시 가능

③ 산림업용토지의 양도소득세 감면 : 10년 이상 자경한 산림지로 양
도한 경우 자경기간별로 일정률의 양도소득세를 감면 하는 경우,
양도소득세를 100% 감면하는데, 요건을 충족시 가능

산림업용토지 자경기간별 양도소득세 감면율

자경기간	10년 이상~ 20년 미만	20년 이상~ 30년 미만	30년 이상~ 40년 미만	40년 이상~ 50년 미만	50년 이상
감면율	10%	20%	30%	40%	50%

해외부동산 양도시 절세법

국내 자산과 해외 자산의 양도소득세

구분	국내 자산	국외 자산
거주자	과세	과세(5년 이상 거주자만)
비거주자	과세	비과세

* 해외 부동산 양도시 세율은 부동산 보유기간과 무관하게 기본누진세율(6~45%)을 적용한다.
* 해외 부동산에 대해서는 1세대 1주택 비과세나 장기보유특별공제가 적용되지 않는다.
* 해외 부동산 증여시 이월과세가 적용되지 않는다.
* 해외 부동산 미등기자산이나 비사업용토지에 대해서 중과세가 적용되지 않는다.

토지 양도세의 계산

아파트와 같은 주택의 경우, 거래가 빈번해 거래할 때 발생되는 세금
에 대한 이슈가 언론을 통해 자주 거론되고는 한다.

하지만 토지의 경우 수요가 한정되어 있다 보니 평생 한두 번 정도 토
지거래를 접하는 일반 시민은 이로 인한 세금이 얼마나 되는지, 무엇이

있는지 모르는 경우가 많다.

토지는 공익적인 요소가 크기 때문에 이를 규제하는 법이 상당히 많다. 세법 또한 마찬가지다. 토지거래는 크게 취득 단계, 보유 단계, 양도 단계로 구분을 한다.

토지를 취득하면 우선 취득세가 발생한다. 토지의 취득세는 원칙적으로 4%가 적용되나 농지는 대부분 영농 목적으로 취득하므로 상대적으로 낮은 3%가 적용된다. 참고로 주택의 경우에는 주택 가격에 따라 1~3%, 주택수에 따라 8~12%가 적용되고 있으므로 상대적으로 토지는 낮은 취득세율이 적용되고 있음을 알 수 있다.

아울러 토지취득가금과 관련해 증여세 문제가 발생할 수 있다. (부동산 취득자금 출처 조사).

토지 양도소득세 (2021. 3. 29 대책)

구분		사업용 토지		비사업용 토지	
		변경전	변경후	변경전	변경후
보유기간	1년 미만	50%	70%	50%	70%
				기본세율 + 10%	기본세율 + 20%
	2년 미만	40%	60%	40%	60%
				기본세율 + 10%	기본세율 + 20%
	2년 이상	기본세율(6~45%)		기본세율 + 10%	기본세율 + 20%

• 주말농장용 농지(1000m² 미만) : 사업용 토지에서 제외 ➡ 비사업용 토지
• 비사업용 토지 : 장기보유특별공제 배제

보유 단계에서는 모든 부동산에 대해 적용되는 보유세(재산세와 종합부동산세, 매년 6월1일 기준 토지소유주)가 발생한다. 보유하고 있으면서 직접 사용하지 않는 경우에는 임대를 주게 되는데, 임대를 하게 되면 부동산

임대소득에 대한 종합소득세가 부과되고 월 임차료에 대한 10%를 부가가치세로 부과된다.

토지 보유 단계에서 토지소유주가 직접 사용하지 않거나 임대사업에 활용하지 않을 경우에는, 추후 양도 단계에서 불이익이 있으므로 토지를 매입할 때 보유기간 동안 어떻게 활용할 것인지 충분히 검토해야 한다.

토지를 양도하는 경우에는 양도소득세가 부과된다. 양도소득세는 양도차익에 대해 장기보유특별공제 등을 차감한 과세표준에 누진세율을 적용, 산출세액을 계산한다. 다만, 중과세가 적용되는 토지는 중과세율이 적용되며, 8년 이상 직접 농사를 지은 경우에는 세액감면이 적용된다.

토지양도소득세 (2021. 3. 29 대책)

비사업용 토지	지정지역 (15. 1. 1. 이후)	1년 미만	50%	中 큰 세액
			비사업용토지세율* + 10%p	
		2년 미만	40%	中 큰 세액
			비사업용토지세율* + 10%p	
		2년 이상	비사업용토지세율* + 10%p	(경합 없음)
	일반지역	1년 미만	50%	中 큰 세액
			비사업용토지세율*	
		2년 미만	40%	中 큰 세액
			비사업용토지세율*	
		2년 이상	비사업용토지세율*	(경합 없음)

*비사업용토지세율 : 기본세율 + 10%p (소득세법)

토지 양도세는 예상보다 많은 세액이 나오는 경우가 일반적이다. 단순 계산해 매매차익이 8,800만 원을 초과하는 경우에는 약 35%의 세금이 발생되고, 매매차익이 1억 5,000만 원을 초과하는 경우에는 약 38%가 발생되는데, 보통 토지 거래로 인한 시세차익이 상당한 경우가 대부분이기 때문이다.

또한 보유 단계에서 직접 사용 또는 임대사업을 영위하지 않은, 즉 비사업용으로 활용된 경우에는 기본세율에 10%가 가산되는 중과세가 적용되므로 유의해야 한다.

사업용 토지는 기본세율이 적용되고 오래 보유하고 있다가 매매하면 세금을 감면해 주는 장기보유 특별공제 혜택을 받을 수 있어 절세에 도움이 되는 점을 명심하자.

이에 반해, 비사업용 토지는 양도소득세 중과세가 부활되어 기본세율에 10%가 더 중과되어 세금 부담이 커졌고, 대신 장기보유특별공제 혜택이 적용되기 시작했다.

양도소득세율(기본세율)　　　　　일반장기보유 특별공제

과세표준기간	세율	누진공제	보유기간	공제율
1200만 원 이하	6%	없음	3년 이상	6%
1200~4600만 원 이하	15%	108만 원	4년 이상	8%
4600~8800만 원 이하	24%	522만 원	5년 이상	10%
8800~1억 5천 만원 이하	35%	1490만 원	6년 이상	12%
1억 5천~3억 원 이하	38%	1940만 원	7년 이상	14%
3억~5억 원 이하	40%	2540만 원	8년 이상	16%
5억~10억 원 이하	42%	3540만 원	9년 이상	18%
12억 원 초과	45%	6540만 원	10년 이상	20%
			11년 이상	22%
			12년 이상	24%
			13년 이상	26%
			14년 이상	28%
			15년 이상	30%

비사업용 토지 양도소득세 계산 비교 (단위 : 원)

구분	장기보유공제 소급적용 불가능	장기보유공제 소급적용 가능	구분	장기보유공제 소급적용 불가능	장기보유공제 소급적용 가능
양도가액	7억	7억	(-) 기본공제	2억	250만
(-) 취득가액	5억	5억	과세표준	250만	1억 3750만
(-) 필요경비	-	-	(×) 세율	1억 9750만	45%
양도차익	2억	2억	산출세액	48%	4697만 5000
(-) 장기보유 특별공제	-	6000만	(+) 지방 소득세	7540만	469만 7500
양도소득금액	2억	1억 4000만	총 납부세액	754만	
총 납부세액				8294만	5167만 2500

*5억 원에 구입, 7억 원에 매각 가정
*보유기간은 10년, 필요경비는 없는 것으로 가정

부동산 투기근절 및 재발방지대책 분석

1. 단기보유 토지에 대한 양도소득세 중과세율 인상

▶ 보유기간이 1년 미만인 사업용, 비사업용 토지 : 70%

▶ 2년 미만인 사업용, 비사업용 토지 : 60%

▶ 2년 이상인 사업용 토지는 기본세율을 적용하고, 비사업용 토지는 기본세율에 +20% 중과세율을 적용.

일반 장기보유특별공제

보유기간	공제율	보유기간	공제율	보유기간	공제율
3년 이상	6%	8년 이상	16%	13년 이상	26%
4년 이상	8%	9년 이상	18%	14년 이상	28%
5년 이상	10%	10년 이상	20%	15년 이상	30%
6년 이상	12%	11년 이상	22%		
7년 이상	14%	12년 이상	24%		

주말농장용 농지(1000m² 미만)는 사업용 토지에서 제외되어 비사업용 토지로 세율이 변경되고 비사업용 토지는 장기보유특별공제도 배제된다.

먼저 사업용 토지와 비사업용 토지란 어떤 것인지 알아보도록 하자.

사업용 토지는 용도에 맞게 사용하면서 보유한 토지이이며, 비사업용 토지는 용도에 맞지 않게 사용하면서 보유한 토지를 말한다.

토지 양도소득세

	사업용 토지 용도에 맞게 사용하면서 보유		비사업용 토지 용도에 맞게 사용하지 않으면서 보유	
농지 (전·답· 과수원)	• 재촌자경 • 주말농장(1000m² 미만) • 농지은행 위탁 임대(8년 이상)	농지 (전·답· 과수원)	• 단순보유 • 임대 경작 • 주말농장(1000m² 초과)	
임야	• 주거(연접) 시·군·구 지역 소유 • 주거지로부터 30km 이내 소유	임야	• 주거지로부터 30km 밖 소유	
대지	• 건물이 있음 • 무허가 주택 • 주차장	대지	• 건물이 없음(나대지) • 무허가 비거주용 건물	
		잡종지		
* 3년 중 2년 이상, 5년 중 3년 이상, 토지보유기간의 60% 이상 사업용으로 사용해야 함				

농업진흥구역 내 절대농지는 농지은행에 8년 이상 위탁하면 사업용으로 인정하여 양도세 중과 면제가 된다.

토지 양도소득세

▶ 2년 이상 보유 사업용 토지 : 3.29 대책에서 양도소득세 변경 없음

▶ 8년 이상 재촌 자경식 : 1년 1억, 5년 2억까지 양도소득세 감면

관리지역 내 농지, 임야, 나대지(개발행위허가 불가능 토지)는 15년 이상 보유해도 비사업용이다.

관리지역 내 나대지는 주차장, 야적장, 적치장으로(최소 2년 이상 경과) 직접 사용하거나 임대로 사용해도 사업용 토지로 인정한다. 따라서 주변의 민원 발생 유무를 확인하고 활용할 수도 있을 것이다. 소유하고 있는 토지에 허름한 무허가 건물이 있을 경우도 건물을 헐고 재건축을 할 계획이 없다면 철거는 하지 않는 것이 좋다.

관리지역 내 농지, 임야, 나대지 (개발행위 허가 가능 토지)

용도지역별분		적용배율
도시지역	전용주거지역	건축바닥면적의 5배
	준주거지역, 상업지역	건축바닥면적의 3배
	일반주거지역, 공업지역	건축바닥면적의 4배
	녹지지역	건축바닥면적의 7배
	미계획지역	건축바닥면적의 4배
도시지역 외 용도지역		건축바닥면적의 7배

- 창고 또는 공장을 지어 최소 2년 직접 사용 또는 임대사업 후 매각 (최소 건축비, 최소의 면적만 지어 비용을 절감해야 함)
- 토지의 면적이 300평일 경우(도시지역 밖 관리지역)
  창고(공장)의 바닥 면적을 50평 만 건축하면 창고(공장) 바닥 면적의 7배까지의 부속토지도 사업용 토지로 인정
- 창고(공장) 50평 임대 가능. 수익 : 120만 원, 연 1,440만 원 가능

관리지역 내 농지, 임야, 나대지(개발행위허가 가능 토지)는 창고 또는 공장을 지어 최소 2년 이상 직접 사용하거나 임대사업 후 매각(최소의 건축비와 최소의 면적에 지어 비용을 절감)하는 것도 방법이다. 토지 면적이 350평일 경우(도시지역 밖 관리지역) 창고나 공장의 바닥 면적을 50평만 건축하면 바닥면적의 7배까지 부속토지로 인정하여 사업용 토지가 된다.

1주택자이거나 일시적 2주택인 이들은 주택을 지어 (최소의 건축비, 최소의 면적만 지어 비용절감을 할 경우) 2년 거주 또는 보유 후 매각하게 되면 양도세 비과세 가능하다. 현재 1세대 1주택은 가액 9억 원에서 12억 원으로 상향해 세 부담을 줄여 주고 있다. 토지 면적이 300평일 경우, 주택 바닥면적을 30평만 건축하면 주택 바닥면적의 10배까지 주택의 부속토지로 인정받는다.

관리지역 내 농지, 임야, 나대지 (개발행위 허가 가능 토지)

구분			2021. 12. 31까지 양도	2022. 1. 1 이후 양도
도시지역	수도권	주거, 상업, 공업지역	주택바닥면적의 5배	주택바닥면적의 3배
		녹지지역	주택바닥면적의 5배	
	수도권 밖		주택바닥면적의 5배	
도시지역 외 지역			주택바닥면적의 10배	

• 주택을 지어 2년 거주 또는 보유 후 매각 (1주택 또는 일시적 1가구 2주택 양도세 비과세 가능)
 (최소의 건축비, 최소의 면적만 지어 비용을 절감해야 함)
• 토지 면적이 300평일 경우(도시지역 밖 관리지역)
 주택의 바닥 면적을 30평만 건축하면 주택 바닥 면적의 10배까지의 주택 부속 토지도 비과세 가능
• 현재 1세대 1주택의 가액 9억 원까지 비과세 (향후 12억까지 비과세 2021. 06. 18일 확정)

2. 개인 및 법인 비사업용 토지에 대한 양도소득세 강화

3. 농지를 취득할 때 실효성을 재검토해 인정 사유를 엄격히 제한

  ▶농업진흥지역 토지를 주말체험영농 목적으로 취득 제한

  ▶ 농업법인 목적 외 사업 차단을 위해 사전신고제 도입

4. 토지보상금 축소 및 농지의 강제처분제도 강화

  ▶보상금을 노리고 과도하게 식재된 수목은 보상에서 제외(유실수는 1000m²당 33주)

▶ 투기혐의가 확인된 경우 투기혐의 유형에 따라 농업손실보상과 이주보상에서도 제외 (LH 등 부동산업무 관련 종사자는 대토 보상 등 제외)

5. 토지 등 취득 시 LTV 규제 및 매입자금 자료 제출

▶ 일정 규모(1000m² 또는 금액 5억 원) 이상 토지를 취득할 경우 자금 조달계획서 제출 의무화 (현재 주택의 경우 투기과열지구, 조정대상지역 전체 주택 구입시 제출)

개정된 토지 취득세

토지취득세

구분		취득세	농어촌특별세	지방교육세	합계
농지 외 토지		4.0%	0.2%	0.4%	4.6%
농지 (전.답.과수원)	일반	3.0%	0.2%	0.2%	3.4%
	2년 이상 자경/ 귀농인	1.5%	-	0.1%	1.6%
	상속	2.3%	0.2%	0.06%	2.56%
	증여	3.5%	0.2%	0.3%	4.0%

※가정

1. 취득가액 : 200,000,000원, 취득세 : 9,200,000

2. 양도가액 ① 250,000,000원, ② 400,000,000원, ③ 1,000,000,000원

3. 개인과 법인 동일하게 계산해 보도록 함. 단 법인은 해당 연도에 1,000만 원의 비용이 발생했으며 이월결손금 등은 없다고 가정

4. 2021년 이후 처분하는 것으로 가정, 법인의 경우 2021년 개인유사법인의 간주 배당소득세가 과세된다고 가정

5. 법인의 경우 개인주주 100% 지분율을 보유하고, 자본금은 10,000,000원으로 가정

개인과 법인 간의 양도세액 차이에 따른 수익률 비교

개인일 경우 양도세액 계산

개인은 토지를 양도하는 경우 양도소득세가 과세된다. 나대지는 대부분 비사업용 토지로 구분된다.

토지는 그 토지의 성격에 맞게 사용되어야지 사업용 토지로 구분되는데, 예를 들어 전, 답의 경우는 직접 농사를 짓거나 대지의 경우는 그 대지 위에 건물이 있어야 사업성이 있는 것으로 본다. 그 외의 경우 대부분 비사업용 토지다.

양도가액 4억 원일 경우

구분	1년 이상 2년 미만 보유	3년 이상 보유	5년 이상 보유	10년 이상 보유
양도가액	400,000,000	400,000,000,	400,000,000	400,000,000
취득가액	200,000,000	200,000,000	200,000,000	200,000,000
필요경비	9,200,000	9,200,000	9,200,000	9,200,000
양도차익	190,800,000	190,800,000	190,800,000	190,800,000
장기보유특별공제	-	11,448,000	19,080,000	38,160,000
양도소득금액	190,800,000	179,352,000	171,720,000	152,640,000
양도소득기본공제	2,500,000		2,500,000	2,500,000
과세표준	188,300,000	176,852,000	169,220,000	150,140,000
세율	40%	48%	48%	48%
누진공제	-	19,400,000	19,400,000	19,400,000
산출세액	75,320,000	65,488,960	61,852,600	52,667,200
지방소득세	75,32,000	6,548,896	6,182,560	5,266,720
총 납부세액	82,852,000	72,037,856	68,008,160	57,933,920

비사업용 토지를 양도하는 경우 페널티는 기본세율+10%p 중과이다. 2007년~2009.03.15까지는 비사업용 토지 세율이 60%였던 적도 있었다.

비사업용 토지는 장기보유특별공제도 적용다. 장기보유특별공제율은 표1(15년, 최대 30%)이 적용되며, 3년 이상 보유한 경우 적용된다.

양도가액 1억 원일 경우

구분	1년 이상 2년 미만 보유	3년 이상 보유	5년 이상 보유	10년 이상 보유
양도가액	1,000,000,000	1,000,000,000,	1,000,000,000	1,000,000,000
취득가액	200,000,000	200,000,000	200,000,000	200,000,000
필요경비	9,200,000	9,200,000	9,200,000	9,200,000
양도차익	790,800,000	790,800,000	790,800,000	790,800,000
장기보유특별공제	-	47,448,000	79,080,000	158,160,000
양도소득금액	790,800,000	743,352,000	711,720,000	632,640,000
양도소득기본공제	2,500,000	2,500,000	2,500,000	2,500,000
과세표준	788,300,000	740,852,000	709,220,000	630,140,000
세율	40%, 기본세율+10%p	52%	52%	528%
누진공제	-	35,400,000	35,400,000	35,400,000
산출세액	374,516,000	349,843,040	333,394,400	292,272,800
지방소득세	37,451,600	349,843,040	333,394,400	292,272,800
총 납부세액	411,967,600	384,827,344	366,733,840	321,500,080

※비교산출세액의 특례 : 단기세율로 계산한 산출세액과 비사업용 토지 적용시 산출세액 중 큰 것으로 과세됨

법인일 경우 양도세액 계산

법인의 부동산 양도시 개인처럼 양도소득세가 과세되는 것이 아니라 법인세가 과세된다. 그리고 흔히 추가법인세라고 불리는 '토지등 양도소득에 대한 법인세'가 과세된다.

또한 현재 개정안에 내용은 있지만 신설되지 않은 조세특례제한법상

개인유사법인의 간주배당소득세가 과세될 예정이다. (일단 법 개정은 되지 않았지만 개정이 된다는 가정 아래 세금계산을 해 보겠다.)

양도가액 2억 5,000만 원일 경우

구분	법인계	구분	추가법인세	구분	간주배당소득세
이익금(수입)	250,000,000	양도가액	250,000,000	유보소득	30,000,000
손금(비용)	219,200,000	취득가액	209,000,000	적정유보소득	15,400,000
경작 사업연도 소득금액	30,800,000	과세표준	40,800,000	초과유보소득	15,400,000
이월결손금 등	-	세율	10%	지분율	100%
과세표준	30,800,000	추가법인세	4,080,000	간주배당소득	15,400,000
세율	10%	지방소득세	408,000	세율	14$
누진공제	-	합계(②)	4,488,000	배당소득세	2,156,000
법인세 산출세액	3,080,000			지방소득세	215,600
지방소득세	30,8000			합계(②)	2,371,600
합계(①)	3,388,000			합계 (①+②+③)	10,247,600

※ 간주배당소득금액과 본인의 다른 이자/ 배당소득이 있는 경우
  합산하여 2,000만 원 초과시 금융소득종합과세 됨

양도가액 4억 원일 경우

구분	법인계	구분	추가법인세	구분	간주배당소득세
이익금(수입)	400,000,000	양도가액	400,000,000	유보소득	180,800,000
손금(비용)	219,200,000	취득가액	209,000,000	적정유보소득	90,400,000
경작 사업연도 소득금액	180,800,000	과세표준	190,800,000	초과유보소득	90,400,000
이월결손금 등	-	세율	10%	지분율	100%
과세표준	180,800,000	추가법인세	19,080,000	간주배당소득	90,400,000
세율	10%	지방소득세	1,908,000	세율	14$
누진공제	-	합개(②)	20,988,000	배당소득세	12,656,000
법인세 산출세액	18,080,000			지방소득세	1,265,600
지방소득세	1,808,000			합계(②	13,921,600
합계(①)	19,888,000		합계 (①+②+③)		54,797,600

※ 간주배당소득금액과 본인의 다른 이자/배당소득이 있는 경우
  합산하여 2,000만 원 초과시 금융소득종합과세 됨

6.17 부동산 대책으로 법인이 주택 등 부동산을 양도하는 경우 토지 등 양도소득에대한법인세가 2020년까지 10%로 과세되었지만 2021년 부터는 20%로 기존보다 10%p가 더 인상되었다. 하지만 비사업용토지를 처분하는 경우 토지등 양도소득에 대한 법인세는 여전히 10%이다.

추가법인세율의 대상은 주택, 별장, 입주권, 분양권이 그 대상이며, 비사업용토지는 10%가 적용된다.

토지투자에서 절세를 위한 대응

비사업용 토지를 양도하는 경우에는 일반세율에 10%가 중과된다.

정부가 토지 이용효율을 높이고 투기를 방지하기 위해 토지를 사업용과 비사업용으로 구분하여 비사업용에 더 많은 양도소득세를 내도록 하고 있기 때문이다.

따라서 비사업용 토지를 양도할 때는 사업용으로 전환할 수 없는지 검토한 후 양도하면 세금을 줄일 수 있다.

'비사업용 토지'란 토지 보유기간 중에 법에서 정하고 있는 일정기간 동안을 본래 용도로 사용하지 않은 것을 말한다. 이때 '본래 용도'란, 재촌을 하면서 농작물을 직접 경작하는 농지·임야, 주택 부수 토지 등인 경우다.

'일정기간'이란, 소유기간과 사업용으로 사용한 기간에 따라 다음과 같이 달라진다.

비사업용 토지로 분류되면 양도세가 더 무겁기 때문에 비사업용 토지의 분류 기준을 면밀히 검토한 후 사업용으로 분류되도록 이용한 다음 양도해야 절세할 수 있다. 가령 농지를 양도하는 경우, 위의 표에서 언급한 기준에 따른 기간 동안 농업에 종사한 다음 양도하면 된다. 이때 농지는 임대해서는 안 되며, 재촌자경을 해야 한다.

사업용 토지와 비사업용 토지의 양도 시 세금 비교 (단위 : 만 원. %)

구분	시업용 토지 양도	비사업용 토지 양도
장기보유특별공제 (3년 이상 보유 사 10~30%)	최초취득일로부터 보유기간 산정	2016년부터 보유기간 산정 (2019년 이후 양도 기준)
적용세율(지방소득세 포함)	6.6~41.8	17.6~52.8
장기보유특별공제	-15.000	-
기본공제	-250	-250
과세표준	34,750	49.750
세율	38	48
양도소득세	11,265	21.940
지방소득세	1,127	2,194
총 납부할 세액	12,392	24,134

※ 양도차익 5억 원 기준

자경은 자기 노동력을 1/2 이상 투입하여 농사를 짓는 것이다. 그 기간 동안 근로소득이나 사업소득(부동산임대소득 제외)이 3,700만 원 이상인 경우는 자경 기간에서 제외된다. 나대지의 경우는 건물을 신축해서 2년 이상 임대하게 되면 사업용 토지로서 중과를 피할 수 있다.

이처럼 비사업용 토지는 무턱대고 양도하지 말고 미리 세무전문가와 상담하여 전략을 수립하면 세금을 줄일 수 있다.

소득세법 제104조의3에서 열거하고 있는 '비사업용 토지의 범위'에 대하여 정리해보겠다.

1. 농지의 경우에는 시 이상의 주거, 상업, 공업지역 외에 소재하는 전이나 답, 과수원의 재촌이나 자경 농지를 제외하고는 비사업용 토지로 보게 된다.
2. 임야로서 영림계획인가를 받아 사업 중인 임야나 특수개발지역으로 지정된 임야, 재촌하는 자가 소유한 임야를 제외하고는 비사업용 토지로 보게 된다.
3. 목장용지로서 시 이상의 주거·상업·공업지역 외에 소재하는 축산업을 영위하는 목장용지로서 기준면적 이내의 토지를 제외하고는 비사업용 토지로 보게 된다.
4. 재산세 종합합산과세대상 토지로 건축물이 없는 나대지나 잡종지 등의 토지를 비사업용 토지로 보게 된다.

토지를 양도하는 경우 사업용 토지인지, 비사업용 토지인지를 판단하는 것이 가장 중요하다. 비사업용 토지에 대해 장기보유특별공제(3년 이상 보유 시 최소 10%에서 10년 이상 보유 시 최대 30%)를 해 준다고 하더라도 비사업용 토지의 세율은 기본세율에 10%를 추가로 과세하기 때문에 여전히 사업용, 비사업용의 판단은 중요하다.

세금은 동일한 물건의 동일한 행위라도 적용되는 시기에 따라 달리 적용된다는 점을 인지하고, 관심을 기울인다면 절세를 할 수 있을 것이다. 다만, 케이스에 따라 달리 적용되므로 전문가와의 상담을 통해 신중하게 검토한 후 적합한 세무 설계를 하는 것이 바람직하다.

양도세 누진세율표

과세표준	일반세율	비사업용토지 세율	누진공제
1200만 원 이하	6%	6% + 10% = 16%	-
4600만 원 이하	15%	15% + 10% = 25%	108만 원
8800만 원 이하	24%	24% + 10% = 34%	522만 원
1억 5000만 원 이하	35%	35% + 10% = 45%	1490만 원
3억 원 이하	38%	38% + 10% = 48%	1940만 원
5억 원 이하	40%	40% + 10% = 50%	2540만 원
10억 원 이하	42%	42% + 10% = 52%	3540만 원
10억 원 초과	45%	45% + 10% = 55%	6540만 원

'전, 답, 과수원'인 농지를 취득한다면 〈농지법〉상 농지취득가능 여부를 파악해야 한다. 몇 년 전 공익수용과 관련해 공공기관 종사자의 부동산투기 사실이 계속 밝혀지면서 부동산 정책에 대한 신뢰가 땅에 떨어졌고 국민들은 분노했다. 이에 지난 문재인 정부는 부랴부랴 2021년 3월 29일 부동산 투기 근절 및 재발방지 대책을 내놓았다.

이 대책의 일환으로 〈농지법〉이 대거 개정됐고, 이로 인해 '농지취득자격증명심사'가 강화됐다. 농지를 취득하기 위해서는 꼭 농지취득자격증명심사를 통과해야 한다. 농업인이 아닌 자가 농지를 취득해 투기하는 것을 막겠다는 취지다. 이에 따라 기존에 있던 의무 기재 사항에서 취득 예정자의 직업, 영농 경력 및 영농 거리를 추가했고, 관련 증명서류 제출을 의무화했다.

또한 소유자별 공유지분의 비율 및 각자가 취득하려는 농지 위치 표시도 의무화가 된다. 농지의 소액지분을 취득하는 기획부동산 거래를 막겠다는 의도도. 이외에 주말·체험영농의 경우에도 영농계획서 작성 및 증명서류를 제출해야 한다. 자격심사가 더 엄격해지는 만큼 민원처리기간도 더 늘어나며 거짓, 부정으로 증명서류를 제출하면 과태료까지 부과된다. 그러므로 농지 취득에 있어서는 단순히 토지를 증여하는 것이 아니라 〈농지취득자격증명심사〉도 있다는 것을 인지해야 한다.

또한 부부 중 1인이 경제적 활동으로 인해 농사에 전업하지 못할 수 있다. 그렇다면 미래 양도시점에 '비사업용 토지'가 될 확률이 높다. 세법에서는 토지의 공부상 지목과 관계없이 실제 사용현황인 현황지목에 따라 비사업용 토지를 판단하며 토지를 현황지목에 맞게 사용하지 않는 경우에는 비사업용 토지로 보아 양도세율에 10%가 중과된다.

토지를 현황지목에 맞게 사용하는 요건 중 소득요건이 있는데, 연 3,700만 원 이상의 사업소득금액과 총급여액이 있거나 업종별 일정 금액 이상의 사업체를 운영 중이라면 그 연도에는 아무리 본인이 농사를 지었다고 하더라도 자경기간으로 인정받을 수 없다.

비사업용 토지로 양도하게 되면 오히려 일반 세율에서 10%의 세율을 추가한 중과세율을 적용받기 때문에 당초 부부 공동명의를 통해 재산 이전을 하려 했던 것이 양도세로 인해 크게 감소하는 결과를 초래할 수 있다. 그러므로 미리 세무사와 시뮬레이션을 통해 미래 양도세 부분까지 고려해 부부 공동명의를 진행하는 것이 현명하다.

PART 4

토지투자
유망지역 분석

수도권이 답이다

수도권 토지투자의 미래

우리는 수도권이라는 말을 많이 쓰고 있지만, 쓰는 이에 따라 달리 생각하는 경우가 많다. 어떤 이는 수도권은 서울을 제외한 인천과 경기도를 생각하고 어떤 이는 서울, 인천을 뺀 경기도라고 보기도 한다. 때로는 서울에서 가까운 곳을 수도권이라고도 말한다.

그러나 서울에서 거리가 먼 연평도나 영흥도도 수도권이고, 경기도 연천과 포천도 수도권이다. 반면 서울에서 가까운 충청북도 진천이나 음성, 그리고 충청남도의 천안, 아산은 수도권이 아니다.

수도권이란 "수도권정비계획법"에서 규정하는 법률적 개념으로서 동법 제2조에 보면 서울특별시와 인천광역시 그리고 경기도 전 지역을 수도권이라고 규정한다.

최근 남한의 국토를 놓고 보면 토지는 크게 수도권지역과 비수도권 지역(지방 토지)으로 구분할 수 있다. 수도권지역에는 전인구의 48.5%인 약 2,350만 명의 인구가 살고 있다, 인구는 물론 관공서, 공기업, 대기업체, 공장, 창고 등이 집중되어 있는 것이 그 특징이다.

　　이러한 인구의 수도권 집중은 60~70년대의 공업화, 도시화의 여파로 해마다 가속적으로 그 정도가 심해져 왔다. 그 결과 이에 따른 많은 폐해와 문제점을 발생시키고 있다. 이에 대처해 1977년 10월 수도권인구 재배치계획 등이 추진되다가, 인구집중을 완화하려는 취지로 1983년 10월에 제정된 법이 〈수도권정비계획법〉이다.

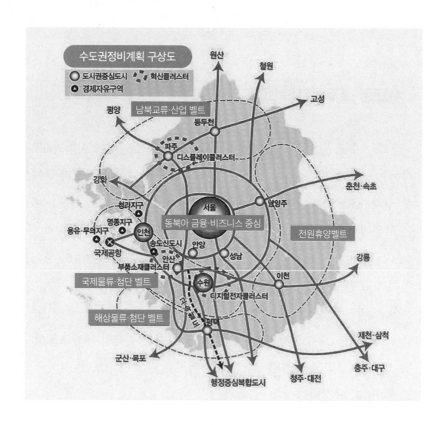

이 법은 수도권에 관한 한 국토계획법이나 다른 일반 토지공법에 우선하여 적용한다. 즉 국토계획법, 〈농지법〉 등에서 허용되는 행위라 할지라도 수도권정비법에서 금지하면 할 수가 없다. 종합대학의 설립 금지, 공장총량제 운영, 대규모 건축물 등의 신설 제한 등이 그 예이다.

많은 부동산 재테크 카페와 커뮤니티 등을 살펴보면 늘 꾸준했던 토지투자의 관심이 올해 부동산 대책을 기점으로 더욱 높아졌다.

주거정책 안정화를 위해 갖가지 규제가 나타났고 투기지역 등으로 묶이며 규제를 피한 투자처를 찾느라 투자자들이 분주해진 탓이다.

필자도 대다수가 소액토지투자를 원하는 만큼 저평가된 지역의 정보를 제공했다. 아무래도 토지투자심리는 내 눈에도 예쁜 토지를 원하는, 그리고 인기 있는 토지를 원하는 사람들이 많다.

경쟁이 덜하고 실제로 토지투자 시 차익이 큰 곳을 찾기가 쉽지 않아 필자도 지방의 토지투자를 선호했다. 하지만 그만큼 수도권 지역 토지투자에 대한 문의도 만만치 않다는 것을 알기에 이번에는 수도권 토지투자의 지역과 주의사항을 살펴보도록 하겠다.

그간 '소액 토지투자는 지방'이라는 인식이 강한 게 사실이다. 그렇다고 해서 소액으로 수도권 토지투자를 절대 할 수 없다는 것은 아니다. 아무리 뜨거운 지역이더라도 불과 5,000만 원이 안 되는 금액으로도 토지투자를 할 수 있다.

물론 그 토지가 가치가 있고 없고는 이후의 문제다. 수도권임에도 저평가된 몇몇 지역은 어떤 곳을 들 수 있을까? 미리 말하건대 평택은 아니다.

필자가 눈여겨보는 수도권 토지투자 지역은 바로 안성, 용인 일대다. 이들 지역의 공통점을 알고 있는가?

이 지역의 공통점을 알고 있는 독자라면 분명히 토지투자 분야를 정말 열심히 공부한 사람일 것이다. 바로 수도권 주요 호재인 '제2외곽순환고속도로와 서울-세종 고속도로'의 수혜지역이라는 점이다.

제2외곽순환도로 및 서울-세종고속도로는 사실상 이렇다 할 대규모 국책사업이 없는 서울 근접 수도권 일대에 단비 같은 호재였다. 특히 2018~2020년 사이는 이러한 주요 도로망 개통이 이뤄지는 시기인데, 용인과 안성은 그간 타 수도권 지역보다 선호율이 낮아 저평가된 수도권 지역이었다.

용인·안성지역은 비교적 임야 비율이 높은 수도권 일대임을 기억해야 한다. 우리나라는 70%가 산지인 나라다. 이것은 서울에 근접하다 해서 다를 바가 없다. 특히 용인지역은 산지가 많은 곳에 해당한다. 안성 역시 크게 다르지 않다. 아직도 서울을 조금만 벗어나면 시골이라고 여겨지는 곳이 있는데, 바로 용인과 안성이 그런 수도권이다.

개발이 많이 이뤄지지 않은 지역에서 개발이 일어난다면 1순위로는 평평하고 개발하기 쉬운 토지가 우선 발달한다. 다시 말해 수도권에 가깝다는 이유만으로 그리고 호재가 많은 지역이라고 해도 서울이 아닌 이상 임야투자는 다시 한 번 꼼꼼히 들여다볼 필요가 있다.

수도권 토지투자는 지방의 토지투자에 비해 큰 자금이 든다. 하지만 단기적 차익을 좀 더 원하는 사람이라면 선택이 필요한 부분이기도 하다. 다만, 그 선택이 비교적 안전하기를 바라면서 앞서 언급한 수도권 토지투자 시 주의사항 단 두 가지만 기억하도록 하자.

주요 대기업의 수도권 토지투자

30대 그룹이 최근 10년간 가장 많은 토지를 사들인 곳은 수도권 가운데서도 경기도였다. 시기적으로 2010년 한 해에만 56㎢ 정도 늘어 증가폭이 가장 두드러졌다. 현재 30대 그룹이 보유한 경기도 내 토지는 총 192㎢에 달한다. 10년 동안 분당신도시의 4.5배에 해당하는 90㎢가 더 늘었다. 서울·인천 등 수도권으로 범위를 확장하면 30대 그룹이 수도권에 보유한 토지(228㎢)는 10년 전 대비 88% 증가했는데, 이는 같은 기간 지방에 보유한 토지 증가율(45%)보다 훨씬 높다.

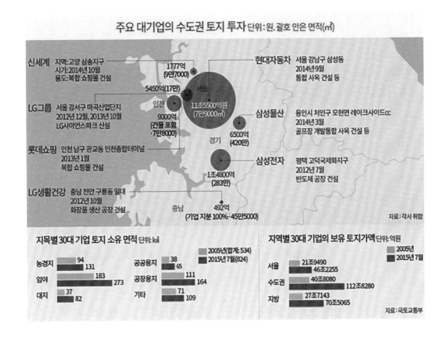

실제로 대기업들은 수도권에 대형 투자를 집중했다. 삼성전자가 평택에 건설 중인 세계 최대 반도체 생산라인은 부지 면적이 283만 m²에

달하며, 최근엔 용인 처인구 남사·이동읍에 시스템반도체 부지조성을 위해 300조 원을 투자한다고 발표했다.

LG그룹은 서울 강서구 마곡지구 내 부지에 LG사이언스 파크를 짓고 있다. 롯데·신세계·현대백화점 등은 서울 상암DMC, 경기도 고양·하남·판교, 인천 송도 등에 대단위 부지를 확보해 사업장을 늘리고 있다.

지난 10년은 유통업계가 대형마트·아웃렛·복합쇼핑몰 등 사업을 확대하면서 토지 수요가 많았고 제조업체도 설비 투자를 크게 늘린 시기였다. 투자 과정에서 불가피하게 보유 토지가 늘고 부동산 자산 가치가 올라간 측면이 있다.

대기업의 토지 매입으로 주변 부동산 가격 상승

30대 그룹이 보유한 토지를 지목地目별로 구분해 보면 임야가 273㎢로 전체의 33%에 달한다. 이어 공장 용지가 164㎢(20%), 농지(131㎢) 등의 순서이다. 특히 지난 10년 사이에 30대 그룹이 보유한 공장용지는 53㎢ 증가에 그쳤다.

국내 토지 수요는 대부분 대기업에서 나오는데, 단기 시세차익을 노린 투기성 투자는 많지 않다. 대기업의 대형 개발사업으로 주변 부동산 가격이 오르고 상권이 활성화되는 등 긍정적인 요소가 많다고 본다.

경기 남부 축을 따라가라

경부축의 재해석

부동의 투자처는 '경부축'이다. 말 그대로 경부선(철도, 고속도로) 라인을 중심으로 형성된 축으로 경제, 산업 등이 집약된 것을 의미한다. 특히 수도권 경부축을 중심으로 집약된 시설들로 인해 수도권과 지방간의 불균형이 심하다는 의견이 일반적이다.

■ 동·서·남 해안권 초광역개발 개념도

'경부축'을 보면 서울을 제외하고 수도권 성남, 용인, 수원, 평택에 이어 지방권역으로 충남천안, 충북청주, 대전, 경북, 대구를 거쳐 부산으로 이어진다. 서해안권이나 강원 동해안권, 남해안권 등에 비해 경부 축에 있는 도시들의 부동산시장의 가격이 높거나 움직임이 활발하다.

이러한 '축'이 형성된 곳들은 다양한 수요가 유입되고 그에 따른 기반시설들을 갖춰가 살기가 좋은 편이다. 자연스럽게 부동산의 가치도 오르기 마련이다. 부동산을 구입하는 사람들의 심리는 똑 같다. 싸게 구입해서 비싸게 팔고 싶다. 물론 어떤 이들은 당장 시세차익을 보고 파는 것에 연연하기보다는 오랜 기간 보유하면서 고정적인 수익을 내려는 이들도 있다. 어찌 됐건 이들이 원하는 결과를 내려면 꾸준한 수요가 뒷받침돼야 하고 이를 통해 더 높은 가치를 인정받아야 한다. 그런 점에서 교통, 산업, 경제의 '축'을 형성했거나 형성할 곳들에 대한 가치는 더 오를 수밖에 없다.

'축'이라는 것은 경부선 같은 교통에만 그 의미가 국한되지 않는다. '축'을 다른 표현으로 '벨트'라고도 부를 수 있는데, 수도권 수원, 용인, 화성(동탄) 일대에는 대규모 삼성전자, 삼성반도체 사업장들이 위치하고 있다. 이들 사업장 주변은 "삼성직원이 먹여 살린다"라는 말이 나올 만큼 삼성 종사자들의 영향력이 크다.

부동산시장도 삼성 근무자들을 중심으로 많은 거래가 이뤄지기도 한다. 말 그대로 '삼성벨트'가 형성이 된 셈이다. 이 '벨트'가 더 남쪽으로 내려와 평택까지 확장된다. 알려진 대로 평택 고덕신도시에 조성되는 삼성전자 반도체공장인데, '삼성효과'는 벌써부터 나타나고 있다.

높은 곳에서 낮은 곳으로 물이 흐르듯 시중의 '돈' 역시 될 만한 곳으로 흘러간다. 향후 주택시장에 대한 불투명한 전망이 많은 상황에서 눈

앞의 이익보다는 앞으로 가치가 더 상승할 수 있는 지역을 선택하는 것
이 중요하다. 지역 경제를 살리는 성장의 '축'들을 깊이 있게 들여다 본
다면 선택을 후회할 일은 없을 것이다. 지도를 펼치고 어떤 모양의 '축'
이 만들어지는지 살펴본다면 말이다.

용인 투자 포커스, '남이 생활권'

수지, 기흥 생활권의 경우 이미 개발이 되었기 때문에 용인생활권 역
시 용인시청을 중심으로 해서 개발 사업이 진행 중이다. 그와 더불어 도
심 재생이 이루어져야 하나 쉽지 않아 보인다. 그렇다면 우리가 주목해
야 할 곳은 광주생활권, 오산생활권, 양지생활권이 될 것이다.

구분	공간적 특성	비고
용인 생활권	• 주변 농촌지역의 배후중심지로서 독자적 생활권 형성 • 대학 및 공장 등이 다수 입지해 있으며, 에버랜드의 입지에 따른 관광취락 　기능이 강화되고 있음 • 용인시의 중추기능 강화를 위한 도시기반시설 확충 필요	중앙동, 동부동 유림동, 역삼동, 포곡읍
주변 대도시 생활권	• 서울, 수원, 성남 등 주변 대도시로부터의 영향력이 강화되고 있는 지역으 　로, 각종 개발사업이 시행중에 있어 수도권에 대한 지원기능 강화 전망 • 수도권과 인접하여 기업 연구소, 연수원 등이 산재 • 개발압력을 적절히 수용하여 자족도시로의 기반구축이 당면 과제	수지구 기흥구
양지 생활권	• 전형적인 농촌지역이며, 양지리조트를 활용한 관광기능 강화 • 생활기반시설의 확충으로 자체 생활권 강화 필요	양지면, 백암면, 원삼면
광주 생활권	• 모현면 북부지역의 경우 용인보다는 광주, 성남 등의 주변도시에 영향력이 　강한 지역으로, 수도권과의 직접적인 연계가 가능한 지역	모현면 북부지역
오산 생활권	• 지리적 여건상 오산, 화성에 근접하고 있어 상대적으로 주변도시의 영향력 　이 강화되고 있음. • 수도권정비계획상 성장관리권역으로 낙후된 지역경제 활성화를 위한 지역 　중심지 형성을 위한 개발전략 수립	남사면 서부지역

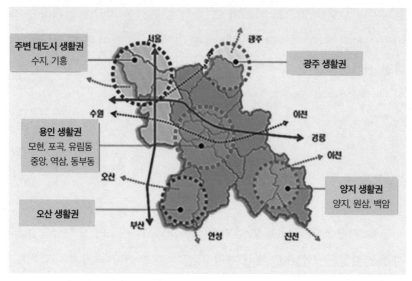

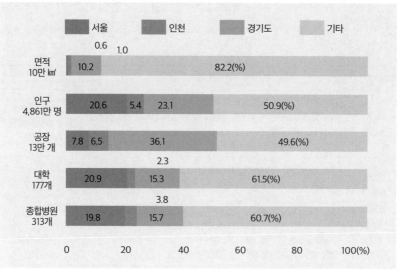

　광주생활권은 광주지역의 발전과 연계되어 생각할 수 있을 것 같고 외대 글로벌캠퍼스가 위치해 있다. 오산생활권은 '남이생활권'이라고 도 하는데, 남사면과 이동면을 합쳐서 '남이'라고 지칭하게 된 것 같다.

동탄과 인접하여 있기에 도시 확장에 따라서 개발 기대감을 가질 수 있을 것으로 보이며, 삼성이 300조 원 투자를 발표한 '용인반도체 클러스터' 개발 호재도 있다. 남사신도시 계획도 있지만 남이생활권이 용인에서는 가장 주목할 곳인 것으로 보인다.

양지생활권이 가장 낙후된 곳인데, 백원생활권이라고도 한다. 백암과 원삼을 합쳐서 '백원'이라고 지칭하고 있다. 제2경부고속도로의 원삼 IC 개통과 연계해서 발전을 기대하고 있으며 또한 농업진흥지역 해제에 따라서 지가 상승을 기대하고 있는 것으로 보인다.

서울의 몰락,
경기 남부시대의 개막

인 서울을 외치는 사이 이미 강남 3구를 합친 총생산과 경기 남부지역 판교동 한 곳의 지역 내 총생산(GRDP)이 비슷해졌다. 늙어가는 도시 서울 상권은 도미노 식으로 무너지고 있으며 노령화로 인한 소비력 저하로 도시는 급격하게 죽어가고 있다. 한마디로 도시의 감가가 발생하고 있다. 마치 강남지역이 개발되면서 근 30년 동안 강북이 슬럼화 된 것처럼 쇠퇴하고 있는 것이다.

서울 북부는 투자처로서 하루라도 빨리 탈출해야 할 정도로 매력을 잃고 있고, 강남도 투자처로서의 불확실성이 증가하고 있다.

강남권과 경기 남부 주요 지역을 모두 아우를 수 있는 곳이 인덕원이라는 것을 염두에 두어야 한다. 대한민국 정중앙에 해당하는 지리적 위치와 교통 여건으로 인해 압축적으로 개발되고 있는 곳이 인덕원이다. 향후 몇 개의 노선은 가볍게 추가돼 10개 노선도 가능하다 본다.

3개 이상 철도가 교차되는 곳은 사업성이 좋아 계속 연장되는 속성이 있다. 해당 노선을 거쳐야 다른 지역으로의 연장 당위성이 나온다는 데 주의를 기울여야 한다. 게다가 판교가 서쪽으로 더 큰 규모로 확장되고 있는 것도 큰 기회가 될 것이다. 과천지식정보타운도 현재 큰 규모로 개발되고 있다.

용인은 삼성반도체의 300조 원 투자와 더불어 국가첨단전략산업의 메카로 급성장하고 있는 중이다. 향후 판교, 과천 모두 인덕원에서 한 정거장(4호선, '월판선' 급행)으로 직주근접의 산업 배후 수혜도시로 각광 받게 된다. GTX로 삼성역과 세 정거장이고 또 동인선으로 경기 남부 100만 일자리도 30분 이내 주파가 가능하다. 여기에 '위과선' 연장도 높은 확률로 검토되고 있다.

경기 남부축의 천지개벽

새로운 '부의 축'이 이동하고 있음을 명심하라. 새로운 개발 방향은 경부라인 또는 경부축이라는 표현을 많이 쓴다. 넓은 의미로는 서울 강남권에서 분당, 용인, 수원 화성, 아산을 거쳐 행정중심 복합도시인 세종시까지 남쪽으로 경부고속도로를 중심으로 동서쪽에 배치한 지역을 말한다. 좁게는 분당, 판교에서 용인 수원 화성 일대를 일컫는다.

경기 남부의 신규 공항 건설의 필요성도 군 공항 이전 논의로 가속화하고 있다. 경기 남부지역은 인구 750만 명의 거대한 생활경제권인데도 인근에 국제공항이 없어 주민들이 불편을 호소하고 있다. 그나마 가까운 인천공항까지 가려면 족히 3시간 이상이 소요된다. 경기 남부권에 삼성, LG, SK 하이닉스 등 IT, 반도체 수출기업이 밀집해 있어 운송비용 감축을 위해서도 국제공항 신설이 요구되고 있다. 용인플랫폼시티 등 산업집적단지가 활발히 조성되는 곳을 고려하면 기업의 경쟁력 강화와 국가경제발전을 위한 공항 신설에 대한 결단을 내려야 한다는 얘기가 나온다.

경기 남부로 중심축이 이동하는 근본적인 이유

첫째는 경기 남부로 중심축이 이동하는 이유는 평택항 성장세 때문이다. 행정도시를 제외하고 경제 중심지인 도시는 모두 바다 근처에 있다는 것을 보면 짐작할 만하다. 이는 대규모 무역을 통해 경제성장이 이루어지는 한국과 같은 나라의 모든 도시에서 나타나고 있는 현상이다. 역사적으로 볼 때도 우리나라는 조수간만의 차가 심해서 바닷가 근처보다 한강을 통해 물류가 가능했던 서울이 성장할 수 있었고, 그로 인해 인천항 또한 성장했다. 만약 평택항 없이 인천항만 있었다면 서울 땅값은 지금보다 더 올랐을 것이다.

정책 입안자들이 왜 굳이 평택항을 만들어 경제 중심을 남부로 내리고자 꾸준히 노력하는가를 생각해 보라. 역사적 맥락도 없이 항구를 인천항에 가깝게 짓는 이유가 어디 있겠는가? 모든 세계적 항구는 유구한 역사를 가지고 있는 반면에 평택항은 2천 년대 초반에 개항했다.

화성 일자리가 폭발적으로 증가한 것도 평택항 개항 이후에 일어나고 있고, 계속해서 블랙홀처럼 인구와 기업을 당기고 있는 것 역시 평택항 때문이다. 여기서 왜 부산항은 물동량이 많은데도 더디게 발달하고 있는지 반론을 제기할 수도 있겠으나 부산에서 충청도까지는 도로 정체가 그다지 심하지는 않다는 점도 한 이유가 된다. 인천항 같은 경우에는 도로의 정체가 심하고, 물류의 목적지가 서울이 아니라면 부산항에서 받는 게 더 저렴하다. 실제로 충청도에 위치한 공장의 원자재는 부산에서 받는다. 즉 부산항에서 컨테이너를 하역한 이후에는 굳이 부산 주변에 이동 요인이 없어도 부산 근처 있을 이유가 없어진다. 즉 아파트, 공장을 지을 수 있는 땅도 많고 물류 이동이 편한 경기 남부에 일자리가 지속적으로 증가하는 것이라 보면 된다.

두 번째는 제조에서 금융, 소프트웨어와 같은 유형 자산 없는 산업으로 우리나라 경제 체제가 바뀌는 경우를 상정해 볼 수 있다.

결론적으로 우리나라가 첨단제조업이 중국에게 잠식당하지 않고 바이오, 2차전지, 반도체, 로봇 등의 산업이 유망하다고 생각한다면 경기 남부를 매수하고, 제조업이 중국에 잠식당하고 엔터, 관광, 금융, 소프트웨어로 체질 변화가 생긴다고 생각하면 서울을 매수하는 것이 유리할 것이다.

경부특별시가 되기 위한 호재

첫째, 인구 유입을 꼽을 수 있다.

수급需給이 재료에 우선한다는 말은 필자가 자주 강조하는 말이다. 구체적으로 구매력 있는 유효수요자가 얼마나 경부라인에 몰릴 것이냐에 따라 경부특별시가 될 수도, 되지 못할 수도 있다. 경기 북부의 인구가 줄어들거나 정체된 반면 경기 남부의 인구는 앞으로 10년간 지속적으로 늘어날 전망이다. 2024년 4월을 기준으로 경기도 내 인구 순위도 현재 수원(119만 명), 용인(108만 명), 고양(107만 명), 화성(95만 명), 성남(91만 명) 등으로 재편될 것으로 보인다. 실제로 경부 라인 중 경기 남부지역의 인구 증가가 두드러지고 있다. 2023년 12월 말 기준 경기도 인구는 1,405만 6,450명이었고, 이것은 10년 전에 비해 150만 명 증가한 것이었다. 그중에서 경기 남부에 1,042만명(74.2%)이 살고 있다.

둘째로는 수원 용인, 화성 일대에 삼성전자 증설 공장을 중심으로 한 삼성타운이 확대되고 있다.

수원에는 매탄벌 부지 53만 평에 달하는 삼성디지털단지에 삼성전자 삼성전기 등 인력 32,000명이 근무하고 있다. 여기에 삼성전자 기흥반도체 화성2단지 공장 29만 7천 평이 2005년 9월 착공됐으며 최근 16만 6천 평의 추가 증설이 확정됐다. 2014년까지 모두 33조 6천억 원이 투입돼 기흥(43만 평), 화성(1, 2단지 합쳐 64만 평) 등 107만 평에 달하는 세계 최대 반도체 생산단지가 조성된다. 반도체 공장에는 화성2단지에 2만 명 이상을 신규 채용하는 등 직원 5만 명과 협력업체 직원 5만 명을 합쳐 10만 명 이상이 근무하게 된다.

나아가 삼성전자는 용인 처인구에 시스템반도체 국가산단을 조성 중에 있다. 이미 2005년 7세대, 2007년 8세대 라인을 가동 중이며 2030년까지 1단계로 부지 210만 평에 320조 원을 투자해 10라인까지 총 5개 라인을 구축할 예정이다.

셋째로는 경부 라인이 수도권 및 충청권 개발중심축에 위치하고 있다는 것이다.

경부라인 남진南進 개발축은 넓게 봐서 서울-분당-판교-죽전-광교-동탄1, 2-오산·평택-아산신도시-세종시로 본다.

이중에서 판교, 광교, 동탄 등 경기 남부지역이 개발축의 핵심이다. 경기 남부의 개발에 편중되는 현상은 기업과 사람이 몰리고 돈이 몰리기(되기) 때문이다. 경기 북부보다 개발 편의성과 확장성이 뛰어나다는 점도 무시할 수 없다. 택지개발지구만 보더라도 판교신도시(280만 평)를 비롯해 광교신도시(341만 평), 동탄 1, 2신도시(각각 273만 평, 660만 평), 평택국제도시(528만 평) 등이 개발 중에 있다. 남쪽으로 더 내려 가면 아산신도시(탕정지구 배방지구 등 총 647만 평) 세종시(484만 평) 등이 있다. 또한 개발에 따른 막대한 토지보상비도 쏟아지고 있다.

토지보상비 중 절반이 부동산에 투자되고 투자 지역은 수도권 및 보상지역 인근이 대부분이라고 감안할 때 경기 남부에 돈이 몰릴 것이라는 점은 누구나 쉽게 예상할 수 있다. 용인플랫폼시티, 남사이동 삼성반도체 클러스터, 소부장 특화단지, 각종 광역교통망 신설 등에 주목해야 한다.

넷째로는 교통망 개선이다.

공사 중이거나 기본 또는 실시 계획 중인 곳, 확정되지 않았으나 검토 중인 교통망 계획을 정리해 봤다.

서울 분당-수원을 잇는 전철망으로는 분당선 연장 구간과 신분당선(신사-정자) 및 신분당선 연장 구간(정자-광교-호매실이 계획중)이 있다. 고속도로의 경우 제2외곽순환도로(광주-오산-봉담), 제2경부고속도로(서울-용인-안성-천안-세종)에 주목해야 한다.

오리-동탄 센트럴파크-오산선 전철(계획중), 월곶-판교 복선전철(계획중), 동탄 제2경부고속도로 지하화, 동탄신도시-삼성동 대심도大深度 GTX 고속철, 판교-분당 경전철(검토중) 경부고속도로와 중부고속도로를 연결하는 동서축 반도체 고속도로가 발표를 앞두고 있다.

경부특별시가 되는 그 한계는?

서울을 대체할 경부특별시가 되기 위한 전제조건은 경부라인, 즉 경기 남부지역에 얼마나 많은 분당 강남권 등 서울 거주자가 이주할 것이냐가 관건이다. 개인적으로는 10년을 내다본다면 용인 택지개발지구를 거쳐 광교신도시는 물론 동탄 1, 2신도시까지 서울 대체 주거지가 될 것이다. 경부라인 중 서쪽 라인의 용인 흥덕지구, 신봉, 동천, 성복 등이 용인-서울 고속도로 개통 이후 강남 접근성이 높아져 미래가치가 높다. 또 동탄신도시는 삼성반도체공장 직원들과 더불어 용인 처인구에 조성될 국가첨단전략산업 삼성반도체 클러스터의 풍부한 배후 수요로 2027년 전후로 분당급 신도시가 될 수 있다고 본다.

이를 위해서는 용인 등이 난개발이 되면서 교통 상황이 극히 좋지 않다는 '태생적 한계'를 극복해야 한다. 용인에 살다가 출퇴근이 힘들어 서울로 다시 이사하는 사람이 적지 않은 게 방증이다.

결론적으로 교통망 확충으로 강남 접근성이 개선되고 주거환경, 학군, 문화시설 등에서 서울에 우위를 점할 수 있는 '킬러 콘텐츠'가 있어야만 경부라인은 '경부시'가 아닌 또 다른 서울특별시, 즉 '경부특별시'가 될 수 있을 것이다.

경기도 화성의 현재와 미래

화성시는 100만 인구를 넘어서며 두드러진 성장세를 보이고 있다. 특히 산업 측면에서 반도체, 바이오, 모빌리티의 세계적 거점으로 주목받고 있다. 다만 이 같은 급격한 성장에 걸맞은 교통인프라가 축적되지 못했다는 지적을 받았다. 하지만 GTX-A 개통으로 이제 20분이면 동탄역에서 출발해 수서역에 도착할 수 있는 교통수단이 확보됐고, 서울 강남과 판교 등으로 출퇴근 하는 화성시민들의 이동편의는 획기적으로 향상되었다. 특히 교통사고와 기상 상황에 영향을 거의 받지 않는 철도교통의 특성 상 시간절약에 따른 생산성 향상은 물론 긴 출퇴근 시간을 획기적으로 줄여 시민들의 삶의 질을 올리는 부수적 효과도 기대된다.

첨단기업들은 첫 번째 애로사항으로 인재 확보를 든다. 우수한 인재들이 접근성의 한계로 인해 화성에 있는 기업들로 옮겨가기 힘들었던 현실에서 혁명적인 변화가 생겨 기업 유치에도 GTX가 큰 역할을 할 것이다.

GTX-A 개통은 화성시와 서울을 비롯한 인근도시를 잇는 철도망의

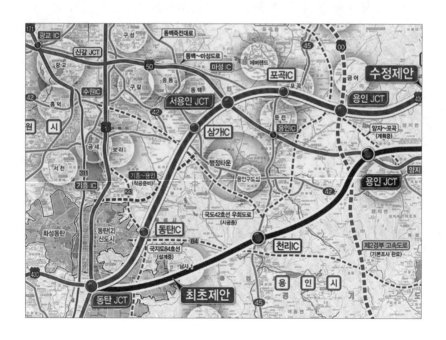

출발점이라는 의미도 담겨 있다. 서해선, 신안산선, 동탄-인덕원선, 동탄 트램 등 8개 사업이 2029년까지 개통 예정이고, 구상·계획 중인 8개 사업을 더하면 총 16개 철도 노선의 철도망이 구축된다. 화성시는 말그대로 광역교통망의 '허브도시'로 발돋움하게 될 것이다.

처인구 원삼, 이동, 양지 지역을 주목하라

용인 처인구 원삼면의 '용인 반도체클러스터'를 통과하는 57번 지방도로를 관통하는 보개원삼로로 들어서면 도로 양 옆으로 반도체 클러스터 공사 현장을 감싸고 있는 가벽이 끝없이 이어진다. 서울 광화문에서 남쪽으로 60㎞ 떨어진 이곳은 지금 대규모 클러스터 부지 공사가 한창이다. 2047년이면 이곳은 반도체 클러스터로 완전히 탈바꿈을 하게 되는데, 이 용인 산업단지 부지 면적만 여의도의 1.4배에 해당한다.

우리나라 수출의 20%를 차지하는 '반도체'의 주 생산단지는 경기도 일대에 몰려 있다. 한국은 반도체산업에 국경이 없던 시절, 기술은 미국에, 장비는 일본에 의지해 치열한 생존 게임을 벌였고, 결국 살아남았다. 그리고 이제 반도체 공급망은 엄청난 '국가대항전'으로 대전환하고 있다.

반도체 산업은 이와 동시에 철저히 분업화, 전문화하고 있다. 굴지의 대기업 삼성전자도 이젠 '나홀로' 성장할 수 없다. 소재, 부품, 장비 등 다양한 생태계의 지원이 절실하다. 정부가 나서서 반도체 메가 클러스터를 추진하는 이유도 여기에 있다.

정부가 구상하는 반도체 메가 클러스터는 경기 남부에 밀집된 반도체 기업들과 기관들을 아우르는 개념이다.

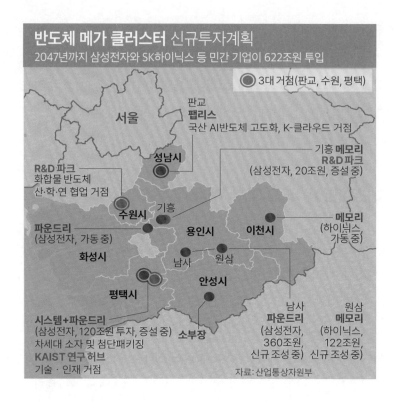

반도체 메가 클러스터 신규투자계획
2047년까지 삼성전자와 SK하이닉스 등 민간 기업이 622조원 투입

3대 거점(판교, 수원, 평택)

서울

판교
팹리스
국산 AI반도체 고도화, K-클라우드 거점

성남시

R&D 파크
화합물 반도체
산·학·연 협업 거점

수원시

기흥

기흥 메모리
R&D 파크
(삼성전자, 20조원, 증설 중)

파운드리
(삼성전자, 가동 중)

용인시

이천시

메모리
(하이닉스,
가동 중)

화성시

남사

원삼

안성시

평택시

시스템+파운드리
(삼성전자, 120조원 투자, 증설 중)
차세대 소자 및 첨단패키징
KAIST 연구 허브
기술·인재 거점

소부장

남사
파운드리
(삼성전자,
360조원,
신규 조성 중)

원삼
메모리
(하이닉스,
122조원,
신규 조성 중)

자료: 산업통상자원부

현재 19개 생산 팹(Fabrication)과 2개 연구 팹이 이곳에 가동 중인데, 앞으로 2047년까지 생산 팹 13기, 연구 팹 3기를 추가로 완공할 예정이다. 총 622조 원이 투입되는 단군 이래 최대 사업이다. 올해 우리나라 국가예산(657조 원)과 맞먹는 돈이 이 사업에 투입된다.

이 클러스터 중 용인산업단지는 현재 공정률 19.7%로 부지 조성이 한창이다. 첫 삽을 뜨는 데 무려 6년이나 걸렸지만 최근 공사에 부쩍 속도가 붙고 있다. 오는 2027년 5월에는 클린룸(청정실)을 짓고, 차세대 첨단 메모리 생산에 본격 돌입한다. 여기서 10km 정도 떨어진 곳에 짓는 '이동·남사읍 첨단 시스템반도체 국가산업단지'는 삼성전자가 시스템(비메모리) 반도체를 만든다.

용인은 그동안 난개발 문제로, 도로 폭이 좁고 곧게 뻗지 못해 서울 인접성을 살리지 못한다는 지적이 많았다. 그러나 2024년 말 서울-세종 고속도로에서 용인산단으로 이어지는 나들목이 개통되면 접근성은 더 좋아진다. 용인시도 자체적으로 용인산단을 횡으로 연결하는 도로를 구상하고 있다. 이처럼 접근성이 좋아지면, 반도체산업의 만성 인력난 해소에도 큰 보탬이 될 수 있다.

용인 산단은 이렇게 반도체 메가 클러스터의 일부로, 인근 팹리스 판교와 메모리·파운드리 제조 거점인 화성·용인·이천·평택에 이어 소부장 산업의 안성, 최첨단 연구거점인 기흥·수원으로 이어지는 거대한 반도체 벨트를 완성하고 있다.

기회의 땅, 처인구 남사 이동

용인시 처인구 이동읍은 23년 3월 발표한 용인 첨단 반도체국가산단과 용인테크노밸리를 끼고 있다. 이동읍 동쪽에는 용인시 처인구 원삼면 SK하이닉스 용인 반도체클러스터가 자리해 있다. 4년 전 SK하이닉스 용인 반도체클러스터 조성 계획이 나오고 용인시 처인구 원삼면 일대가 토지거래허가지역으로 지정됐다.

용인 처인구는 최근 지가상승률이 전국 1위를 찍은 곳이다. 2023년 3월 용인시 처인구 남사읍이 '반도체 특화 국가산업단지'로 조성된다는 소식에 이어 남사읍과 바로 맞붙어 있는 이동읍 '용인이동지구'에 16,000가구를 공급하는 신규택지 개발계획이 발표됐다. 남사읍과 이동읍은 토지거래허가구역으로 지정됐지만 이 일대 지가는 이미 3월부터 상승세가 뚜렷하다. 올해만 지가가 두 배 가까이 올랐다.

2018년 당시 원삼면에서 토지 보상을 받은 원주민들이 이동읍으로 대토를 한 경우가 상당수였다. 대토는 토지를 수용당한 사람이 수용토지 반경 20㎞ 인근 허가구역 안에서 같은 종류의 토지를 구입하는 것을 말한다. 대토를 하면 취득세와 등록세를 면제해 준다. 토지 보상을 받은 원주민들이 세제혜택을 위해 인근 지역 땅을 구매하면서 땅값 상승 흐름이 이동읍, 남사읍까지 이어졌다.

하지만 이 일대가 반도체 클러스터가 여럿 조성되고 신규 택지개발 후보지로 선정되면서 투기를 방지하기 위해 토지거래허가지역으로 묶여 지가가 올라도 거래가 어려워진 탓이다. 용인시 처인구 토지 소유주는 내 땅 가치가 많이 오른 채로 '수용당하니까 좋다.' 라고 생각하지만 부동산업자나 개발업자, 투자자의 입장에서는 투자하기가 어려워졌다고 느낀다.

토지보상지역 연접지 땅값의 풍선효과

삼성전자의 신규투자 계획이 발표되자마자 개발예정지를 규제지역으로 설정했다. 삼성전자의 비메모리 공장이 들어설 용인시 처인구 남사읍과 이동읍 전역 129.48㎢를 토지거래허가구역으로 지정, 공고한 것이다. 토지거래허가구역 지정기간은 2023년 3월 20일부터 3년 후인 2026년 3월 19일까지다.

개발지 땅값의 변동 요인 중 '풍선효과'라는 말이 있다. 이 풍선효과라는 말은 한곳을 누르면 다른 곳이 부풀어 오르는 이치를 부동산에 적용한 것으로, 개발 연접지 땅값의 움직임과 연관이 있다. 이러한 토지자산시장 중 호황인 곳으로 토지보상 유동자금이 급격히 늘어나면서 인근지가가 폭등하는 양상으로 나타난다.

과거에는 토지거래허가지역 지정으로 인해 양도소득세를 공시지가가 아닌 실거래가로 납부해야 하기 때문에 투자수익이 떨어지는 것을 우려해 투기지역 연접지역(비토지거래허가지역)으로 자금이 이동하는 양상을 보였다. 정부가 토지수용의 대가로 토지소유주에게 지불하는 보상금이 시가, 감정가격이 아닌 공시지가를 기준으로 지급하기 때문이다. 그 결과 사업지에 포함되지 않은 주변 토지소유주들은 땅값이 올라 횡재를 하는데, 사업지에 속한 토지소유주는 헐값에 재산을 빼앗기고 쫓겨난다는 생각을 하게 된다.

사례 : 용인 하이닉스 (원삼)

| 연번 | 2019년도 표준지 공시지가 | | | | | | | | | | 시점수정 21/11/15 | 품등비교 | 기타요인 | 보상단가 | 평당단가 |
	소재지	지번	지목	면적	용도지역	이용상황	도로조건	형상	지세	공시지가					
2	독성리	431-1	대	568	계관	단독	세가	부정형	평지	180,000	1.19504		3.38	727,000	2,403,000
5	가재월	812-1	목	1,650	계관	축사	세가	부정형	평지	115,000	1.19504		3.16	434,000	1,435,000
6	죽농리	438-2	전	1,944	계관	전	세가	사다리	평지	101,000	1.19504		3.10	374,000	1,236,000
9	죽농리	산4-22	임	6,347	계관	자연	세불	부정형	완경사	36,000	1.19504		3.36	144,000	477,000
	문촌리	443-10	대	787	보관	단독	세가	부정형	완경사	136,000	1.06574		3.22	466,000	1,542,000
20	학일리	269	전	1,600	보관	전	맹지	부정형	완경사	54,000	1.06574		2.65	152,000	504,000
21	고당리	산21	임	15,868	보관	자연	맹지	부정형	완경사	34,000	1.06574		2.36	85,000	282,000
22	학일리	403	다	552	농림	단독	세가	부정형	평지	132,000	1.18104		2.09	325,000	1,077,000
23	독성리	1047	답	3,825	농림	답	세불	사다리	평지	58,000	1.18104		2.73	187,000	618,000
27	독성리	산84	임	3,917	농림	자연	맹지	부정형	완경사	10,000	1.18104		3.58	42,000	139,000
	독성리	산84	임	3,917	농림	자연	맹지	부정형	완경사	10,000	1.18104		3.58	42,000	139,000

토지 보상에 따른 풍선효과는 시장의 내외적 환경 변화에 따른 토지 투자 종목 및 투자처를 발굴하는 데 일정부분 기여하기도 한다. 따라서 보상금과 보상 채권시장의 동향, 토지 상품별, 지역별 흐름과 미치는 영향에 대해 한 발 앞서 생각한다면 풍선효과에 따른 투자 타이밍을 잡아낼 수 있고 단기간에도 큰 수익을 올릴 수 있을 것이다.

이런 풍선효과에 따라 투자를 실행할 때 반드시 유의할 점이 있다. 물결이 무한정 퍼져나가지 않는 것처럼 땅값은 지리적 고정성과 접근성에 기반해 결정되기 때문에 땅값 상승효과가 미치는 지역이 제한적일 수밖에 없다는 것이다.

따라서 주변 지역에 투자할 때는 핵심지역에서 너무 먼 지역을 선택하면 수익성은 고사하고 환금성에 제약을 받아 재테크에 큰 독이 될 수도 있음을 명심해야 한다.

역차별을 당하는 SK하이닉스 배후 수혜지

1990년 중반 이후 전원주택 초기에 삼성 전원마을 삼성 푸르메 마을 등 고급인력들이 전원주택에 살고 있는 지역이다.

영동고속도로 이천 방향, 용인휴게소 남쪽의 주북리와 고림동 지역에 용인 국제물류단지가 30만 평으로 공사 중에 있으며, 26년 준공을 앞두고 있다. 경기도와 도로공사 용인시 등과 접속도로 개설 문제를 협의하여 현재 스마트 IC(동용인 IC) 개통 예정이다. 수도권 접근성 개선과 관련하여 양지의 변화에 절대적 키포인트Key-Point라 생각된다. 양지리와 남곡리 녹지지역 농지, 제일리와 평창리, 추계리 녹지지역 농지, 자연녹지와 임야의 지가가 심상치 않다. 식금리와 정수리 녹지지역 농지, 임야와 함께 송문리, 주북리, 대대리 녹지지역, 자연녹지지역 임야가 투자 가치 면에서 유리하다 생각된다.

양지는 수도권 자연보전권역 중 특별대책1권역에 해당하여 전원주택과 창고 이외에 별다른 건축물의 신축이 어려운 지역이었으나 그런 수도권 법적규제가 오히려 양지지역의 자연환경과 청정함을 지금까지 유지해 주었으며, 현재는 역차별을 받는 SK하이닉스 배후 수혜지 영향으로 오히려 선호하는 고급 주거지가 될 가능성이 커졌다. 실제로 이웃한 원삼면과 더불어 많은 전원주택이 지어졌다. 거기에 서울-세종고속도로 양지 JC의 개통과 동용인 IC 개통으로 접근성이 뛰어나 반도체벨트 직장인들의 관심도 많아졌다.

삼성전자의 영향력과 확장되는 철도 인프라, 평택 고덕

고급 인력 확보를 위한 남방한계선

국내 주요 반도체 업체들의 생산시설 대부분은 수도권에 있다. 삼성전자는 화성과 평택에 메모리와 파운드리(반도체 위탁생산) 공장이 있고, SK하이닉스는 이천에서 D램, 낸드플래시 등 메모리를 양산하고 있다. 고질적인 반도체공장 수도권 집중 현상은 "인력 확보 때문에 불가피한 선택"이다. 반도체업계 관계자는 이렇게 말했다. "핵심 인재 대부분이 서울에서 한 시간 이내 출퇴근을 원한다. 인재들을 붙잡고, 모아야 하는 입장에서 수도권 고집은 상수이다."

반도체산업의 핵심은 석·박사급 등 이른바 '고급인력'의 확보라는 게 업계의 설명이다. 특히 반도체산업에도 소프트웨어 개발이 중요한 부분을 차지한다. 그런데 이들 인재는 수도권, 그중에서도 서울에 집중돼 있다. 수도권에는 판교에 대규모로 위치한 IT(정보기술) 기업들이 인재들을 빨아들이고 있다. 따라서 이 같은 고급인력을 확보하기 위해서는 팹을 수도권에 마련해야 하는 현실적인 문제가 있다. "고급인력은 판교와 분당에도 수요가 많다. 많은 기업이 R&D(연구개발)센터만이라도 서울에 만드는 이유가 있다. 용인은 현실적으로 수도권의 '남방한계선' 개념의 입지"라는 것이다.

삼성전자는 평택에 3개의 팹을 가동하고 있다. 여기에 P4(4공장)를 건설하고 있으며 P6까지 모두 100조 원을 투자할 계획이다. 여기에 공장부지 선정 등 실리도 만만치 않다. 공장을 지을 수 있는 넓은 땅과 제조공정에 필요한 물, 인근 주민 설득 등에서 그렇다.

도로가 뚫리고 전철, 기차역이 생기면 부동산가격이 들썩인다. 그만큼 주거에 있어 교통여건이 무엇보다 중요하기 때문이다. 이에 도시마다 교통여건 개선에 전력을 다하는 모습이다. 한창 도시가 팽창하고 있는 평택시도 교통 확충을 위해 분주하다. 특히 고덕국제신도시, 브레인시티, 화양지구 등 택지개발과 대규모 인구유입에 발맞춰 교통망을 확대해 나가고 있다. 그 결과 시민들의 이동권이 강화되고 있으며, 나아가 평택은 경기 남부의 교통 거점으로 자리매김을 하고 있다.

평택 전역에 조성되는 새 철도망

　가장 관심을 끄는 분야는 철도다. 현재 평택에는 경부선, 수도권 전철 1호선, SRT 노선이 운행돼 평택과 타 지역을 잇는 주요 대중교통 수단으로 활용되고 있다. 여기에 더해 향후 평택에는 KTX, GTX(수도권광역급행철도)가 운행될 예정이고, 평택-부발선 및 서해선 등 전철 노선도 추가로 더해진다.

　먼저 KTX의 경우 현재 운영되고 있는 평택 지제역과 향후 운영될 안중역(가칭)에서 운행된다. 평택 지제역의 경우 수원에서 출발해 부산이나 목포로 향하는 KTX가 정차하고, 안중역의 경우 북쪽으로는 서울, 남쪽으로 홍성을 잇는 KTX가 정차한다. 또 평택 지제역으로 GTX-A·C 노선이 운영될 것으로 기대를 모으고 있다.

　현재 GTX-A 노선은 동탄까지, GTX-C 노선은 수원까지만 확정된 상태다. 하지만 지난해 5월 각 노선의 평택 연장이 대도시권광역교통위원회(대광위원회)에서 경기도 7대 공약으로 선정됨에 따라 평택 지제역으로의 GTX 운행이 현실화될 것으로 분석되고 있다.

　전철 노선도 새로 마련되고 있다. 평택의 동서축을 가로지르는 '평택선'이 조성돼 2024년부터는 전철로 평택역과 평택항을 오갈 수 있게 된다. 평택선은 향후 건설되는 평택-부발선과 연결되며, 이는 다시 여주-원주선과 이어져 결과적으로 평택에서 강릉까지 전철로 이어질 전망이다.

　또 서해를 따라 운영되는 서해선 복선전철도 안중역을 지난다. 서해선 복선전철은 북쪽으로는 화성시, 남쪽으로는 홍성군까지 연결되는 철도로, 서해안 지역 간의 교통편의가 개선될 것으로 기대되고 있다.

안성 보개, 고삼, 양성 지역을 눈여겨 보라

안성시는 평택과 용인 등 주요 지역들과 가까움에도 불구하고 왜 사람들의 관심을 받지 못하였을까?

그 이유는 교통망이 발달하지 못하였기 때문이라고 생각한다. 안성 양쪽 끝자락에 경부고속도로와 중부고속도로가 지나가기 때문에 시청이 있는 중심부는 주목받기가 어렵다.

현재 경부고속도로 안성 IC를 기준으로 오른쪽은 평택, 왼쪽은 안성이다. 평택 IC라고 해도 이상하지가 않다. 평택은 알고 있는 것처럼 각종 개발이 넘쳐나고 있다. 안성 IC 부근에 있는 공도 역시 택지개발사업이 이뤄지고 있어 안성시 인구의 약 1/3이 공도에 거주할 만큼 지속적으로 발전하고 있다.

이처럼 경부고속도로 라인을 따라 발전이 됐는데, 안성시청이 있는 구시가지는 여전히 발전이 미약하다.

중부고속도로 역시 마찬가지다. 안성시 우측 끝자락의 일죽 IC 부근만 산업단지나 대학교 등이 들어서 있다. 즉 안성시를 관통하는 전철이나 고속도로 등이 없기 때문에 안성시가 전체적으로 발달하지 못한 것이라고 생각된다.

하지만 포천-세종간 제2경부고속도로가 조기착공이 이루어져 조금 더 빠른 시일 안에 개통이 되는데,(2024. 12월) 고속도로가 안성 중간을 관통하기 때문에 지금까지 빛을 보지 못한 부분이 많이 해소가 될 예정이다. 또 제4차 국가철도망계획에 평택 포승에서 여주 부발까지 이어지는 평택-부발선이 확정됐는데, 이 철도가 현재 안성 동서를 관통하는 38번국도를 따라 이어지게 된다. 경기도 권인데도 불구하고 교통망 때문에 사각지대에 있던 안성에 매우 큰 호재라고 할 수 있다.

따라서 경부고속도로 IC가 확정된 동안성 IC를 중심으로 38번 국도라인과 멀게는 원삼 IC, 서운 IC까지 저렴한 지가로 인해 각종 산업단지들이 들어서게 되면 이 주변은 물론 안성시 전체가 많은 발전이 될 것이다. 눈에 띄게 착공이 이뤄지지 않은 지금이 아주 적절한 투자시기라고 할 수 있다. 2024년 말 고속도로가 조기에 개통이 되기 때문에 앞으로 안성은 빠르게 발전할 것으로 보인다.

수도권과 충청권의 'Bridge' 역할을 담당

수도권 남부 개발이 점차 확장됨에 따라 충청권과의 가교 역할을 맡게 될 안성이 주목을 받고 있다. 09년 예정인 평택~음성 간 고속도로가 개통되고 이런 역할은 더욱 더 확대되었다. 또한 장기적으로 안성시가 분당-용인-안성-천안을 잇는 광역도로망을 구축할 계획이며 제2경부고속도로 역시 안성 일대를 경유한다.

기존의 경부, 중부고속도로에 예정된 교통계획들이 점차 실현되면 과거 소외되었던 안성의 교통입지 여건은 크게 개선될 것으로 전망되고 있다.

경기도 안성은 지금까지 왜 식은 밥이 되었던가?

경기도 안성은 '안성맞춤'이라는 단어가 무색할 정도로 수도권에서 가장 냉대를 받은 수도권 남단의 시골이었다. 평택, 안성 IC가 존재한다는 사실 외에 달리 아무런 호재가 없었다.

안성에는 얼마 전까지 14개 산업단지가 있지만 그런 단지가 있는지

조차도 아무도 모른다. 그저 농산물 몇 가지가 생산된다는 사실과 유명한 안성유기가 나온다는 사실이 전부다.

그러나 현재는 반도체클러스터가 '용인 원삼지역 SK산단' 공사와 더불어 남사이동에 '삼성국가산단'이 발표됨에 따라서 플랫폼시티, 기흥 R&D 지구지정과 함께 반도체벨트의 배후 '소부장 수혜지'로서 크게 발전할 것으로 예상된다. 필자는 안성은 장화를 신고 들어갔던 서울 양천구 신정동보다 더 무서운 위력을 발휘할 산업도시가 될 것이 분명하다는 말을 하고 싶다.

안성 초입에 있는 공도가 어떻게 변할지 한 번 짚어 보자.

십자형 고속도로의 중심지, 공도

우선 교통을 살펴보자. 안성시의 2035 도시기본계획까지 볼 필요도 없다. 안성은 용인, 화성, 이천, 평택, 천안의 인접지다. 이렇게 많은 시·군을 곁에 둔 지자체는 그리 흔치 않다. 먼 곳에 있는 행정도시와는 그 질이 다르다.

안성 중에서도 초입에 있는 공도는 평택과 안성 사이의 개발호재가 있는 직접 수혜지라고 봐야 한다. 중부와 경부고속도로의 접근이 수월하고 서울, 안성 국지도의 혜택을 보게 된다. 뿐만 아니라 이미 연결된 평택-안성간 고속도로 외에 2009년에 완공된 안성-음성 간 고속도로의 나들목이다.

평택과 서안성 사이의 도로는 이미 개통이 되었지만 공도 부근에 4개 산업단지가 조성 중이기도 하고 1, 2기 동탄신도시와 평택국제평화도시, 소사벌지구, 용이지구, 공도택지지구들과 모두 연결선상에 있기 때문에 서울과 중부의 허리가 되어 앞으로 튼튼한 기반을 다지게 된다.

여기에 현재 국토교통부에서 추진 중인 전철이 용인에서 안성으로 내려가게 되면 날개를 달게 될 것이다. 모든 사람들은 수도권에서는 좀 멀다 하지만 과연 그럴까? 서울에서 40분 거리도 되지 않는다. 이런 호재들 때문에 벌써 발 빠른 사람들은 공장 부지를 물색하고 농산물 유통단지를 확보하고, 기업 물류 부지를 구입하고 있으며, 사통팔달의 교통 요지에 눈독을 들이고 있다.

멀리 보는 사람들은 벌써 움직이고 있다. 그리고 그들은 공도가 제2의 분당이 될 것이라고 확신하고 있다. 아직 땅값이 비싸지 않기 때문에 경부와 중부축의 사이에 있는 이곳을 매일매일 주목하면서 다음 자리를 마련하기에 바쁘게 움직이고 있다.

물류유통 남부 거점도시로서의 역할을 기대

안성-팽성 간 고속도로와 더불어 안성의 대형 호재라고 할 수 있는 대규모 물류센터 계획안도 크게 주목을 받고 있다. 수도권 남부 물류, 유통 거점도시로서의 역할도 기대되고 있다.

안성시의 '2035년 도시기본계획'은 과거 낙후된 안성의 이미지에서 벗어나 저평가 되었던 주택시장에 좋은 촉매제 역할을 할 것으로 기대된다.

앞서 열거한 교통 여건 개선, 인프라 구축과 같은 대형 호재들이 순차적으로 실현된다면 안성의 미래는 밝다고 할 수 있다. 실수요자라면 자금 여력에 맞춰 신규 분양단지 청약도 한번 검토해 볼만 하다. 화성, 평택 등의 수도권 남부지역과 천안, 아산 등의 충청권 신도시 개발이 가시화 되면 그 중간에서 가교 역할을 담당하게 될 안성의 미래는 지금보다 더 밝아질 것으로 전망한다.

수도권 남부 안성에서 보개의 변화는?

안성의 롤 모델은 용인이 아닌 평택이다. 하지만 평택의 전이(공장 → 사람 → 돈, 즉 땅값)는 안성으로 가기도 했지만 천안으로 갔다.

그러나 남부권에서 조금은 홀대 받았던 안성은 공도 → 안성읍내 → 미양/죽산이었지만 서서히 축의 양상이 공도 → 미양 → 아양(신도시) → 안성 읍내로 옮겨가더니 앞으로는 아양과 보개 축으로 옮겨질 것인데, 바로 세종고속도로 영향이다.

사실 안성은 경부고속도로와 중부고속도로 사이에 있으면서도 사람의 이동을 몰고 오는 공업의 전이가 평택과 용인에서 불어와야 함에도 비껴간 것이다.

고삼 IC가 하이닉스의 수혜지

서울-세종 간 고속도로 고삼저수지에 생기는 바우덕이 휴게소가 주목을 끈다. 경기 북부권에서 시작해서 충남 세종시까지 한국의 아우토반이 생기기 때문이다.

바우덕이 휴게소는 우리나라 최초의 진출입이 가능한 IC가 생기는 것인데, 이 시골 마을에 진입과 출입이 가능한 휴게소가 생긴다? 왜 이곳에 진출입이 가능한 IC가 생기는 것일까?

고삼 IC는 원삼 IC와 안성맞춤 IC의 중간이다. 얼마 전까지 가장 뜨거운 관심을 끌었던 용인시 원삼면 SK하이닉스 부지와 8km 정도밖에 떨어져 있지 않아 개발 시너지가 클 것으로 보인다.

고삼휴게소(약 8만 평, SK하이닉스 남문) 고삼저수지 IC에서 325국도와 306지방도가 공사 완공 단계와 토지보상까지 완료되어 정상적으로 공사가 진행 중이다.

4차선 예정 중인 306번 지방도로가 안성시 동아방송대까지 이어지고 인근에 일반 산업단지도 생기기 때문에 이곳 도로의 확장공사도 곧 이루어질 것으로 보인다.

평택-부발선(동탄-부발선)도 안성의 남풍리와 용인의 SK하이닉스 부지를 지나가는 방향으로 예비 타당성 조사가 들어갔다고 한다.

현재 가장 주목받는 곳은 단연 용인시 원삼면 SK하이닉스가 들어오는 지역과 안성시 보개면 일대일 것이다. 여기에 안성시가 소부장 특화단지로 지정받은 보개면 동신리 1~3번지 일원 157만 m²(약 476,000평)의 동신일반산업단지를 '개발행위허가제한지역 지형도면 고시'를 했다는 점을 주목할 필요가 있다.

반도체벨트의 소부장 중심, '양성'에 주목하라

양성 지역은 북서쪽으로는 용인 남사 클러스터 반도체 부지와 인접하고, 북동쪽으로는 용인 원삼 하이닉스 반도체 클러스터 부지와 근접하여 수도권 반도체벨트 라인의 연결 선상에 위치한 지리적 요충지로서 중요한 위치이다. 또한 남사이동 삼성전자와 원삼 SK하이닉스 등 처인구 경기남부 반도체 클러스터의 중심에 위치한다. 이미 발표된 소부장 산업단지에 반도체, 전자부품, 전기장비, 기타 기계 관련 약 70여 개의 우량기업이 입주할 예정이다. 특히 의료·정밀·광학기기 제조업, 전기장비 제조업, 기타 기계와 장비 제조업 등 10개 업종을 중점 유치하겠다는 계획이다.

최근 안성시 성장관리계획구역 내 '산업형'으로 지정되어 경부고속도로, 평택-제천고속도로 IC가 10여 분 거리로 고속도로 진출입이 우수하며 45번, 38번 국도 및 321번, 23번, 310번, 302번 지방도가 인근에 위치하여 물류 이동이 수월하다.

이 장에서는 현재 각광을 받고 있는 투자 유망지에 대해 간략하게나마 짚어 보았다.

이와 같은 전망들이 언제까지 유효할 것인지에 대해서는 사실 아무도 알 수 없는 일이다. 다만 이 책에서 다루어 왔던 토지가 가지고 있는 진정한 가치는 어디에서 비롯되는지 명심하면서 발품을 팔아 자신의 투자 목적에 맞는 땅을 파악하고 분석하는 눈을 갖추고자 노력한다면 반드시 원하는 투자 목표를 달성할 수 있을 것이라고 믿는다.

부동산투자, 특히 토지투자는 막연한 감만 가지고 뛰어들어서는 안 된다. 일견 복잡해 보이지만 그 안에 흐르고 있는 맥락은 사실 단순하다. '누가 나 땅을 사고 싶어 하는가, 내 땅을 사고싶어 하는 사람들이 얼마나 많은가.' 라는 관점에서 토지의 소비 트렌드를 분석하고 답을 구한다면 투자의 맥이 보일 것이다. 이런 눈을 가지고 토지 쇼핑을 통해 나의 투자목적에 맞는 땅을 찾자. 반드시 성공적인 투자 결실을 얻을 수 있을 것이라고 확신한다.

불황시대의 토지쇼핑

발행일   2024년 6월 25일
지은이   이인수(코랜드연구소장)
펴낸이   양근모
발행처   도서출판 청년정신
등 록   1997년 12월 26일 제 10-1531호
주 소   경기도 파주시 경의로 1068, 602호
전 화   031-957-1313 팩 스   031-624-6928
이메일   pricker@empas.com
ISBN   978-89-5861-242-1 (13320)